普通高等教育"十一五"

新世纪高等学校西班牙语专业本科生系列教材

总主编 陆经生

PANORAMA HISTÓRICO-CULTURAL DE ESPAÑA

西班牙概况

Mariona Anglada Escudé

Antonio Alcoholado Feltström

唐 雯

上海外语教育出版社

外教社 SHANGHAI FOREIGN LANGUAGE EDUCATION PRESS

图书在版编目（ＣＩＰ）数据

西班牙概况 / (西) 安格拉达, (西) 阿尔科拉多, 唐雯
编著. -- 上海：上海外语教育出版社，2024
新世纪高等学校西班牙语专业本科生系列教材 / 陆
经生总主编
ISBN 978-7-5446-7964-0

Ⅰ.①西… Ⅱ.①安…②阿…③唐… Ⅲ.①西班牙
语－高等学校－教材 ②西班牙－概况－高等学校－教材
Ⅳ.①H349.39

中国国家版本馆CIP数据核字（2024）第034908号

出版发行：上海外语教育出版社
　　　　　　　（上海外国语大学内）　邮编：200083
电　　　话：021-65425300（总机）
电子邮箱：bookinfo@sflep.com.cn
网　　　址：http://www.sflep.com
责任编辑：许一飞

印　　　刷：上海华教印务有限公司
开　　　本：787×1092　1/16　印张 19　字数504千字
版　　　次：2024 年 3月第1版　2024 年 3月第1次印刷

书　　　号：ISBN 978-7-5446-7964-0
定　　　价：56.00 元

新世纪高等学校西班牙语专业本科生系列教材编写委员会名单

总　序

当今世界正经历百年未有之大变局。面向未来，提高人才培养的质量是我国迈向社会主义现代化强国的迫切任务。党的二十大提出了深入实施"科教兴国"战略，强化现代化建设人才支撑，并将"培养德才兼备的高素质人才"作为实施该战略的目标之一，也对我国外语教育改革发展提出了新定位和新要求。人才培养的质量在很大程度上取决于教材，外语专业教材在建设具有中国特色的世界一流大学中发挥着积极的作用。

为落实好党的二十大精神，加快构建新发展格局，着力推动高校外语教育高质量的发展，上海外语教育出版社罗致我国西语教学界的精英编写本套《新世纪高等学校西班牙语专业本科生系列教材》。系列教材的编写要全面、深入地贯彻党的二十大精神，在语料、内容的选择上坚持立德树人、培根铸魂的根本任务，立足文化自信自强，引领高等外语教育高质量发展。

西班牙语作为母语使用的人口数近5亿，仅次于汉语；西语作为官方语的国家有21个，在英语、法语之后居世界第三；西语国家面积覆盖总数1221万平方公里，在英语、法语、俄语之后位列世界第四；西语作为国际交流语言在国际组织的使用位列第三。西语世界地大物博，资源丰富，市场容量巨大；西语国家历史悠久，文化丰富，古代文明同现代艺术交相辉映，文学、艺术、体育各个领域群星璀璨，大师辈出。西语作为重要的国际交流工具并代表着巨大的市场，其影响不断上升，是当之无愧的世界通用语种。

由于历史原因，西班牙语在我国长期被认为是"小语种"。随着中国改革开放事业的发展和"一带一路"倡议的实施，中国与西班牙和拉美地区的政治、经济、文化关系也日益发展，人员交往十分频繁。社会对西语人才的需求越来越大，学习西语的人数也越来越多。我国高校西语专业教学面临新机遇和新挑战。

西班牙语和汉语是两门在语法形式结构和文化内容背景方面都存在巨大差异的语言。作为人类最主要的交际工具，语言的特点就是其系统性。语音最具物质性，其结构系统有限，主要靠模仿、操练正确掌握。词汇为开放体系，其系统性直接与该语言代表的文化概念的系统性相关，主要靠认知、辨析和积累大量掌握。语法虽然呈封闭体系，但其系统性表现为严格的规则性，在像西班牙语这样的西方语言里又表现为结构系统的外在性和严密性，对于习惯使用重意念组合、轻结构形式的汉语的中国学生来说，必须经过强化的语法规则系统训练才能熟练掌握。

汉西语言文化之间的巨大差异决定我国西语教学界必须研究认识两者间的对比差异，以此为出发点，借鉴国内外外语教学法研究成果，努力建立适合在中国面向中国学生的西班牙语教学体系，包括教学大纲、课程设置、教材编写、教学方法、测试内容、师资培训等各个教学环节。在教材方面，虽然有众多的原版教材可供引进改编使用，但鉴于汉西语言文化的巨大差异、西语人才培养规格要求和大学专业西语的教学特点，我们认为编写适合中国学生学习使用的西班牙语教材是必不可少的，我们必须拥有凝聚多年教学经验、适合自身需求的系列配套教材。

本教材的指导思想和基本理念是既可借鉴国外先进的外语教育思想和方法，又能传承和弘扬本国的西语教育的优秀传统，博采国内外外语教学各流派之长，集我国高校西语教育半个多世纪来的经验之大成。本套教材聚集全国主要高校西语骨干教师共同编写，编著者具有多年西语专业第一线教学经验，所属院校类型齐全，地域遍及全国东南西北，能够反映我国西语专业教学水平和发展方向，具有代表性和权威性。本套教材种类繁多，力图涵盖当前我国高校西班牙语专业开设的主要课程，涉及西语专业核心课程和五大专业方向课程，根据课程设置、教学目的和中国学生的具体学习问题组织教材的内容、形式和进度，符合建立我国西班牙语专业课程体系和教学内容的要求。同时配以现代化的教学手段，并在编排和体例上有所突破。

我们相信，《新世纪高等学校西班牙语专业本科生系列教材》的编写过程是对我国西班牙语教学经验的深入总结，其出版将进一步满足21世纪西语专业发展和西语人才培养的需要。我们也衷心希望各校西语师生在使用过程中研究并提出改进建议，共同为促进中国西语教学事业的稳步发展做出贡献。

陆经生

教育部高校外语专业教学指导委员会

西班牙语分委员会原主任委员

INTRODUCCIÓN

Este libro es como una ventana a España. Abrirlo implica asomarse a un amplio panorama que el lector recorrerá en el futuro próximo; la intención de cada una de las unidades que lo conforman es la de introducir los aspectos básicos que servirán al alumno como punto de partida para la vivencia y el entendimiento del mundo hispánico.

Cada unidad trata un conjunto de temas fundamentales para el acercamiento a la realidad española, y presenta los contenidos por medio de distintas secciones y elementos:

- Una introducción en chino sitúa al lector en el contexto al que pertenecen los contenidos de la unidad y anticipa aspectos de especial interés para la lectura comprensiva.

- Un texto central cubre la información esencial de cada unidad, el conocimiento básico para dominar los aspectos tratados.

- En los márgenes exteriores del texto central, se halla información de apoyo y complementaria, mediante imágenes, datos estadísticos y oficiales, y el apartado ¿Sabías que…, que presenta curiosidades relacionadas con los contenidos expuestos en el texto central. Puntualmente, actividades tituladas Pregunta al lector motivan al repaso de unidades anteriores, a la toma de conclusiones y al refuerzo de conceptos.

- Bajo el texto central, en las páginas impares, el Rincón de lengua invita a la reflexión lingüística y a la comprensión del español mediante la historia de sus palabras y de las ideas que éstas guardan.

- Terminado el texto central, el lector hallará una ayuda inestimable en el apartado de Notas y vocabulario en chino, que incluyen contenidos de contextualización y despejarán las posibles dudas que, dada la distancia cultural y lingüística de la realidad española respecto de la china, asaltarán al estudiante durante la lectura de la unidad. Para las definiciones del vocabulario se ha usado el 新时代西汉大词典 como material de referencia.

- La sección de Ejercicios pone a prueba, con espíritu ameno y sintetizador, la comprensión y adquisición de los contenidos de la unidad por parte del lector. En las unidades de aspectos históricos, esta sección incluye actividades basadas en líneas temporales que ayudarán al estudiante a ubicar y estructurar los conocimientos adquiridos.

- Finalmente, el apartado de Referencias y enlaces de interés remite al lector a fuentes de las que podrá extraer información amplia y variada sobre los contenidos de la unidad y otros aspectos relacionados.

Cada unidad contiene asimismo Anexos que profundizan en temas implícitos en la unidad y que ofrecerán al lector más ávido nuevos aspectos que considerar sobre la realidad española.

A lo largo de este libro se hacen frecuentes referencias a la Real Academia Española (RAE), institución normativa referencial del mundo hispanohablante, cuyos criterios gramaticales y léxicos hemos seguido para la elaboración de los materiales en idioma español del presente libro. Hemos de aclarar que, pese a la reforma ortográfica que la RAE promulgó en el año 2010, hemos optado por mantener el uso ortográfico anterior a dicha reforma, por dos motivos principales: en primer lugar, para evitar al lector, en la fase de aprendizaje en la que se halla, las confusiones que le provocaría contrastar la nueva ortografía con la casi totalidad de textos publicados en español; en segundo lugar, porque el alumnado al que está dirigido este libro accede a la gramática española por medio de un método que no contempla la normativa referida por la RAE, y no queremos agravar la paradoja que ello conlleva.

Los autores deseamos dedicar este trabajo a las muchísimas personas, insignes y anónimas, que lo hacen posible: por un lado, a los pioneros del estudio del español en China, una generación arriesgada y valiente que con gran voluntad y escasos medios superaron los desafíos que un idioma y unas culturas tan lejanas les brindaban, y que con gran sabiduría promociona hoy su aprendizaje; por otro, a los profesores que cada día entregan sus intelectos y energías a la ardua tarea de su enseñanza; y, cómo no, a los estudiantes chinos de español, que constituyen la más bella y gratificante causa por la que hemos escrito cada una de las páginas de este libro.

使用说明

本书将为读者打开了一扇了解西班牙的窗户，通过它，读者能够亲身领略西班牙的全貌。为此，在每一个单元内我们都精心编排了西班牙文化中最基本的要素，以期能够为西语学生了解西语世界、在西语世界生活起到作用。

每个单元都设定了一个真实反映西班牙面貌的主题，单元结构安排如下：

- **中文导读** 帮助读者提前了解本单元的基本内容以及所要强调的中心。
- **核心课文** 涵盖了单元内所涉及的各项重要信息和基本内容。
- **页边** 在核心课文的空白页边，以图像、统计数据等方式，提供与单元主题相关的辅助信息；或者以作者提问的手段"你知道吗？"，告诉读者相关的奇闻轶事。同时，通过"请读者回答"等互动方式，要求学习者复习学过的单元，综合已有的信息，进行总结及概念强化训练。
- **词汇角** 位于核心课文下方，通过词汇形式与意义的历时演变，引导读者更好地理解现代西班牙语。
- **注释与词汇** 位于核心课文之后，以汉语编写。基于对中西两国语言文化上巨大差异的考虑，该部分旨在为学习者解答篇章内容上的疑难，以期更好地理解全文内容。
- **练习** 希望通过较有趣的、综合性的方式，检测读者对单元内容的掌握情况。在涉及历史的单元内，练习以填写编年大事记的方式，帮助学生整理所学内容的脉络。
- **参考与链接** 为读者提供与单元主题相关的书目参考与网页链接。

每个单元末还安排了**扩展阅读**，深入探讨课文中所提及的话题，提供读者最全面的西班牙文化信息。

在编写全书的过程中，我们遵从西班牙皇家学院（RAE）制定的有关西班牙语语法和词汇的使用标准。我们必须说明，尽管2010年RAE对书写规则进行了改革，但是我们仍选择使用改革之前的书写规则。这里有两个原因，其一，避免新的书写标准与已出版的西语读物中的旧书写标准给读者造成混淆；其二，使用本书的学生在西语学习基础阶段均遵循旧的书写标准，因此，我们不希望加大书写标准上的改变给读者带来的困扰。本书词汇部分的注解选自《新时代西汉大词典》（孙义桢，2008，商务印书馆）。

作为编者，我们想将此书献给中国的西班牙语学习先锋。无论他们是否已出名，还是默默无闻，他们都是勇敢无畏的一代人。他们凭借对学习的无比热忱，在资源匮乏的年代里，克服了语言与文化上的巨大差异所造成的困难，依靠伟大的智慧推动了今天西语学习的发展。同时，此书也献给在三尺讲台上挥洒智慧与激情的教师们，献给学习西语的中国学生们。我们为最美丽、最崇高的西语教育事业写下本书的每一行、每一页、每一章。

ÍNDICE

UNIDAD 1
Geografía física y política de España

导　读

　　西班牙位于欧洲西南部伊比利亚半岛，总面积占整个半岛的五分之四，达到505,930平方公里，领土包括东边地中海里的巴利阿里群岛、西南方大西洋里的加那利群岛、非洲大陆上的飞地休达和梅利亚。据2010年统计，西班牙人口达到4,700万。

　　西班牙是一个多山的国家，中部为大片高原，平均海拔600米，西法边境是比利牛斯山脉，北部是坎塔布利亚山脉，南部有内华达山脉。国内水系众多，但水量小，境内最长的是埃布罗河，全长1,007公里。跌宕起伏的地形造成西班牙各地的气候迥然不同。北部地区雨水充足，冬季寒冷；中部地区少雨，夏日干旱炎热；南部地区潮湿闷热，四季温差较小。

　　西班牙全国共划分为17个自治区，共50个省。每个自治区实行自治体制，拥有自己的议会、政府和自治区首府。首都马德里是全国的政治、经济、文化和交通中心。其他重要城市有巴塞罗那、瓦伦西亚、毕尔巴鄂和塞维利亚，分别承担着商业港口、工业基地、历史文化中心等重要功能。

　　西班牙的官方语言是西班牙语，又称为卡斯蒂利亚语。同时，现行宪法规定在相关自治区实行双官方语言制度，因此另有加泰罗尼亚语、加利西亚语和巴斯克语等三种官方语言。除此之外，还存在多种方言。

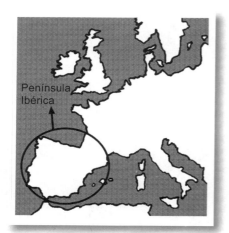

Península Ibérica

En el pasado, distintas <u>civilizaciones</u> dieron a la Península Ibérica diferentes nombres. Los griegos la llamaban Iberia. Fueron los romanos quienes definitivamente generalizaron el nombre de Hispania, de origen fenicio, cuyo significado exacto no queda claro: puede significar "tierra de conejos" o "tierra donde se forjan metales". En su evolución desde el latín hasta las lenguas romances [1], el nombre Hispania sufrió alteraciones fonéticas que han derivado en los nombres usados en diferentes lenguas procedentes del latín: España en castellano, *Espanha* en portugués, *Espagne* en francés, *Spagna* en italiano, etc.

Características generales de geografía física

1 – Ubicación

España forma parte de la Península Ibérica junto con Portugal, Gibraltar y Andorra.

La Península Ibérica está en el suroeste de Europa. De un total de 580.825 kilómetros cuadrados que conforman su superficie, corresponde a la España peninsular un área total de 493.458 km^2, a los que hay que sumar los 4.992 km^2 de las Islas Baleares, 7.447 km^2 de las Islas Canarias y los 31,5 km^2 de las ciudades españolas situadas en el norte de África (Ceuta y Melilla), para obtener la superficie aproximada de España: 505.930 km^2. Este dato varía según distintas fuentes.

La parte más importante de la España insular son los archipiélagos balear y canario. Las Islas Baleares están situadas a 90 km al este de la península, en el Mar Mediterráneo; las Islas Canarias están ubicadas a 1.400 km al sur de la península, en el Océano Atlántico, a 95 km de la costa africana. Otras islas de menor tamaño (en muchos casos se trata de simples islotes) en la costa norteafricana y alrededor de la península completan el territorio insular español.

Datos básicos

- Capital: Madrid
- Extensión: 505.930 km^2
- Población: 47 millones aprox. (2010)
- Moneda: Euro
- Lengua oficial: castellano (español)
- Lenguas cooficiales: catalán, gallego, euskera
- Sistema político: Monarquía parlamentaria
- Fronteras con: Portugal, Francia, Andorra, Reino Unido (Gibraltar), Marruecos (Ceuta y Melilla)
- Bandera:

2 – Clima

Aunque España se encuentra en una zona templada del planeta, su accidentado relieve da lugar a una gran diversidad de climas.

En la franja costera del norte, donde se sitúan el País Vasco, Cantabria, Asturias y Galicia, se encuentra la España lluviosa, con un clima atlántico: ligeras variaciones de temperatura, inviernos fríos (8 grados centígrados de media) y veranos suaves (20 grados de media), un cielo casi constantemente nublado y frecuentes lluvias, aunque menores durante el verano.

El centro de la península forma la España de clima continental, extremadamente variable, caracterizado por escasas lluvias, inviernos fríos y veranos muy calurosos y secos. Las temperaturas medias varían de 6 grados centígrados en invierno a 25 en verano.

La costa mediterránea y las Islas Baleares se caracterizan por el clima mediterráneo: inviernos suaves con tormentas ocasionales y veranos calurosos y húmedos, con temperaturas medias entre 11 y 26 grados centígrados.

Las Islas Canarias tienen un clima subtropical, seco y caluroso durante todo el año, con una temperatura media a lo largo de todo el año entre 18 y 25 grados centígrados.

Los Pirineos y Sierra Nevada tienen clima alpino, de inviernos fríos y largos con abundante nieve, con temperaturas medias que oscilan entre 5 grados bajo cero en invierno y 17 grados en verano.

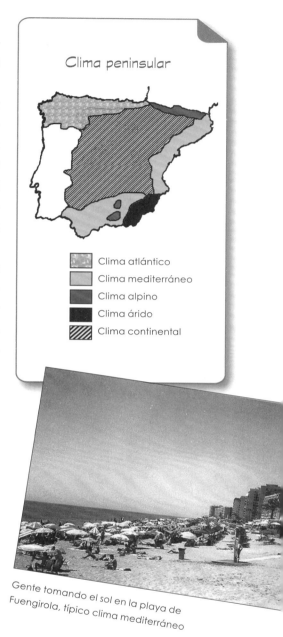

Clima peninsular

- Clima atlántico
- Clima mediterráneo
- Clima alpino
- Clima árido
- Clima continental

Gente tomando el sol en la playa de Fuengirola, típico clima mediterráneo

Rincón de lengua

Civilización – Esta palabra deriva de la misma raíz que "ciudad". El adjetivo "civil" significa "de la ciudad". El término "civilización" se utiliza para el designar el conjunto de conocimientos, costumbres y características culturales de un pueblo; pero otro significado, más relacionado con su raíz, equivale a "el nivel de comodidades y modernidad en un lugar".

Relieve peninsular

3 – Relieve

La <u>Meseta</u> es el elemento central del relieve español. Se trata de una alta llanura rodeada por montañas. Su altura media es de 600 metros sobre el nivel del mar, y ocupa casi la totalidad de Castilla-León y Castilla-La Mancha. Está atravesada en su centro por el Sistema Central y en su mitad sur por los Montes de Toledo.

El Macizo Galaico-leonés, en el noroeste peninsular, presenta montañas redondeadas de poca altura (media de 500 msnm) y cubiertas de bosques.

Sierra Morena, en el centro-sur peninsular, es como un brusco escalón de unos 400 km de longitud (altura máxima 1.324 msnm) que separa el sur de la Meseta del Valle del Guadalquivir. Se junta con el Sistema Bético, de 600 km de longitud y altura máxima de 3.478 msnm, que atraviesa Andalucía. Aquí se encuentra Sierra Nevada, en la provincia de Granada, con el monte más alto de la Península Ibérica: el Mulhacén.

El Sistema Ibérico, con una longitud de unos 500 km, es un grupo montañoso al este de la Meseta que la separa de Aragón, Cataluña y Valencia.

Los Pirineos se extienden a través del istmo que separa a la Península Ibérica del resto de Europa, creando una frontera natural entre España y Francia. En los Pirineos está el segundo monte más elevado de la Península, el Aneto, con 3.404 msnm.

La Cordillera Cantábrica, de unos 480 km de longitud y paralela a la costa norte de España, separa el norte de la Meseta de Asturias, Cantabria y el País Vasco.

La Depresión del Ebro es un largo valle apresado entre los Pirineos y el Sistema Ibérico.

La Depresión del Guadalquivir es un valle triangular entre Sierra Morena y el Sistema Bético.

En la isla canaria de Tenerife, el volcán Teide se alza como el monte más alto de España, con 3.718

msnm.

4 – Principales ríos y costas

Los ríos de España, incluso aquellos considerados como los más importantes, tienen un <u>caudal</u> muy modesto debido al hecho de que sólo conducen agua de lluvia, y las lluvias son escasas e irregulares. Los ríos desembocan en dos vertientes: las costas del Mediterráneo y el Atlántico. Hay nueve ríos principales:

- Vertiente atlántica: Miño (310 km), Duero (895 km), Tajo (1.007 km), Guadiana (778 km), y Guadalquivir (657 km).

- Vertiente mediterránea: Segura (325 km), Júcar (498 km), Turia (280 km), y <u>Ebro</u> (910 km).

Tajo y Ebro son los ríos más largos, pero hay que tener en cuenta que el Tajo desemboca en Portugal, y sólo 858 km de su longitud atraviesan suelo español. El Ebro es también el río más caudaloso de España, con un caudal medio de 426 <u>metros cúbicos</u> por segundo.

El resto de la península está caracterizada por ríos cortos, muchos de los cuales están secos en verano, a excepción de los ríos de la zona de clima atlántico en el norte peninsular.

Las costas españolas son rectas, con la excepción de Galicia, cuyas rías le dan un perfil acciden-

Ríos y costas

Ría de Pravia (Cantabria)

Rincón de lengua

Meseta – De "mesa", es como llamamos a una extensión de tierra plana elevada con respecto al nivel del mar.

TIERRA CERCA DEL NIVEL DEL MAR — *MESETA*

MAR

Caudal – Esta palabra es una evolución fonética de "capital", y mantiene el significado económico de "dinero". Pero también se utiliza para referirse a la cantidad de agua que tiene un río. Observa que, en cualquier caso, es un sustantivo masculino: no se debe confundir *el* capital (sentido económico) con *la* capital (sentido geográfico).

Ebro – Este río da nombre a toda la península; los antiguos griegos lo llamaban *Iber*, y por tanto llamaron *Iberia* a la Península Ibérica, e *iberos* a sus habitantes.

Metro cúbico – Observa que empleamos el término 'metro cuadrado' para medir la superficie y el término 'metro cúbico' para medir el volumen. 1 metro cúbico equivale a 1.000 litros (o 1 kilolitro).

El volcán Teide, el pico más alto de España, situado en la isla de Tenerife, en el archipiélago canario

Pregunta al lector
¿En qué mares están el archipiélago canario y balear?

tado. Una ría es el valle de desembocadura de un río que ha quedado sumergido bajo el mar, formando así en la costa una forma afilada, como de colmillo. La longitud de las costas en la península es:

Litoral atlántico: 2.234 km.

Litoral mediterráneo: 1.670 km.

Total: 3.904 km.

Del litoral atlántico, toda la línea norte (desde Galicia hasta Francia) es también llamada Costa Cantábrica o litoral cantábrico. Esto se debe a que frente a esta costa se halla el Mar Cantábrico, una parte del Océano Atlántico especialmente peligrosa por su fuerte oleaje e intenso viento.

5 – Islas

Archipiélago balear.

Las Islas Baleares son, por orden de tamaño: Mallorca (3.625 km^2), Menorca (701 km^2), Ibiza (572 km^2), y Formentera (83 km^2), además de un largo número de islotes. Se formaron a causa del desplazamiento continental y forman dos grupos: Mallorca y Menorca están separadas de Ibiza y Formentera por un profundo canal de 70 km de anchura.

Archipiélago canario.

Las Islas Canarias son, por orden de tamaño: Tenerife (2.034 km^2), Fuerteventura (1.659 km^2), Gran Canaria (1.560 km^2), Lanzarote (845 km^2), La Palma (708 km^2), Gomera (369 km^2), y El Hierro (268 km^2); completan el archipiélago seis islotes, de los que sólo dos están habitados: La Graciosa y Lobos.

Características generales de geografía política

6 – Capital y provincias

Desde el siglo XVI, la capital de España es Madrid, en el centro de la península, sede del Gobierno central y sus ministerios, de la Casa Real, de las Cortes Generales, del Tribunal Superior de Justicia y de la Capitanía General del Ejército español, entre otras instituciones. Su área metropolitana tiene una población en torno a 5 millones de habitantes. Su

'El Oso y el Madroño', símbolo emblemático de Madrid ②

aeropuerto (Barajas) es el primero de España en cuanto a tráfico de pasajeros y carga aérea.

España tiene 50 <u>provincias</u>: una provincia es una división territorial de pequeña extensión, cada una con su propia capital, que suele ser la ciudad más poblada de la provincia; no debe confundirse la capital del país con las capitales de las provincias. En cada capital de provincia tienen sede representativa las diversas autoridades nacionales: gobierno, ejército, ministerios, etc.

7 – Ciudades principales

Las cinco ciudades más importantes de España, según población y nivel económico, son:

Madrid – 3.273.049 habitantes.

Barcelona – 1.619.337 habitantes.

Valencia – 1.556.691 habitantes.

Bilbao – 353.187 habitantes.

Sevilla – 704.198 habitantes.

Madrid y Barcelona son las dos ciudades principales del país, representativas de dos estilos urbanos muy diferentes.

Como ciudad de la Meseta, Madrid se caracteriza por un clima continental con gran contraste de temperaturas, pudiendo nevar en invierno y alcanzar en verano temperaturas de más de 35 grados centígrados. Como capital del país y ciudad más poblada, mantiene un elevado nivel de actividad y tráfico, no sólo de sus trabajadores y residentes sino también de visitantes, tanto turistas como pro-

La Sagrada Familia, catedral en construcción de Gaudí, en Barcelona

La Giralda, campanario de la Catedral de Sevilla

Rincón de lengua

Archipiélago – Palabra de origen griego que significa "mar superior", así llamaban los griegos a una parte del Mar Mediterráneo en la que hay muchas islas. Hoy significa "conjunto de islas cercanas entre sí", por asociación de ideas.

Capital – De la misma raíz que "cabeza", de la que toma su significado como "ciudad principal de un país".

Capitanía – Gobierno militar. Observa que, al igual que "capital", "capitán" también tiene la raíz de "cabeza".

Ejército – De la misma raíz que 'ejercicio', por los esfuerzos e incomodidades de la vida del soldado.

Provincia – Los romanos usaban esta palabra para referirse a las regiones sometidas a Roma, capital de su imperio. Hoy en español mantiene ese sentido de lugar que depende de la capital del país y es menos importante.

Mapa político:

Comunidades Autónomas de España y países vecinos

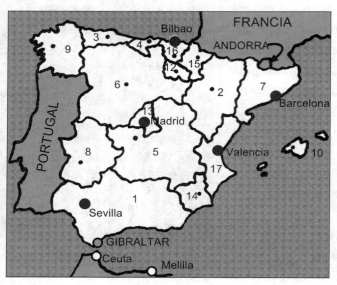

- Capital de Comunidad Autónoma
- Ciudades principales de España

Museo Gugenheim de Bilbao

fesionales. Ofrece una amplia diversidad de atracciones culturales, económicas, y de ocio; al mismo tiempo, por su situación en el centro de la Península Ibérica, es nudo de comunicaciones y paso obligado de muchos caminos.

Barcelona es una ciudad abierta al mar, bulliciosa y llena de luz, también dotada de atracciones de todo tipo y tráfico denso. Principal destino turístico europeo durante los últimos años, protagoniza igualmente una gran actividad empresarial y comercial. Mantiene un variado patrimonio histórico y cultural como ciudad portuaria e industrial.

Valencia presenta una amplia gama de industrias que la han llevado a un rápido desarrollo económico y urbanístico. También a orillas del Mediterráneo, su puerto tiene una importancia fundamental para el comercio.

Bilbao es una ciudad industrial que ha adaptado su estructura a la modernidad y el arte. Internacionalmente reconocida por su diseño urbano, es la referencia económica y universitaria del País Vasco.

Sevilla es la mayor ciudad del sur de España y su actividad es principalmente administrativa. Con un amplio patrimonio histórico y cultural, es famosa también por su folklore; estos elementos la convirtieron en un importante destino turístico.

8 – Autonomías

España está dividida administrativamente en 17 Comunidades Autónomas (CCAA) y 2 Ciudades Autónomas. Cada comunidad autónoma abarca un número variado de provincias, y posee además su propia capital autonómica. Las Comunidades Autónomas y sus respectivas capitales son:

1- Andalucía – Sevilla

2- Aragón – Zaragoza

3- Asturias – Oviedo

4- Cantabria – Santander

5- Castilla-La Mancha – Toledo

6- Castilla-León – Valladolid

7- Cataluña – Barcelona

8- Extremadura – Mérida

9- Galicia – Santiago de Compostela

10- Islas Baleares – Palma de Mallorca

11- Islas Canarias – Las Palmas

12- La Rioja – Logroño

13- Madrid – Madrid

14- Murcia – Murcia

15- Navarra – Pamplona

16- País Vasco – Vitoria

17- Valencia – Valencia

Las Ciudades Autónomas son: Ceuta y Melilla.

Ciudad de Ceuta, en la costa Africana

9 – Fronteras

España <u>limita</u> al norte con el Mar Cantábrico, Francia y Andorra; al este, con el Mar Mediterráneo; al sur, con el Mar Mediterráneo, Gibraltar (Reino Unido) y el Océano Atlántico, y al oeste con el Océano Atlántico y Portugal. Las ciudades africanas de Ceuta y Melilla limitan con el Mediterráneo y con Marruecos. La longitud de las fronteras terrestres de España es:

Típico paisaje pirenaico de Andorra

Frontera con Francia: 656 km.

Frontera con Andorra: 64 km.

Frontera con Portugal: 1.292 km.

Frontera con Reino Unido: 1 km.

Rincón de lengua

Autónomo – Del griego *auto*, "por sí mismo", y *nomos*, "ley". En español significa "con capacidad de gobernarse por sí mismo".

Limitar – En la Antigua Roma, "límite" era el camino que separaba la propiedad de una persona (su casa, sus tierras) de la propiedad de otra. Hoy se entiende como "extremo" y como "línea que separa". Observa las palabras derivadas de su raíz: limitación, delimitar, extralimitar...

Gibraltar

Frontera con Marruecos: 19 km.

Total: 2.032 km.

10 – Lenguas de España

La Constitución admite que en España hay cuatro idiomas oficiales: castellano (español), catalán, gallego y euskera (vasco). Las Comunidades Autónomas con idioma propio tienen derecho y deber de usarlo a nivel oficial junto con el español. Así, el catalán es utilizado a nivel oficial en Cataluña, Valencia y las Islas Baleares; el gallego en Galicia, y el vasco en el País Vasco y en Navarra.

Hay otros idiomas, como el bable, el aranés, el extremeño, y el aragonés, y también se hablan, en zonas fronterizas, el portugués y el árabe; todas estas lenguas, sin embargo, no son oficiales.

El idioma castellano o español tiene numerosos dialectos: riojano, manchego, canario, andaluz… El andaluz posee numerosas variantes y es el dialecto más extendido en la península.

También las otras lenguas oficiales tienen dialectos: en euskera se distinguen entre seis y nueve dialectos; en catalán, siete; tres en gallego.

Se discute si el valenciano es un idioma en sí mismo o sólo un dialecto del catalán; esta discusión obedece más a motivos políticos que a motivos lingüísticos.

¿Sabías que...

...la ciudad de Gibraltar, situada al sur de la península, pertenece al Reino Unido? La población de esta ciudad tienen pasaporte británico, usa la libra esterlina, hablan inglés y español y conducen por la izquierda.

Pregunta al lector

¿Por qué Gibraltar pertenece al Reino Unido y no a España? Busca la respuesta.

¿Sabes cómo se saluda en las cuatro lenguas oficiales?

castellano - Buenos días / Adiós

catalán - Bon dia / Adéu

gallego - Bos días / Adeus

Euskera - Egun on / Agur

NOTAS

① lenguas romances

　　罗曼语族，也被称作拉丁语族，是印欧语系的一个重要分支。它起源于拉丁语，在意大利拉齐奥地区使用。随着罗马帝国疆域的扩张，拉丁语被传播到地中海沿岸的多个国家，并且和当地的语言融合形成了有别于拉丁语的方言，这些方言就是罗曼语族诸语的原型。该语族主要包括以下语言：法语、西班牙语、意大利语、葡萄牙语和罗马尼亚语。

② el Oso y el Madroño

　　熊和草莓树是首都马德里标志性的雕塑。它位于太阳门广场的西侧，于1967年揭幕，是造型艺术家安东尼奥·纳瓦罗的作品。这个雕塑以石料和青铜制成，高4米，重20吨。选择熊作为城市标志之一，是因为中世纪时期马德里周边常常有熊出没。草莓树则来源于13世纪初教士会与马德里封地之间的领地争夺。最后，教士会得到了城市附近的牧草地，而周边的树林被划归到马德里的领地之中。于是，熊抱草莓树的形象由此而来。

VOCABULARIO

fenicio, cia *adj.*	腓尼基（Fenicia）的
forjar *tr.*	锻造，打制
insular *adj.*	岛屿的；（生活在）加那利群岛或巴利阿里群岛的
islote *m.*	小岛（尤指小火山岛）
accidentado, da *adj.*	（道路、土地）崎岖的，不平的
relieve *m.*	地形，地貌
franja *f.*	条，带，束；<转>部分
alpino, na *adj.*	阿尔卑斯山（los Alpes）的
árido,da *adj.*	干旱的
msnm	海拔（metros sobre el nivel del mar）
istmo *m.*	地峡
apresado, da *p.p.*	受到挤压的
vertiente *m.*	坡地，斜坡
ría *f.*	河口，海湾
colmillo *m.*	犬齿
corte *f. pl.*	国会，议院
capitanía *f.*	<军>连，军区
pirenaico, ca *adj.*	比利牛斯山（los Pirineos）的
bable *m.*	巴勃莱语（阿斯图里亚斯方言）
aranés *m.*	加斯科尼方言（受到加泰罗尼亚语和卡斯蒂利亚语影响的一种方言）

1. Sitúa los siguientes lugares en cada mapa:

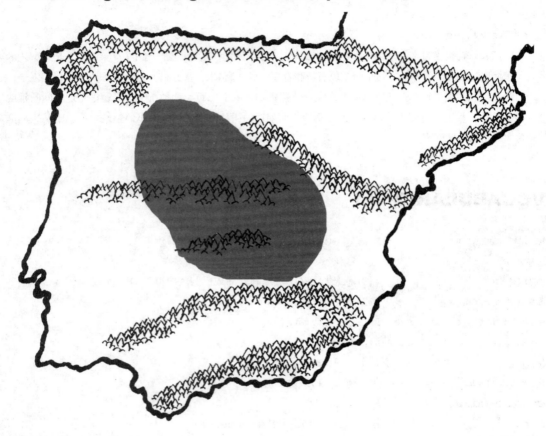

- Mapa 1

Meseta Central	Miño
Sierra Morena	Duero
Valle del Guadalquivir	Tajo
Sistema Ibérico	Guadiana
Cordillera Cantábrica	Guadalquivir
Mar Cantábrico	Mar Mediterráneo
Océano Atlántico	Ebro

Portugal

Gibraltar

Andorra

Islas Baleares

Mallorca

Islas Canarias

Gran Canaria

Tenerife

Andalucía

Aragón

Asturias

Cantabria

Castilla-La Mancha

Castilla-León

Cataluña

Extremadura

Galicia

La Rioja

Murcia

Navarra

País Vasco

Valencia

Ciudades:

Madrid

Barcelona

Valencia

Bilbao

Sevilla

2. Mira los mapas y responde a las siguientes preguntas:

a) ¿Qué Comunidades Autónomas cruza el Tajo?

----

b) ¿Por qué Comunidades Autónomas pasa el Ebro?

----

c) ¿Qué clima predomina en la zona de la Meseta Central?

----

d) ¿Qué comunidades tienen costa en el Cantábrico?

----

e) ¿Cuáles de los principales ríos pasan por Andalucía? ¿Y por Valencia?

----

f) ¿Qué río pasa más cerca de Madrid?

----

g) ¿En qué Comunidades Autónomas están los Pirineos y el Sistema Bético?

----

h) ¿En qué Comunidad Autónoma está Bilbao?

----

i) ¿Cuántas provincias componen la Comunidad Autónoma de Galicia?

----

j) ¿Y la de Andalucía?

----

k) ¿Cuántas islas tiene el archipiélago canario?

REFERENCIAS Y ENLACES DE INTERÉS:

- Instituto Geográfico Nacional

www.ign.es

Institución que depende del Ministerio de Fomento español. En su sitio web puedes consultar información sobre la geografía en España.

- Atlas Nacional de España

http://www2.ign.es/siane/Principal.do

En esta página se pueden consultar online diferentes mapas de España, tanto físicos como sociales, económicos,...

- Mapas flash interactivos

http://www.xtec.cat/~ealonso/flash/mapasflash.htm

Ésta es una página en la que podrás practicar de forma interactiva con diferentes mapas de España.

- MiradorVR

http://www.miradorvr.com/mapa.htm

Mapa interactivo desde el que puedes ver diferentes lugares de la geografía española en ángulo de 360 grados.

- Parques Nacionales. Documental de geografía española

http://teimagino.com/parques-nacionales-documental-de-geografia-espanola-de-miguel-de-la-cuadra-salcedo/

Interesante documental sobre los Parques Nacionales, su flora y su fauna.

ANEXO 1: La piel de toro

Los antiguos griegos describían la forma de Iberia como "una piel de toro extendida". Desde entonces, y a lo largo de la historia, se ha relacionado a España con el toro, animal que se ha tomado como símbolo del país. Hoy día incluso se atribuye un significado político a la figura del toro, lo que provoca rechazo a este animal en ambientes independentistas. Recientemente, muchos españoles han considerado la prohibición de las corridas de toros en la Comunidad Autónoma de Cataluña como un gesto ofensivo contra la unidad nacional.

Ernest Hemingway con un toro en Pamplona (1927)

ANEXO 2: Provincias de España

El sistema de provincias como división territorial se empleó en España por primera vez en el siglo XIX. Se trataba de organizar de manera racional la administración de justicia y la recaudación de impuestos. El número y tamaño de las provincias ha cambiado en varias ocasiones; la distribución actual en la península, Canarias y Baleares se remonta a 1927; desde entonces, España ha perdido las provincias que correspondían al Sáhara Occidental y a Guinea Ecuatorial, ambas en África.

Las provincias, además, son la base para establecer las Comunidades Autónomas: las provincias limítrofes que comparten características históricas, culturales y económicas comunes. Sin embargo, hay provincias que no comparten estas características con sus provincias vecinas, de modo que existen Comunidades Autónomas pluriprovinciales y uniprovinciales. A continuación detallamos las pluriprovinciales:

- Andalucía: Almería (1), Cádiz (2), Córdoba (3), Granada (4), Huelva (5), Jaén (6), Málaga (7) y Sevilla (8).
- Aragón: Huesca (9), Teruel (10) y Zaragoza (11).
- Castilla-La Mancha: Albacete (12), Ciudad Real (13), Cuenca (14), Guadalajara (15) y Toledo (16).
- Castilla y León: Ávila (17), Burgos (18), León (19), Palencia (20), Salamanca (21), Segovia (22), Soria (23), Valladolid (24) y Zamora (25).
- Cataluña: Barcelona (26), Gerona (27), Lérida (28) y Tarragona (29).
- Extremadura: Badajoz (30) y Cáceres (31).
- Galicia: La Coruña (32), Lugo (33), Orense (34) y Pontevedra (35).
- Islas Canarias: Las Palmas (36) y Santa Cruz de Tenerife (37).
- País Vasco: Álava (38), Guipúzcoa (39) y Vizcaya (40).
- Valencia: Alicante (41), Castellón (42) y Valencia (43).

Las uniprovinciales son:
- Asturias (44).
- Baleares (45).
- Cantabria (46).
- La Rioja (47).
- Madrid (48).
- Murcia (49).
- Navarra (50).

ANEXO 3: Diferentes climas, diferentes modos de vida, diferentes tópicos

La diversidad climática y paisajística de España viene acompañada de una diversidad cultural y social relacionada con el medio ambiente; costumbres, hábitos, y pautas de comportamiento varían de un lugar a otro, y esto ha dado lugar a muchos tópicos geográficos: opiniones generalizadas sobre las personas de un lugar, no siempre acertadas, y con frecuencia exageradas.

En la España lluviosa de clima atlántico, la abundancia de prados y ganado favorece una alimentación basada en productos lácteos como el queso, carnes, verduras y, dada su cercanía al mar, pescado, moluscos y marisco. Las inclemencias del tiempo (lluvia, viento, humedad y frío) inducen a desarrollar las actividades de tiempo libre en el interior de las casas o en edificios públicos. Se prefiere el aguardiente y los licores de frutas, que proporcionan calor. Las industrias tradicionales son la pesca, la ganadería, la agricultura, la construcción de barcos, la minería y la metalurgia.

Tópicos más destacados: el gallego, melancólico amante de su tierra y receloso de los desconocidos; el asturiano, orgulloso de sus costumbres y amante de las montañas; el vasco, cantarín y comilón, pródigo en palabrotas y blasfemias.

En la España seca de clima continental, la tradición ganadera y hortícola otorga sabrosos embutidos y jamones, numerosos platos de legumbres, vinos, quesos y cremas. El paisaje llano y la brusca diferencia de temperatura entre el invierno y el verano desarrollan un carácter pragmático y con gran capacidad de sacrificio. Las costumbres festivas giran en torno a la tradición campesina, con grandes reuniones de gente para celebrar los cambios estacionales, las épocas de cosecha y las fiestas religiosas. Las industrias tradicionales son, aparte de la ganadería y la agricultura, el comercio, la artesanía y la molienda.

Tópicos más destacados: el extremeño, sufrido y aventurero, conquistador de tierras lejanas; el manchego, refranero y social, celoso con su familia; el aragonés, risueño y sencillo, amante del baile.

En la España mediterránea, predomina una alimentación rica en pescado, ensaladas, tomate, arroz, aceite de oliva, pan; la temperatura benigna y los largos días soleados permiten que la vida se desarrolle en el exterior, a lo que se suele atribuir un carácter abierto y amistoso. El ambiente relajado y populoso induce a celebraciones espontáneas, además de las fiestas marcadas por calendario. Las industrias tradicionales son, junto con la agricultura y la pesca, el comercio, la artesanía, la restauración, y el turismo.

Tópicos más destacados: el andaluz, perezoso y bromista, despreocupado por el futuro; el valenciano, altivo y laborioso, amante del fuego y las explosiones en las fiestas; el catalán, emprendedor y amable, preocupado por el dinero y dado al humor.

ANEXO 4: Origen de la ñ

La letra eñe es exclusiva del español, ya que no se utiliza en ningún otro idioma (otras lenguas romances representan el mismo sonido con las grafías *gn*, *ny*, y *nh*), y muy representativa del mismo, ya que está presente en los nombres *España* y *español*.

Su origen está en la costumbre que tenían los primeros escribientes del castellano de emplear el signo ~ sobre las letras duplicadas, para ahorrar espacio y tinta; de manera que cualquier palabra que contuviese letras duplicadas, por ejemplo *anno*, se escribía sustituyendo una de las letras duplicadas por el signo ~: *año*. Con el tiempo, la doble ene sufrió un cambio fonético y se empezó a pronunciar como hoy la pronunciamos, por lo que necesitamos esta letra para representar ese sonido diferente; mientras que otras letras duplicadas se simplificaron, como por ejemplo: *fosso > foso, azzeite > aceite, collegio > colegio*, etc.

EJERCICIOS COMPLEMENTARIOS

1. Identifica cada una de las siguientes imágenes con el tipo de clima correspondiente y con los alimentos típicos que se consumen en la zona:

A. La Mancha

B. Galicia

C. Cataluña

2. Busca información sobre qué y de dónde son los siguientes elementos folclóricos:

- Aurresku
- Traje de gitana
- Tarta de Santiago
- Gazpacho

- Castellers
- Gaitero
- Meiga
- Fabada

UNIDAD 2
Formación histórica de España

导　读

　　伊比利亚半岛上最早的居民分别是，自北向南居住于半岛东部的伊比利亚人，以及与他们在人口规模、文明发展程度上相当且居住于西部的凯尔特人，他们在金属锻造和制陶业上拥有高超的手艺。出于对金属、农产品等物资的需求，在随后的800年中，腓尼基人、希腊人和迦太基人相继在半岛上建立了各自的殖民地。这些殖民地在更大的程度上，成为地中海沿岸各地贸易往来的重要中转站。

　　经过三次布匿战争，罗马人从迦太基人手中夺得地中海霸主的地位，它的语言、文化、行政管理体系得以迅速传播。在此期间，伊比利亚半岛被划分成四个罗马行省，逐渐形成了以拉丁语为基础的各地方言，并且通过罗马的能工巧匠，建造了高效的交通网络以及留下了诸多建筑瑰宝。

　　罗马帝国衰败之后，来自北方的蛮族西哥特人掌握了半岛的控制权。在他们的统治下，西班牙第一次以一个统一国家的状态出现在历史舞台上。但100多年之后，穆斯林军队趁西哥特王朝内乱，借机出兵伊比利亚半岛，占领了除北部山区之外的大部分土地，并把穆斯林统治的区域称作安达卢斯。

　　北部地区的天主教徒从未停止过对穆斯林的抵抗，这些地区之间不断地兼并扩张，最后形成了以卡斯蒂利亚、纳瓦拉和阿拉贡为首的多个独立王国。1469年，卡斯蒂利亚公主与阿拉贡王子联姻，并着手统一领土、驱逐异教的最终战斗。

　　1492年是西班牙历史上重要的一年。天主教国王夫妇夺取了摩尔人的最后一块领土——格拉纳达。同年，内布里哈编著的第一部西班牙语语法出版，促使西班牙语成为欧洲大陆传播最为广泛的语言。是年10月12日，哥伦布发现了美洲大陆，为半岛带来了源源不断的财富，使得西班牙一跃成为欧洲强国。

Distribución de celtas e iberos por el territorio peninsular

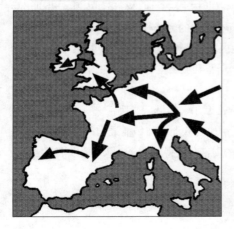

Migraciones célticas

En la lección anterior vimos que Iberia o Hispania, como se conocía a la Península Ibérica en la Antigüedad, está situada en el suroeste de Europa. Esta situación geográfica la convierte en un lugar de interés <u>estratégico</u>, ya que domina el paso entre el Océano Atlántico y el Mar Mediterráneo. También es el punto de conexión entre Europa y África. Debido a estas características, distintas civilizaciones han puesto su atención en España, obedeciendo a distintos intereses. Esto ha provocado que España sea el resultado de la mezcla de muy variadas culturas.

1 – Primeros pobladores

En la Antigüedad, en Iberia había muchos pueblos distintos, repartidos por la península, con características diferentes. Los podemos agrupar en dos culturas claramente distintas: los pueblos iberos, en el sur, el este y el norte (área pirenaica), y los pueblos celtas, en el centro, el norte (área cantábrica) y el oeste.

IBEROS - La población más antigua de la península. Eran guerreros y artesanos, con un alto nivel de desarrollo en la forja de metales, especialmente en la fabricación de espadas; usaban técnicas de combate desconocidas por otros pueblos, que con frecuencia los contrataban como mercenarios para guerras en el extranjero. Estaban divididos en muchos grupos enemistados entre sí, cada uno gobernado por un <u>caudillo</u>. Los historiadores de la Antigüedad destacan que les gustaba el baile y la música, quemaban a los muertos y guardaban sus cenizas en urnas.

CELTAS - Habían llegado con las <u>migraciones</u> célticas en torno al año 1000 a.C. Era una raza muy numerosa, procedente del este, que se asentó en el centro de Europa, Francia, las Islas Británicas, y el norte de Iberia. En España, al igual que los iberos, vivían separados en muchos grupos. Trabajaban la cerámica y los metales, y también incineraban a los muertos. Estaban organizados en clanes y vivían en *castros*, ciudades amuralladas sobre colinas.

2 – Primeros colonizadores

Desde aproximadamente el año 750 a.C., otros pueblos del Mediterráneo establecieron <u>colonias</u> en Iberia. La península era muy rica en metales y en productos agrícolas, por lo que despertaba un enorme interés comercial.

Guerrero ibero

FENICIOS - Procedentes de las costas de lo que hoy llamamos Líbano, en el límite oriental del Mar Mediterráneo, eran grandes marinos y comerciantes que desarrollaron rutas comerciales por todas las costas mediterráneas. Establecieron en Iberia numerosas *factorías*, pequeñas ciudades donde se almacenaban y fabricaban las mercancías que ellos luego vendían en otros lugares. Del mismo modo, traían mercancías de otros lugares (Asia Menor, África) que vendían desde las factorías a los iberos. Ejemplos de estas factorías son Gadir y Malaka, las ciudades llamadas hoy día Cádiz y Málaga, en el sur de Andalucía.

Cabeza de la estatua del dios griego Apolo encontrada en Ampurias

GRIEGOS - Al igual que los fenicios, establecieron colonias en Iberia desde las que obtenían mercancías para comerciar con otros lugares del Mediterráneo. Llamaban a tales colonias <u>*emporios*</u>. La actual ciudad de Ampurias, en Cataluña, es un ejemplo de estos emporios creados por los griegos.

Rincón de lengua

Estrategia – Del griego *strategeia*, "arte de dirigir ejércitos"; un lugar estratégico es un lugar de interés militar. Hoy día usamos el adjetivo 'estratégico' también para lugares de interés económico.

Caudillo – Al igual que sucede con 'capital' y 'capitán', la palabra 'caudillo' también tiene su raíz en 'cabeza'. Usamos 'caudillo' para referirnos al jefe de un pueblo, o al líder de un grupo; también en su forma verbal: acaudillar.

Migración – Desplazamiento de grupos de animales o personas de un lugar a otro. Podemos hablar de inmigración (personas que entran a un país en busca de mejores condiciones de vida) o emigración (personas que salen de un país, por el mismo motivo).

Colonia – Esta palabra procede del verbo latino *colere*, "recolectar". Cuando un país establece centros de explotación de recursos en el extranjero, estos centros reciben el nombre de 'colonia'.

Emporio – En español actual, también usamos esta palabra para referirnos a un grupo de empresas propiedad de una misma persona, familia o sociedad.

Terracota del s.III en las Islas Baleares

Pregunta al lector
¿Por qué los romanos llamaron a la península Hispania? Razona tu respuesta.

Pregunta al lector
¿Cuál era esta lengua? ¿Qué otras lenguas derivan de ella?

Las provincias romanas

Los fenicios habían establecido sus factorías en el sur; los griegos levantaron sus emporios en el este.

CARTAGINESES - De origen fenicio, fundaron una capital (la ciudad de Cartago) en el norte de África y se hicieron con el control de las factorías cuando el dominio fenicio del comercio entró en decadencia. En sus guerras contra Roma, utilizaron las colonias en Iberia y a los guerreros iberos; esto provocó la invasión de la península por los romanos y su posterior colonización.

3 – Hispania romana

Roma, una ciudad en el centro de la Península Itálica, creó un imperio de gran capacidad militar que dominó el Mar Mediterráneo. Durante los siglos III y II a.C., se disputó el control del comercio marítimo con la poderosa Cartago; tras vencer a los cartagineses, ocuparon la Península Ibérica para explotar sus ricos recursos.

La conquista de **Hispania** duró 200 años. Roma impuso en los territorios conquistados su modelo administrativo y su *lengua*. Los iberos asimilaron la cultura romana con gran rapidez, a la vez que Roma adquirió de ellos ciertos elementos, como por ejemplo la espada que utilizaban los iberos o el *garum*, salsa de pescado que desde entonces estuvo presente en todas las mesas de Roma. Los celtas, sin embargo, opusieron mayor resistencia y no fue hasta el año 47 a.C. que se completó la conquista. Hay que tener en cuenta que los iberos estaban acostumbrados al trato con otros pueblos, gracias al prolongado comercio con fenicios, griegos y cartagineses, mientras que los celtas habían permanecido aislados; la actitud abierta de los iberos les permitió mezclarse con los romanos y asimilar sus costumbres, pero los celtas interpretaron la presencia romana como la de un invasor al que había que expulsar.

Los romanos dividieron Hispania en provincias cuyo número y tamaño varió en diferentes momentos de la historia. Tradicionalmente se señalan cuatro: Gallaecia al noroeste, Tarraconense al noreste, Bética al sur y Lusitania al suroeste. Cada provincia tenía un gobernador y una capital: Tarragona (Cataluña) para la Tarraconense, Córdoba (Andalucía) para la Bética, Mérida (Extremadura) para la Lusitania, y Braga (Galicia) para la Gallaecia. Los romanos tenían una ingeniería muy desarrollada para su tiempo, y construyeron una espléndida red de calzadas (carreteras) que comunicaban todas las ciudades en todos los puntos de la Península Ibérica y permitían una rápida comunicación.

La Tarraconense y la Bética fueron las primeras regiones de Hispania en <u>romanizarse</u>. Muchos romanos fueron a vivir a la Tarraconense, rica en minas y muy próspera comercialmente; en la Bética, las familias iberas más importantes se convirtieron en ciudadanos romanos y participaron activamente en la política de Roma, hasta el punto de que en el siglo II d.C. hubo dos emperadores de Roma que procedían de la Bética: Trajano y Adriano; y en el siglo IV el emperador Teodosio. De la Bética vino también el filósofo Séneca [1], y de la Tarraconense el poeta Marcial [2].

Hacia el año 250 d.C. aparecieron las primeras comunidades cristianas en Hispania. El cristianismo había surgido en el siglo I d.C. en el Mediterráneo

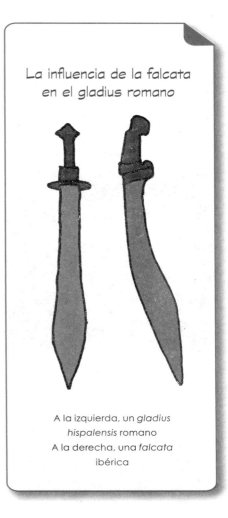

La influencia de la falcata en el gladius romano

A la izquierda, un *gladius hispalensis* romano
A la derecha, una *falcata* ibérica

Rincón de lengua

Imperio – Del latín *imperium*, término político y militar referido a la capacidad de mando y decisión que un oficial del ejército o un representante diplomático podía ejercer, de acuerdo a la ley romana. Posteriormente adquirió el sentido actual de conjunto de lugares en los que se obedece el mando o la ley de un emperador ("persona capacitada para ejercitar ese mando").

Conquistar – El significado más antiguo de esta palabra es "agrupar ganado". Hoy, además del significado militar, tiene también el de "lograr el amor de una persona".

Salsa – Observa que la raíz de esta palabra es 'sal', y que al igual que la sal, la salsa se utiliza para modificar el sabor de la comida.

Romanizar – Observa que los verbos acabados en *-izar* tienen un sentido de "convertir" y "transformar": romanizar, colonizar, independizar, cristianizar...

oriental, y se había expandido poco a poco hacia el oeste. Posteriormente, cuando se convirtió en la religión oficial del Imperio Romano en el siglo IV, toda Hispania se cristianizó.

4 – Hispania Visigoda

En el siglo V d.C., el Imperio Romano, incapaz de mantener su extenso dominio y su compleja administración, cayó ante el empuje de los pueblos bárbaros que desde el norte de Europa luchaban por hacerse con el territorio y las ciudades romanas.

De estos pueblos bárbaros del norte, Hispania fue invadida por los alanos, los suevos, y los vándalos [3]. Dada la buena calidad de las calzadas romanas, los bárbaros se esparcieron fácilmente por la península. Más tarde llegaron los visigodos, que habían vivido dentro del Imperio Romano, sirviendo como mercenarios al emperador, y por tanto habían adoptado diversas señas de identidad romana: hablaban latín, utilizaban las leyes de Roma, eran cristianos y seguían un modelo de administración basado en el modelo romano.

Por estas características, la población hispanorromana los aceptó como gobernantes. Los visigodos expulsaron de la Península Ibérica a los otros pueblos bárbaros y situaron la capital en **Toledo**. Estaban gobernados por un rey elegido por un consejo de nobles visigodos: cuando no les gustaba el gobierno ejercido por el rey, lo mataban y elegían a otro.

Invasiones bárbaras en el siglo V

Pregunta al lector
¿Dónde está Toledo? ¿Sigue siendo la capital de España? ¿De qué es capital?

La gran importancia de los visigodos es que con ellos aparece España por primera vez en la historia como una identidad nacional: nunca antes había formado un único estado, y bajo el Reino Visigodo, España se identificó como una nación. Los visigodos reinaron España hasta el siglo VIII, cuando los musulmanes invadieron la Península Ibérica desde el norte de África.

5 – Al Ándalus

Los musulmanes llamaron Al Ándalus a España. La invadieron en 711 y sólo dos años más tarde ocupaban casi la totalidad de la península, gracias de nuevo al sistema de calzadas construido por los romanos. Establecieron un califato con capital en Córdoba, gobernado por un califa, que es al mismo tiempo líder político y líder religioso. Dos focos de resistencia cristiana se mantuvieron en el norte, en Asturias y Navarra, protegidos por las montañas, y el rey de Francia estableció al sudeste de los Pirineos la Marca Hispánica [4], ayudando a los Condados Catalanes a resistir el avance de los musulmanes.

El Califato de Córdoba supuso una época de esplendor cultural y científico como no se había conocido desde el Imperio Romano. Pero en el siglo XI, debido a tensiones políticas internas y a malas relaciones diplomáticas con otros países musulmanes, el Califato de Córdoba se disolvió en varios reinos menores, conocidos como *taifas*, que dejaron Al Ándalus territorial, militar y políticamente dividido.

En el siglo XII, los almorávides, un grupo fanático religioso musulmán, tomaron el poder y volvieron a unificar Al Ándalus, con lo que lograron resistir por un tiempo el empuje de los cristianos del norte de España, que querían recuperar sus antiguas tierras. Después, el Imperio Almohade, que dominaba el norte de África, se hizo con el control de Al Ándalus y lo integró a su imperio hasta el siglo XIII, cuando Al Ándalus volvió a dividirse en taifas, débiles ante los cristianos que continuaron avanzando hacia el sur.

En el siglo XV, ya sólo quedaba de Al Ándalus el reino taifa de Granada, que comprendía las actuales provincias de Málaga, Granada y Almería. Fue conquistado por los reinos de <u>Castilla</u> y Aragón en 1492, poniendo fin a la España musulmana.

6 – Los reinos cristianos

En el norte, los dos focos de resistencia cristia-

España en el siglo XI

¿Sabías que...

...una marca es un territorio defensivo en la frontera de un reino; el jefe militar de la marca es el marqués, cargo que se convirtió en título nobiliario?

Un condado es un territorio administrativo; el conde (cargo que también se convirtió en título nobiliario) se encargaba de mantener el orden entre la población, impartir justicia y recaudar impuestos.

Pregunta al lector
¿Qué es un ducado? ¿Y un duque? Busca la respuesta.

Rincón de lengua

Bárbaro – Los antiguos griegos usaban la onomatopeya 'bar-bar' para expresar el sonido de los idiomas extranjeros, que no entendían. De ahí surgió la palabra 'bárbaro' con sentido de "extranjero"; más tarde desarrolló el sentido de "pueblo de cultura inferior" que expresa cuando hablamos de "pueblos bárbaros".

Al Ándalus – Observa que de este nombre árabe procede el nombre actual de la Comunidad Autónoma de Andalucía, y del latín *Gallaecia* el de la Comunidad Autónoma de Galicia.

Foco – De la misma raíz que 'fuego', alrededor del cual se reúne la gente. Observa también el verbo 'enfocar'.

Castilla – En latín significa "castillos"; los castellanos construyeron una red de castillos muy eficaz para defender los territorios que iban conquistando, de ahí que sea "la tierra de los castillos". 'Castellano' es la persona que vive en un castillo, y el idioma, por lo tanto, significaría "la lengua que se habla en los castillos"...

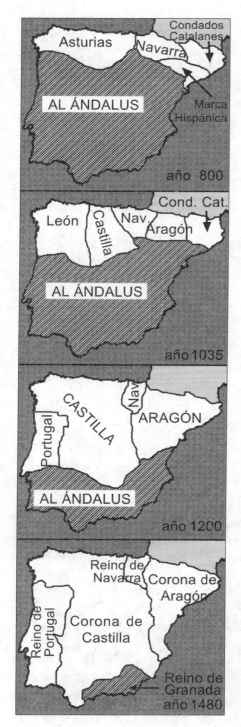

La Reconquista

na a la conquista musulmana de España se convirtieron en los reinos de Asturias y Navarra. En la Marca Hispánica, diversos condados se reunieron bajo la influencia del condado de Barcelona. Todos estos reinos cristianos tenían el objetivo de resistir el avance de los musulmanes y recuperar territorio. Es lo que en historia se conoce como "la Reconquista": el periodo entre 711 y 1492.

Conforme los cristianos recuperaron territorio, fueron creándose otros reinos nuevos, que con frecuencia hacían la guerra a sus vecinos; unos reinos se fortalecieron y crecieron mientras otros desaparecieron o fueron conquistados por reinos vecinos. Así, por ejemplo, el reino de Asturias pasó a ser el reino de León, que acabó por formar parte del reino de Castilla. El reino de Aragón absorbió los Condados Catalanes y la taifa de Valencia, y se expandió por el Mediterráneo (Nápoles, Sicilia, etc.)

En el siglo XV, antes de la conquista de Granada, ya sólo había cuatro reinos cristianos en la península: Portugal, Castilla, Navarra y Aragón.

7 – Los Reyes Católicos

La reina Isabel de Castilla y el rey Fernando de Aragón se casaron, creando así una alianza muy conveniente entre los dos reinos cristianos más poderosos.

Castilla había sometido a la mayoría de reinos cristianos menores y taifas musulmanas, reconquistando casi la totalidad de la península, y era la mayor potencia militar de la época. Aragón había sumado a sus dominios Cataluña y Valencia y se había extendido por el Mediterráneo, controlando el comercio marítimo, por lo que era la mayor potencia económica de la época.

Fernando de Aragón ayudó a Isabel de Castilla a conquistar Granada en 1492 y posteriormente también el reino de Navarra, aunque se otorgó a este último una serie de privilegios especiales a cambio de que no se alzase contra Castilla. Portugal y Castilla firmaron un tratado de paz que mantuvo a Portugal independiente.

Una vez unificada la España cristiana bajo el poder de Aragón y Castilla, Fernando e Isabel establecieron una ideología para su nuevo imperio: "un reino, una lengua, una religión".

- Un reino: al morir Isabel y Fernando, su heredero sería el único rey de España; así ocurrió de hecho en 1516, cuando su nieto subió al trono.

- Una lengua: la influencia política y militar de Castilla había hecho de su idioma, el castellano, el instrumento de comunicación básico entre los distintos pueblos de la península. Antonio de Nebrija, por orden de la reina, escribió el *Tratado de la lengua castellana o española*, la primera gramática del español, publicada en 1492.

- Una religión: se prohibió el judaísmo y el islam y se persiguió a sus creyentes. Toda la población española que no era cristiana tuvo que convertirse al cristianismo o abandonar el país. Se estableció la Inquisición, tribunal religioso, para vigilar que no se produjeran violaciones a esta norma.

Gramática de Nebrija de 1492

Además, las pretensiones de los Reyes <u>Católicos</u> iban más allá de España. Casaron a su hija y heredera, Juana la Loca, con el heredero del Imperio Germánico, Felipe el Hermoso. Con este matrimonio, los destinos de España y del centro de Europa quedaron unidos.

Por otro lado, Castilla quería expandir su comercio marítimo, pero no tenía posibilidad de hacerlo: Aragón ya dominaba el comercio con Europa y Asia a través del Mediterráneo, y Portugal dominaba el comercio con África y Asia a lo largo de la costa africana y el Océano Índico.

8 – El Nuevo Mundo

Cuando Colón propuso explorar una ruta marítima hacia Asia a través del Océano Atlántico, Isabel de Castilla vio la oportunidad de dominar el comercio con tan lejano continente a través de una ruta directa con China y Japón.

Rincón de lengua

Católico – En griego significa "universal", pero hoy se utiliza para referirse a la rama romana del cristianismo, que es la más representativa en España y en otros países europeos, en Hispanoamérica, y en algunos países asiáticos, como por ejemplo Filipinas.

Cristóbal Colón arrodillado
frente a los Reyes Católicos en
la Corte de Barcelona.
Pintura de V. Turgis

Pregunta al lector

La Ruta de la Seda unía China con el
Mediterráneo por medio de un largo
camino. ¿Sabes algunos de los lugares más
importantes por los que pasaba esta Ruta?
Haz una lista.

Desde la Antigüedad había existido un comercio constante *de seda y especias* desde Asia hacia Europa, donde se valoraban enormemente estas mercancías. El tráfico de seda y especias se había realizado siempre por tierra, a través de rutas de caravanas que atravesaban China, cruzaban los desiertos y altas montañas de Asia Central, y llegaban a través de Asia Menor hasta la orilla del Mediterráneo. Este largo camino es conocido con el nombre de Ruta de la Seda.

La distribución de seda y especias por el Mediterráneo había estado controlada sucesivamente por los fenicios, los griegos, los romanos, los árabes... que las vendían a alto precio, con un margen de beneficio muy elevado, pero también las compraban a un precio bastante caro, ya que las mercancías venían de muy lejos y su transporte era lento y costoso; desde su lugar de origen hasta su destino final, la seda y las especias pasaban por diferentes mercaderes que las compraban, hacían parte del viaje y las vendían a otros mercaderes que hacían otra parte del viaje, encareciendo el precio progresivamente.

La propuesta de Colón era, por tanto, sumamente atractiva: si Castilla encontraba una ruta directa a China por mar, podría comprar seda y especias a su precio original y venderlas al precio acostumbrado en Europa, con lo que el margen de beneficio sería mucho mayor, al no depender de intermediarios.

Colón viajó hacia China con dinero castellano buscando una ruta atlántica, pero en su viaje encontró un continente desconocido... el 12 de octubre de 1492, la expedición de Cristóbal Colón llegó a América.

El viaje de Cristóbal Colón

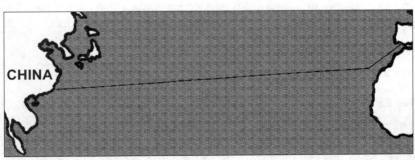

CHINA

Proyecto de ruta comercial directa a
China que Colón propuso a la Reina Isabel.
Nadie sabía aún que en medio se hallaba
América.

> Estatua conmemorativa
a Colón en la Rambla de
Barcelona

NOTAS

① Séneca

全名Lucius Annaeus Seneca，塞内加（约公元前4年－公元65年），古罗马时代著名的哲学家、剧作家。他出生于罗马行省西班牙，曾在尼禄执政期间辅佐朝政。他留下了《俄狄浦斯》、《美狄亚》、《特洛伊妇女》等九部悲剧作品。

② Marcial

全名Marcus Valerius Martialis，马尔提阿利斯（又称马希尔，约40—104年），古罗马诗人，一生创作诗篇多达1200首，作品大多以反映社会现实及底层平民的生活为主，也不乏赞美贵族、宫廷生活的诗篇。

③ Los alanos, los suevos y los vándalos

阿拉诺人、斯维汇人和汪达尔人均是日尔曼民族的部族。他们于公元5世纪初，趁罗马人无力抵抗之时，越过比利牛斯山入侵伊比利亚半岛，并定居下来。日尔曼人的另一支部族西哥特人也紧随其后长驱直入，并把上述三支部族驱赶出半岛，建立了西哥特王朝，定都托雷多。

④ La Marca Hispánica

古代西班牙马尔加地区（今加泰罗尼亚地区），该地区位于当时法国加洛林王朝边界与比利牛斯山东南处，具有抵御穆斯林进攻的重要军事地位。法国国王为了更有效地控制马尔加地区，将它划分为多个伯爵领地，由法国人或北部西班牙本土的贵族来管理。

VOCABULARIO

ibero, ra; íbero, ra *m.f. adj.*	伊比利亚人；伊比利亚（Iberia）的
celta *m.f. adj.*	凯尔特人；凯尔特人的
mercenario, ria *adj.*	雇佣军的，雇佣的
m.	雇佣军；短工
incinerar *tr.*	火葬
clan *f.*	氏族；帮派
castro *m.*	（凯尔特人的）古城堡
emporio *m.*	（古时）外商贸易的中心场所
cartaginés *adj. s.*	（非洲古国）迦太基（Cartago）的（人）
falcata *f.*	（伊比利亚人使用的）弯刀，弯剑
gladius	<拉>剑
califato *m.*	哈里发的权位；哈里发的辖地
almorávide *m.f.*	穆拉比特王朝的人
Imperio Almohade	穆瓦希德王朝
taifa *f.*	派系，分邦

EJERCICIOS

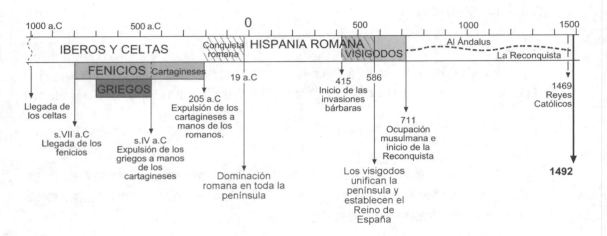

1. Después de haber leído el tema mira la línea del tiempo y responde a las siguientes preguntas:

a) ¿En qué siglo llegaron los griegos a la península?

----

b) ¿Por qué los fenicios y los cartagineses están en una misma línea?

----

c) ¿Qué pasó con los iberos y los celtas con la llegada de los romanos?

----

d) ¿Qué pasó en la Península Ibérica entre el año 415 y el 586?

----

e) ¿Por qué Al Ándalus y la Reconquista comparten el mismo espacio temporal?

----

f) ¿Por qué el año 1492 es tan importante? ¿Qué tres acontecimientos ocurrieron durante ese año?

- ----

- ----

- ----

2. Ante la invasión romana de la Península Ibérica, ¿qué actitud te parece mejor, la de los iberos, o la de los celtas? Analiza y expón razonadamente tu respuesta.

REFERENCIAS Y ENLACES DE INTERÉS:

- Iberos

http://www.elmundo.es/magazine/num119/textos/iberos.html

Reportaje publicado en el magazine de El Mundo que se centra en el pueblo ibero y en su legado.

- La Alhambra

http://www.fundacion.telefonica.com/es/arsvirtual/media/visitas/Alhambra/index.html

En esta página se puede hacer una visita virtual de los palacios y jardines de la Alhambra, con fotos a 360 grados e imágenes en 3D.

- Cristóbal Colón

http://bib.cervantesvirtual.com/portal/colon/

Sección de la Biblioteca Virtual Miguel de Cervantes dedicada al V Centenario de la muerte de Cristóbal Colón, con una completa sección de *Enlaces*.

- Antonio de Nebrija

http://www.antoniodenebrija.org/indice.html

http://www.rae.es/Imagenes/textos/Biblioteca_Clasica/Archivos_de_Biblioteca_Clasica/Nebrija_31_C_3686_280.pdf

En el primer enlace podemos encontrar una edición digital completa de la *Grammatica*, en el segundo un facsímil del *Vocabulario español-latino* de Nebrija.

ANEXO 1: Emperadores romanos procedentes de España

Trajano

En España nacieron tres de los emperadores más significativos del Imperio Romano: Trajano, Adriano y Teodosio.

Trajano fue el primer emperador romano de origen extranjero, y gobernó durante diecinueve años entre los siglos I y II d.C. Muy celebrado por sus triunfos militares, porque gracias a sus conquistas, el Imperio Romano alcanzó la mayor extensión de toda su historia. También reformó la estructura urbana de Roma y construyó importantes monumentos que todavía visitan millones de turistas cada año.

Adriano (sobrino y sucesor de Trajano), amante de la filosofía y gran promotor de la cultura, mantuvo la extensión del Imperio lograda por Trajano, a pesar de los ataques de numerosos enemigos. Apoyó la construcción de jardines públicos y monumentos y la defensa de las fronteras. Además, puso de moda en Roma llevar barba y cabello rizados.

Adriano

Teodosio el Grande (siglo IV) impuso el cristianismo como única religión del Imperio Romano. A su muerte, el Imperio se dividió en dos partes: Imperio Romano de Occidente e Imperio Romano de Oriente. El Imperio Romano de Occidente cayó en el siglo V, desintegrándose en pequeños reinos gobernados por bárbaros. Pero el Imperio Romano de Oriente (también llamado Imperio Bizantino) se mantuvo hasta el siglo XV.

Teodosio el Grande

ANEXO 2: Los Reyes Católicos

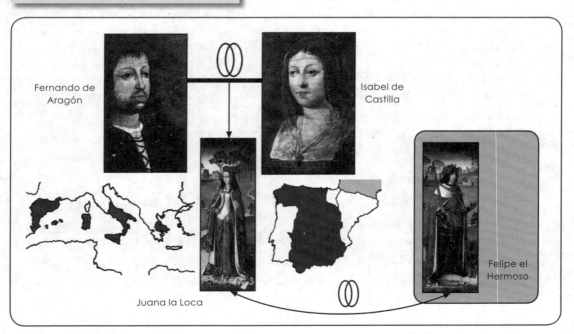

Fernando de Aragón

Isabel de Castilla

Juana la Loca

Felipe el Hermoso

ANEXO 3: Expediciones marítimas

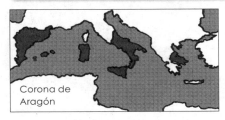

Corona de Aragón

Desde el siglo IX, la fuerte presencia de comercio catalán en todas las orillas del Mar Mediterráneo orientó la política de los condados catalanes hacia la mejora de la navegación y la seguridad del mercado. Durante los siglos XII, XIII y XIV, ya integrado el Principado de Cataluña en la Corona de Aragón, los reyes aragoneses iniciaron una serie de conquistas para asegurar su control sobre el comercio del Mediterráneo: Islas Baleares, Sicilia y Nápoles en Italia, y diversas ciudades del Imperio Bizantino y del norte de África. El control de la Corona de Aragón sobre el tráfico de barcos y mercancías era tan grande, que se decía que incluso los peces tenían que llevar la bandera catalana para nadar por el mar.

En el siglo XIII, Portugal se vio libre de su tarea de reconquista (que cayó casi por completo sobre Castilla) y, al no necesitar luchar más contra los musulmanes, se dedicó por completo a explorar el Océano Atlántico en busca de rutas comerciales con Asia. Los portugueses desarrollaron nuevas técnicas de navegación y rodearon África por el sur. En el siglo XV ya tenían una ruta comercial directa entre Portugal y la India, logrando con ello grandísimos beneficios comerciales, ya que accedían a la seda y a las especias sin necesitar a los pueblos de Asia Central como intermediarios.

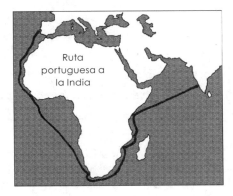

Ruta portuguesa a la India

Conforme se aproximaba la caída de Granada, la reina Isabel de Castilla comprendió el enorme interés comercial de las rutas marítimas, que podían enriquecer con rapidez a un país desgastado en tantos siglos de guerra, como era el caso de Castilla. Pero había un grave problema: Aragón tenía el Mediterráneo, y Portugal la ruta hasta la India; esto imposibilitaba a Isabel acceder al comercio marítimo.

Cuando el navegante Cristóbal Colón le propuso una nueva ruta, la reina Isabel no dudó en intentarla. Colón decía que la Tierra era redonda (en esa época, la mayoría de la gente aún creía que era plana) y que por tanto existía la posibilidad de llegar por el mar hasta China. Nadie había explorado el mar que separaba, según Colón, a España de China, y todos pensaban que estaba loco. Isabel de Castilla le dio una oportunidad: le entregó tres barcos y marineros para explorar la ruta directa hacia China.

La expedición de Cristóbal Colón salió de España el 3 de agosto de 1492 y, tras muchos peligros y dificultades, llegó a una tierra desconocida. No era China, pero Colón estaba convencido de que se trataba de Asia. El gran navegante y aventurero murió, muchos años más tarde, sin saber que había encontrado un nuevo continente.

ANEXO 4: La Inquisición

Se trataba de una estructura organizada para eliminar la herejía (irregularidades en el catolicismo, o influencia de otras religiones o tendencias). Era una organización controlada desde Roma y aplicada a toda la Europa católica. A pesar de esto, en España durante el reinado de Fernando e Isabel (los Reyes Católicos) se convirtió en una institución controlada desde la corona.

Después de la expulsión de los judíos y de los musulmanes España era un reino donde sólo el catolicismo era aceptado.

La Inquisición controlaba que los creyentes no fueran judíos o herejes "disfrazados" y que se siguieran los ritos de manera estricta. Este organismo, sin embargo, fue utilizado en numerosas ocasiones para finalidades políticas y censuradoras; en algunos casos incluso para venganzas personales.

Capricho num.23 "Aquellos polvos", de Francisco de Goya. Ésta es una representación de los llamados "autillos", en los que se sometía al reo al escarnio público.

Cuando alguien era acusado por la Inquisición era muy difícil conseguir salir airoso. Todo proceso seguía una estructura fija: la acusación, la detención, los juicios, la sentencia y (si se daba el caso de que el acusado fuera declarado culpable) los autos de fe. La Inquisición usaba, aunque no siempre, la tortura durante sus interrogatorios. De la crueldad de algunos de sus métodos y sentencias nació la llamada "leyenda negra" de la Inquisición.

Fue una entidad que acompañó la historia de España desde la Edad Media hasta principios del siglo XIX. Esta organización garantizó la imposición de la religión católica e hizo que cualquier otra ideología o fe fuera considerada impropia o peligrosa dentro de España. Éste es el motivo por el cual, a pesar de que gran parte de España fue ocupada por los musulmanes durante más de 700 años, no quedara ningún rastro de su religión.

¿Sabías que...
...los autos de fe podían ser celebraciones públicas o privadas? En éstas, si el acusado era declarado culpable de herejía, brujería, etc. se pretendía devolver al reo al seno de la Iglesia. La manera más común de hacerlo era a través de la "purificación a través del fuego". Esto implicaba quemar al reo, vivo o muerto.

Representación del s.XIX de un interrogatorio bajo tortura a manos de la Inquisición

ANEXO 5: Orígenes del castellano

Los documentos más antiguos que se conocen en castellano datan del siglo X; se trata de notas y traducciones escritas por estudiantes en los márgenes de libros. El latín que habían traído a España los romanos era mayormente latín vulgar, hablado por soldados y comerciantes, diferente del latín culto en el que se escribían las obras literarias y los libros históricos y científicos. Por ello, conforme pasaron los siglos, el latín vulgar evolucionó en distintos dialectos regionales que, quinientos años después de la caída del Imperio Romano, ya eran tan diferentes del latín que los estudiantes, ya que los libros que contenían el conocimiento estaban escritos en este idioma, necesitaban traducir a sus dialectos párrafos que no entendían.

Estos dialectos dieron lugar al grupo ibérico de las lenguas romances (portugués, gallego, bable, leonés, castellano, navarro-aragonés, aranés, catalán, mozárabe). El castellano surgió en el centro-norte peninsular, en torno al Valle de Mena, en una zona de influencia vasca: el Condado de Castilla, creado en el siglo IX, que se situaba entre Cantabria, Navarra y La Rioja. Conforme en el siglo XI se convirtió en Reino de Castilla y aumentó su tamaño, el castellano siguió evolucionando y ganando influencia.

Más de dos terceras partes del vocabulario castellano eran de origen latino, y el resto procedía de los idiomas ibero, celta, vasco, fenicio, griego, germánico, visigótico, y árabe.

La creación de la Escuela de Traductores de Toledo, en el siglo XIII, fue de vital importancia para el futuro del idioma castellano: la tarea de dicha escuela fue traducir al castellano todas las obras científicas, históricas, filosóficas, políticas y morales de la Antigüedad y de la Edad Media, desde sus idiomas originales: hebreo, griego, latín y árabe; de este modo, sabiendo castellano, se podía consultar todo el saber de occidente, lo que supuso un fuerte atractivo para el estudio y uso de este idioma.

Códice Emilianensis, en las páginas de este libro podemos ver las notas y traducciones en los márgenes.

La publicación de la *Gramática de la lengua castellana* en el siglo XV supuso otro incentivo para el conocimiento internacional del español y su uso como lengua común no sólo en la Península Ibérica, sino también en áreas de Europa bajo influencia española, como por ejemplo Italia y Holanda.

El rey Alfonso X el Sabio dictando en la Escuela de Traductores de Toledo

1. Mira las siguientes imágenes e identifica el contenido y explica todo lo que puedas de cada una de ellas:

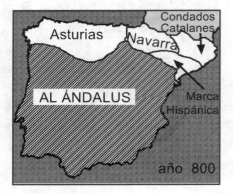

Acueducto de Segovia (Castilla y León).
Siglo I-II.

UNIDAD 3
Evolución política de España: paso del Antiguo al Nuevo Régimen

导　读

　　1492年，天主教国王从摩尔人手中夺回了格拉纳达，结束了长达700多年的"光复战争"。其后，西班牙逐步成为一个政治、宗教和文化上统一的国家，确立了牢固的君主专权制。同时，来自新大陆源源不断的金银和物资，充实了西班牙因连年战争而早已枯竭的国库，使之一跃成为16世纪的欧洲强国。

　　但西班牙的君主并未停止领土的扩张，他们利用本土的资源，不断地向德国、英国、荷兰等其他欧洲国家派兵，以期获得更多的土地。这种重军事却忽视其他领域发展的政策很快露出弊端。16世纪后期，西班牙的"无敌舰队"受到英国海军的重创，国库根本没有物资条件重建舰队，从此西班牙在军事上一蹶不振。再加上西班牙的财政几乎全部来自对新大陆的剥削，本国的工业、农业及对外贸易交流均处于停滞的状态，国内的平民和小贵族阶层生活困苦。

　　西班牙统治者担心王权旁落，多年以来一直与奥地利的哈布斯堡家族通婚。近亲结婚使得皇室成员中不少患有严重的家族遗传病，人丁单薄。17世纪末西班牙国王卡洛斯二世没有子嗣，他决定从奥地利或者法国皇室选择一位王子继位，从而将英国、德国、法国、荷兰等欧洲国家牵扯入这场王位争夺战。最终，法国国王路易十四的孙子获胜，但前提是他和他的后人不能同时担任法国国王，避免了西法联盟对其他国家的威胁。

　　波旁家族接手的西班牙是一个贫困破落的国家。尽管卡洛斯三世引入了法国启蒙思想，并开展了一系列的开明政策，却都无力挽回那个昔日的欧洲强国。19世纪初，利用拿破仑攻占西班牙之际，许多拉美国家纷纷宣布独立，这无疑给西班牙的经济又造成了难以估量的损失。

　　面对落后的经济、混乱的政局，自由派人士提出建立新的体制——君主立宪制，以挽救国家的命运。这样的进步思想首先遭到了保守派的反对以及统治阶级的迫害，但是新旧体制的替换无疑是大势所趋。自由派人士利用西班牙19世纪末的王位争夺，确立并巩固了君主立宪制。

Escudo de los Reyes Católicos

Antiguo Régimen
- Monarquía absoluta
- Teocentrismo
- Privilegios de la nobleza

Nuevo Régimen
- Monarquía parlamentaria
- Separación Iglesia/Estado
- Representación popular en el gobierno

Fragmento de la portada de la 1ª Constitución española

Para entender la España actual es necesario conocer el largo conflicto que existe en la política española entre centralismo (poder ejercido por un gobierno central desde la capital) y regionalismo (poder ejercido por gobiernos locales, desde su propia ciudad), conflicto que abarca ya más de quinientos años y constituye, hoy día, uno de los mayores escollos en la convivencia entre las Comunidades Autónomas (especialmente aquéllas en las que hay movimientos nacionalistas) y el Gobierno Central. Históricamente, el centralismo se ha impuesto progresivamente desde el Antiguo <u>Régimen</u> y alcanzó su máxima intensidad con el Nuevo Régimen.

Antiguo Régimen es como se conoce al sistema político en el que muchos países de Europa vivieron durante varios siglos, desde la Edad Media, y se caracteriza por:

- <u>Monarca</u> con poder absoluto.

- Sociedad <u>teocéntrica</u>, en la que la Iglesia tiene completa influencia en las leyes y su administración.

- Marcada distancia entre los privilegios de la <u>aristocracia</u> y la falta de derechos del pueblo llano.

El Nuevo Régimen consiste en:

- Gobierno parlamentario: las decisiones no las toma una sola persona.

- Separación entre Iglesia y Estado: la religión no puede interferir en la política.

- Separación de los poderes legislativo, ejecutivo y judicial; quien escribe las leyes no es quien manda, y quien imparte justicia no es quien manda ni quien escribe las leyes.

A continuación veremos los elementos determinantes en el largo proceso que llevó del Antiguo Régimen al Nuevo en España.

1 – Concejos

Los concejos eran organismos locales que administraban la ley según los intereses de la baja <u>nobleza</u>, es decir, nobles cuya influencia se limitaba a un territorio pequeño; de este modo, cada ciudad y cada condado tenía sus propias leyes, que podían ser muy diferentes de las de la ciudad o condado vecinos. Los Reyes Católicos, de acuerdo con su proyecto unificador de los reinos hispánicos, suprimieron los concejos y los sustituyeron por un Consejo Real que asignó nuevos jueces, instruidos en una sola legislación nacional, en las ciudades; de este modo se aplicaba la misma ley en todas partes. El Consejo Real estaba formado por los Grandes de España ①, la más alta nobleza (familias nobles cuya influencia territorial era muy extensa). Esta reforma no agradó a la baja nobleza, que perdía un poder que había ejercido durante siglos, y que se veía despreciada por los Reyes en favor de la alta nobleza; en muchas ciudades se produjeron disturbios y actos de rechazo a los jueces enviados por el Consejo Real. Para imponer la reforma, se creó la Santa Hermandad, el primer cuerpo de <u>policía</u> de la historia.

Pregunta al lector
De acuerdo a lo leído en la Unidad 2, explica un ejemplo de privilegios otorgados a una región absorbida por Castilla a la que se otorgaron privilegios.

2 – Fueros

Los fueros eran conjuntos de privilegios otorgados por el rey a determinadas comunidades sociales, especialmente la Iglesia y las órdenes militares; pero también se concedieron privilegios a *regiones* absorbidas por Castilla que no estaban completamente identificadas con ella. Los fueros garantizaban a estas regiones derechos especiales, como el uso de moneda propia o un rango social superior al de los habitantes de otras regiones; pero el privilegio más valorado por los habitantes de estas regiones era la exención de impuestos, lo que les permitía un mejor nivel de vida y mayor inversión en el comercio o la industria.

Rincón de lengua

Régimen – Observa que esta palabra tiene la misma raíz que 'rey' y 'regla'.

Monarca – Del griego *mono*, "uno solo" y *arquía*, "mando". La monarquía es por tanto "el mando de uno solo".

Teocéntrico – Del griego *teo*, "dios". Son sociedades teocéntricas aquéllas en las que la ley y el gobierno están en manos de líderes religiosos, como sucede hoy en algunos países musulmanes.

Aristocracia – Del griego *aristoi*, "los mejores" y *kratos*, "gobierno". En español lo usamos para referirnos a aquellas familias cercanas a los gobernantes, que cuentan con ventajas y privilegios sólo por su apellido y su parentesco.

Nobleza – En su sentido original, 'noble' significa "conocido", y se aplicaba a las personas que hacían alguna hazaña por su patria. Sin embargo, con el tiempo se desvió hacia su sentido actual: "aristócrata".

Policía – La raíz de esta palabra, al igual que 'política', está en el griego *polis*, "ciudad".

Retrato de Carlos I de España y V de Alemania por Bernaerd van Orley

Podemos enumerar el Fuero de Vizcaya, el Fuero de Navarra, el Fuero de Aragón, y el Fuero de Valencia como los más representativos conjuntos de privilegios regionales.

3 – La Guerra de las Comunidades

Al morir Fernando el Católico, y habiéndose declarado a su hija Juana la Loca incapaz de gobernar, la corona de todos los reinos hispánicos pasó al hijo de Juana, Carlos de Habsburgo, que desde entonces reinó como Carlos I. Nacido en Bélgica y heredero también del Sacro Imperio Romano-Germánico, en España se lo vio como un rey extranjero cuyos intereses en Europa iban a empobrecer los recursos militares y económicos de Castilla: Carlos I iniciaba en España una nueva dinastía, los Habsburgo o "Austrias" (por ser la familia real de Austria); esta familia tenía grandes intereses políticos en el centro y norte de Europa, y por tanto, al heredar el poderoso ejército castellano y el oro que venía en grandes cantidades desde la recién conquistada América, los españoles temían que invirtiera ese oro y ese ejército en sus intereses familiares.

De hecho, cuando tres años más tarde fue nombrado emperador del Sacro Imperio Romano-Germánico, tomó dinero y armas de Castilla para combatir a sus enemigos del norte de Europa. Esto motivó la Guerra de las Comunidades: las ciudades rebeldes al nuevo rey expulsaron a los jueces que años antes había impuesto el Consejo Real y establecieron *comunidades* que se hicieron con el gobierno de las ciudades y se quedaron con los impuestos que debían destinarse al rey. Los líderes de esta rebelión de *comuneros* eran miembros de la baja nobleza; la alta nobleza, identificada con el Consejo Real, se enfrentó a los comuneros en una guerra que duró dos años.

El ejército a favor del rey, liderado por los Grandes de España, acabó con la rebelión. Los jefes comuneros fueron ejecutados para servir de escarmiento ante futuras sublevaciones contra el poder central del rey.

4 – El cambio dinástico: de los Habsburgo a los Borbones

La muerte de Carlos II, sin descendencia, en el año 1700 provocó un cambio de dinastía, ya que Carlos II nombró heredero de la corona de España al príncipe francés Felipe de Borbón. Esto provocó el rechazo de Aragón y Cataluña, cuyos ciudadanos dependían en gran manera de su control sobre el comercio marino del Mediterráneo, en competencia directa con Francia, y temían que un rey francés favorecería a los franceses y les quitaría el control comercial. A este rechazo regional contra el nuevo rey se sumó el de otros países europeos, que se aliaron en una guerra contra el nuevo rey.

Este conflicto internacional, conocido como la Guerra de Sucesión, se solucionó fuera de España en 1714 con el Tratado de Utrecht, pacto entre las potencias europeas que mermó el poder de España en Europa. Dentro de España, el resultado de la guerra fue una fuerte represión contra los rebeldes aragoneses y catalanes, y la supresión del Fuero de Aragón como castigo del rey ante su rechazo.

Aragoneses y catalanes vieron cumplido su temor inicial, ya que con el Tratado de Utrecht perdieron el control que habían mantenido durante siglos sobre el Mediterráneo; y además, el rey Felipe V les quitó los privilegios forales que durante siglos les habían permitido pagar menos impuestos. El cambio dinástico tuvo efectos muy graves a nivel regional, tanto desde el punto de vista económico como desde el político: a España ya sólo le quedaban las

Escudos de armas de los Habsburgo y de los Borbones

Rincón de lengua

Militar – Del latín *milite*, "soldado". En español lo usamos en contextos relacionados con el ejército.

Impuesto – Observa que este nombre, que se refiere al dinero que corresponde al gobierno a partir de cualquier actividad económica que realicen los ciudadanos, es el participio del verbo 'imponer'.

Escarmiento – Del germánico *skernjan*, que tiene un sentido original de "burla" e "insulto"; se trata de un castigo humillante a una acción, para que nadie repita tal acción, por miedo a la humillación del cruel castigo.

Grabado de Banquoy que representa
a Voltaire en su escritorio

< Retrato de
Napoleón de
Jacques-Louis David

v José Bonaparte
de François Gérard

colonias americanas como fuente de riquezas; y para evitar rebeliones como la aragonesa, los Borbones restringieron privilegios en las regiones y en las colonias y aumentaron el control centralista.

5 – La Ilustración

Movimiento intelectual originado en Francia durante el siglo XVIII, que luchaba contra el poder absoluto de los reyes y los privilegios de la aristocracia y de la Iglesia, y provocó la Revolución Francesa, durante la que se eliminó la monarquía en Francia, se estableció la República y un sistema de gobierno parlamentario.

Los reyes, la Iglesia y la aristocracia españoles vieron en la Revolución Francesa un peligro grave, y en seguida se opusieron a los intelectuales que apoyaban los principios filosóficos de la Revolución: libertad, igualdad y fraternidad. Estos principios decían que todos los ciudadanos son libres (pueden elegir el modo de gobierno que les parezca mejor), iguales (tienen los mismos derechos), y hermanos (cada clase social tiene que ayudar a las otras: todos tienen que pagar impuestos, sin privilegios).

A los intelectuales españoles que apoyaban estos principios se los acusó de ser "afrancesados", es decir, traidores a España que querían convertir el país en una imitación de Francia.

Los cambios de la Revolución Francesa no llegaron a España; sin embargo, el número de ilustrados (intelectuales que comprendían que el sistema de gobierno tenía que cambiar) aumentó con los años.

6 – La invasión francesa y las independencias

La Revolución Francesa terminó mal: Napoleón Bonaparte se hizo con el gobierno de la República y se proclamó emperador, imponiendo una sociedad militarizada. Se propuso la conquista de Europa, y militares de todo el continente se unieron a él.

En 1808, Napoleón traicionó el tratado de paz que había firmado con el rey de España e invadió el país. Apresó a la familia real y puso a su propio hermano José Bonaparte como rey de España. Los españoles no lo aceptaron, y comenzó la Guerra de la Independencia contra Francia.

Aprovechando la situación de la metrópoli, ocupada por completo en librarse de la invasión francesa, varias colonias americanas declararon su independencia: Paraguay, Venezuela, Colombia, Argentina, Uruguay y México. A estas nuevas naciones seguirían otras durante los años siguientes.

Los motivos para la independencia fueron, fundamentalmente, los impuestos y el exhaustivo control real sobre la población americana; durante la dinastía de los Austrias, los reyes habían permitido ciertas libertades entre los responsables administrativos de las colonias, que habían vivido cómodamente hasta que la política colonial de los Borbones los llevó al descontento y dio lugar a sentimientos independentistas que llevaron al mayor golpe sufrido por el centralismo.

Grabado de la ejecución del rey francés Luis XVI en la guillotina

Retrato de Fernando VII

7 – La Constitución de 1812

Estando la familia real en prisión, y considerando a José Bonaparte un rey ilegítimo, los intelectuales ilustrados formaron un gobierno parlamentario con sede temporal en Cádiz y redactaron la primera constitución española, aprobada en 1812.

Esta constitución establecía que la soberanía residía en la nación, que el rey legítimo de España era Fernando VII (encarcelado por Napoleón), y que el Parlamento era inviolable. Con esto se creaba por pri-

¿Sabías que...

la primera Constitución Española fue aprobada el 19 de marzo (día de San José), y por eso se conoce popularmente como la Pepa?

Rincón de lengua

Intelectual – Del latín *inter*, "entre" y *legere* "leer", en los sentidos de "leer entre líneas" o "saber escoger entre la información que se lee". Observa que de esta raíz proceden: 'inteligencia', 'inteligente', 'intelecto' e 'intelectual'; todos relacionados con la lectura.

Revolución – Su significado original es el de "giro", "vuelta", como por ejemplo las revoluciones de una rueda. Pero también se usa para expresar un proceso de cambios profundos, como es el caso de la Revolución Francesa, o la Revolución Rusa, etc.

Paz – Observa que las palabras 'pacto' y 'pagar' comparten su raíz. 'Pacto' es un acuerdo para mantener la paz; el sentido original del verbo 'pagar' era dar riquezas a alguien para evitar su ataque.

Sede – En latín significa "silla", pero lo usamos en español para referirnos al lugar donde alguien se establece. De este mismo sentido procede la palabra 'sedentario', contraria a 'nómada'.

Fusilamientos del 3 de mayo de Francisco de Goya

...el levantamiento del pueblo contra el ejército francés del 2 de mayo en Madrid fue el momento clave en el que se considera que empezó la Guerra de la Independencia?

Guerras Carlistas

▢ Zonas con simpatizantes carlistas

■ Zonas carlistas

▨ Zonas isabelinas

mera vez en España una Monarquía Parlamentaria.

En 1814, la derrota de los ejércitos napoleónicos determinó el fin de la Guerra de la Independencia. Fernando VII volvió al trono y rechazó la Constitución, aconsejado por la Iglesia y la aristocracia. Encarceló a los diputados y regresó a los principios absolutistas del Antiguo Régimen.

8 – El triunfo de los liberales

En 1820, militares a favor de la Constitución (de ideología liberal, es decir, a favor de las libertades y derechos del pueblo) se levantaron contra el rey con el objetivo de hacerle aceptar el sistema de gobierno de Monarquía Parlamentaria, y consiguieron que el rey jurase la Constitución. Sin embargo, en 1823, el rey, que había retornado a la monarquía, encarceló a los liberales y volvió a rechazar la Constitución.

A lo largo de su reinado, se produjeron varios levantamientos liberales en contra del absolutismo monárquico, pero todos fracasaron. Intelectuales y militares de ideología liberal fueron encarcelados o abandonaron el país para seguir su actividad anti-absolutista desde el exilio.

En 1830, tras tres matrimonios y cada vez más enfermo y cercano a la muerte, Fernando VII sólo había tenido hijas, ningún hijo varón. La Ley Sálica [2], creada por sus antecesores en 1713, prohibía que una mujer heredase la corona, por lo que el próximo rey iba a ser el infante Carlos, su hermano. Pero Fernando VII anuló esta ley para que su hija mayor, Isabel, obtuviese el título de Princesa de Asturias y pudiese reinar cuando él muriese.

La Iglesia y los conservadores se opusieron a esta reforma y apoyaron al infante Carlos. El rey Fernando, entonces, no tuvo más remedio que pactar con los liberales para que apoyasen a su hija. Juró de nuevo la Constitución y se restableció el Parlamento.

Fernando VII murió en 1833 y su hija Isabel fue coronada reina de España. Esto provocó una serie de guerras civiles entre carlistas (conservadores, apoyados por la Iglesia) e isabelinos (liberales). Los carlistas perdieron, y esto tuvo como consecuencia la abolición de fueros, ya que los carlistas habían recibido el apoyo de las regiones más conservadoras, que eran aquéllas con privilegios forales; como hemos visto más arriba, los ideales ilustrados que dieron paso a la ideología liberal estipulaban la fraternidad: la eliminación de privilegios y que todos los ciudadanos pagasen impuestos igualmente. En un gobierno liberal, no había lugar para los fueros.

El sistema de gobierno de Monarquía Parlamentaria, efectivo tras la muerte de Fernando VII, perduró hasta 1873, año en que empezó la Primera República Española.

Carlos, hermano de Fernando VII
> Isabel II

9 – La Primera República

Isabel II protagonizó un reinado repleto de escándalos y mala gestión. Esto originó tanto descontento popular, que tuvo que abandonar España; entonces se produjo un intento de cambiar de dinastía para salvar y mantener el sistema monárquico parlamentario, pero no funcionó. El Parlamento, con una mayoría de diputados convencidos de que había que cambiar de sistema de gobierno, proclamó la República. La Primera República española duró apenas dos años (veintitrés meses) y tuvo cinco presidentes, lo que nos muestra su gran inestabilidad.

La idea original era que España formase una república federal compuesta por cantones independientes; estos cantones administrarían su territorio con un amplio margen

Rincón de lengua

Derecho – En cuanto a leyes se refiere, la palabra 'derecho' tiene su origen en el sentido de "lo que no se puede torcer", es decir: un derecho no puede ser alterado ni modificado; es esencial a las personas y no se puede cambiar.

Popular – Del latín *populum*, "pueblo", del que también proceden: 'población', 'público', 'publicar', 'popularizar', e incluso el término 'pop' ("música pop", etc.)

República – Del latín *re*, "asunto": la república es "el asunto del pueblo". Observa la importancia que se da al pueblo chino en el nombre de la República Popular de China, donde aparece doblemente mencionado.

Federal – Sistema en que varios territorios, independientes entre sí, mantienen una unidad política. Procede del latín *foedus*, tratado por el que un país o una región se compromete a ayudar económica y militarmente a otra más poderosa. *Foedus* es origen también de las palabras 'feudo', 'feudalismo' y 'feudal'.

Retrato de Alfonso XII

La Primera República y la prensa

La República española en el mundo, ilustración de la revista *La Flaca,* del 28 de marzo de 1873. En esta imagen se representa el apoyo de las demás repúblicas del mundo y el rechazo por parte de las monarquías a la República española, representada en la imagen femenina en el centro de la imagen.

de autonomía, podrían dictar cierto número de leyes particulares, y gestionarían la mayor parte de sus impuestos. En todos los aspectos, la República permitía un vuelco hacia el regionalismo, después de la tendencia centralista cada vez más fuerte experimentada desde el siglo XV.

Sin embargo, no hubo acuerdo a la hora de delimitar los diferentes cantones: había regiones enteras dispuestas a formar un solo cantón, mientras en otras regiones se pretendía crear enorme cantidad de cantones minúsculos; había cantones que reclamaban territorio de otros cantones, y ciudadanos que se oponían a pertenecer al cantón que les correspondía y exigían ser miembros de otro cantón…

Esta confusión quedó reflejada en el desacuerdo constante entre los distintos grupos del Parlamento, lo que impidió el gobierno del país, y rápidamente el ejército disolvió el Parlamento. Gran parte del ejército se declaró a favor de que se retornase a la Monarquía Parlamentaria, y se devolvió la corona al hijo de Isabel II, que reinó como Alfonso XII.

De esta manera, el sistema de Monarquía Parlamentaria quedó establecido, frente a la Monarquía Absoluta y a su sistema opuesto, la República Federal. La República había dado la oportunidad de retomar una estructura regionalista, pero no logró llevarla a cabo.

Los españoles parecían haberse habituado al Nuevo Régimen, y con él al centralismo. Sin embargo, movimientos políticos contrarios a la monarquía y al gobierno central sacudieron el país durante el paso del siglo XIX al XX: más cambios de gobierno se producirían en el futuro.

NOTAS

① Los Grandes de España

　　西班牙大贵族。贵族，相对平民（el pueblo llano）而言，是指在政治、经济上拥有特权的社会阶层。这一称号最早出现在古罗马时期，被授予为自己领主作战的骑士们，其后人可以继承贵族称号，除非领主予以剥夺。贵族拥有自己的领土，能够实现自给自足的统治。12世纪后，贵族内部开始产生了不同的等级，一般划分为公爵（duque）、侯爵（marqués）、伯爵（conde）、子爵（vizconde）和男爵（barón），其中前三者被认为高等贵族，即大贵族，后两者被认为是小贵族（la baja nobleza）。

② La Ley Sálica

　　《撒利克法典》，是公元5世纪至6世纪的法兰克帝国内实施的法典，其中规定女性后裔没有土地继承权。帝国解体后，此法典扩散到欧洲的其他国家。公元14世纪，《撒利克法典》得到复兴，其内涵也由私法向王位继承法转变，女性后裔没有王位继承权的这项规定被许多天主教国家延用，并产生了重大影响。西班牙历史上发生的多次王位争夺战的起因均是旁系的男性继承人不满直系女性继承人掌握皇权。

VOCABULARIO

escollo *m.*	暗礁；危险，困难
concejo *m.*	小贵族领地
Consejo Real	又称作Consejo de Castilla，卡斯蒂利亚枢密院（16至19世纪西班牙最高法庭和国王的咨询机关）
Santa Hermandad	（西班牙于1476年建立的、旨在保护居民不受盗匪侵袭的）民团
fuero *m.*	（国王赐予地方、团体或个人的）特权
orden militar	骑士团
Guerra de las Comunidades	城市公社起义
escarmiento *m.*	惩戒
cantón *m.*	小行政区
vuelco *m.*	彻底变化

EJERCICIOS

1. Relaciona los periodos históricos de la primera columna con los cambios políticos de la segunda.

Periodos históricos	Cambios políticos
Reinado de los Reyes Católicos (1469- 1516)	- Tratado de Utrecht.
	- Revueltas Liberales.
	- El Parlamento proclama la República.
Reinado de Carlos I (1516 - 1556)	- Coronación de Alfonso XII y establecimiento de la Monarquía Parlamentaria.
	- Guerra de la Independencia.
Reinado de Felipe V (1700 - 1746)	- Influencia de las ideas de la Ilustración y de la Revolución Francesa en algunos círculos de intelectuales.
	- Cambio de dinastía de los Austrias a los Borbones.
Ocupación napoleónica (1808 - 1814)	- Se establece por primera vez en España la monarquía absoluta.
	- Levantamiento del 2 de mayo.
Reinado de Fernando VII (1813 - 1833)	- Anulación de la ley sálica.
	- Capturan a la familia real y José Bonaparte se convierte en rey de España.
Reinado de Isabel II (1833 - 1868)	- El rey no es aceptado y se intenta volver al sistema de control regional. Los Grandes de España imponen el orden. Revuelta de los comuneros.
	- Destronamiento de Isabel II.
Periodo de inestabilidad y cambios políticos (1868 - 1873)	- Guerra de Sucesión.
	- Creación de las Cortes de Cádiz y de la primera Constitución española.
Primera República española (1873 - 1874)	- Guerras Carlistas.
Restablecimiento de los Borbones (1875 - ...)	

2. Ahora sitúa los periodos históricos de la primera columna y los hechos que te parezcan más importantes de la segunda columna del ejercicio anterior en las siguientes líneas del tiempo:

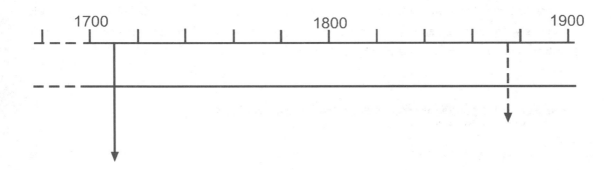

ANEXO 1: La Santa Hermandad

Existían desde el siglo XI en los reinos cristianos *hermandades* de hombres armados pagados por las ciudades, dedicados principalmente a vigilar los caminos y perseguir a los bandoleros, actividad necesaria para proteger el comercio. En época de los Reyes Católicos, se creó una Santa Hermandad que primero actuó como cuerpo del ejército en la guerra contra Granada y, al terminar ésta, sustituyó a las diferentes hermandades de las distintas ciudades.

Por medio de esta sustitución, la seguridad de las ciudades quedaba en manos de hombres fieles a los reyes, no a los alcaldes como anteriormente; el poder efectivo de los Reyes Católicos aumentó, y con él su control centralista sobre las ciudades.

El número de miembros de la Santa Hermandad en cada municipio dependía de la población: un jinete por cada 100 habitantes y un soldado por cada 150. Es decir, en una ciudad de 5000 habitantes, había 50 jinetes y 33 soldados para garantizar la seguridad y el orden. Su uniforme era sencillo: calzas rojas y sayo blanco con una cruz roja en el pecho y otra en la espalda.

ANEXO 2: La política matrimonial de los Reyes Católicos

Conscientes de la importancia que tenía el matrimonio como instrumento político, los Reyes Católicos diseñaron un plan de matrimonios destinado a agrandar sus territorios. Este plan comenzó con el matrimonio entre ellos dos, que permitió la reunificación de España. Puesto que Aragón dominaba el Mediterráneo y Castilla había encontrado nuevas tierras, muy ricas en recursos, al otro lado del Océano Atlántico, a muchas familias reales de Europa les interesaba especialmente unirse a la familia real española.

Los Reyes Católicos eligieron a las familias más poderosas y casaron a sus hijos como se detalla a continuación:

- a su hijo Juan, heredero del trono de España, con Margarita de Habsburgo, hija del Emperador Maximiliano del Sacro Imperio Romano Germánico (Alemania);
- a su hija Isabel, con el rey Manuel de Portugal;
- a su hija Juana, con Felipe de Habsburgo, hijo y heredero del Emperador Maximiliano;
- a su hija María, con el rey Manuel de Portugal (que había quedado viudo de su hermana Isabel, muerta muy temprano);
- a su hija Catalina, con el rey Enrique VIII de Inglaterra.

De este modo aseguraban que el imperio que ellos estaban creando seguiría creciendo después de su muerte.

> ¿Sabías que...
> ...los Reyes Católicos eran de la familia de los Trastámara?

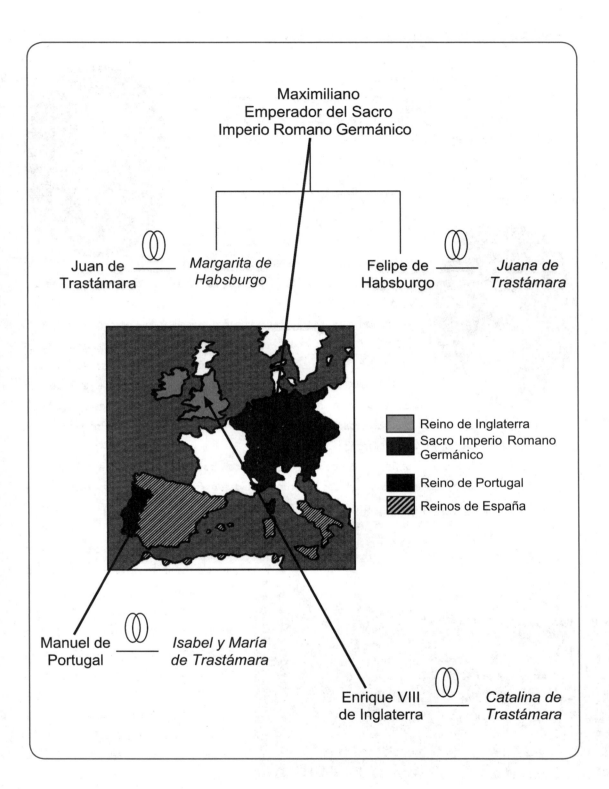

Maximiliano
Emperador del Sacro
Imperio Romano Germánico

Juan de
Trastámara

*Margarita de
Habsburgo*

Felipe de
Habsburgo

*Juana de
Trastámara*

Reino de Inglaterra
Sacro Imperio Romano
Germánico
Reino de Portugal
Reinos de España

Manuel de
Portugal

*Isabel y María
de Trastámara*

Enrique VIII
de Inglaterra

*Catalina de
Trastámara*

ANEXO 3: Juana la Loca y Felipe el Hermoso

Juana, tercera hija de los Reyes Católicos, no conoció a su marido hasta el día de la boda. Contra toda expectativa, se enamoró perdidamente de él. Tuvieron pronto una hija y más tarde, en 1500, su primer hijo varón: Carlos. Vivían en Bélgica, pero Juana fue llamada durante un tiempo a Castilla por la reina Isabel: habían muerto los hermanos mayores de Juana, lo que la convertía en heredera del trono. De este modo, Felipe y Juana se convirtieron en Príncipes de Asturias, título que todavía hoy ostenta el heredero a la corona de España.

Mientras estuvo lejos de su marido, no paró de llorar por su ausencia. De regreso a Bélgica, los consejeros de Felipe, muy cercanos a él, contaron en secreto a Juana que Felipe la había engañado con otras mujeres. Ella atacó a Felipe con un cuchillo en público, y se empezó a murmurar que estaba loca.

Muerta la reina Isabel en 1504, Juana fue coronada reina de Castilla y se trasladó allí con su marido Felipe como consorte. Los consejeros cercanos a Felipe seguían alimentando los celos de Juana, que cada vez se comportaba de manera más irracional, provocando escándalos de furia doméstica. Felipe declaró que su esposa estaba loca y que una loca no podía dirigir un reino tan importante y poderoso como Castilla, y reclamó el trono para sí mismo.

De este modo, pareció evidente que los celos alimentados por las personas cercanas a Felipe eran en realidad un plan para que Felipe se hiciera con la corona de Castilla. Fernando de Aragón, viudo de Isabel, se opuso a que Felipe se quedase con lo que no le pertenecía; poco tiempo después Felipe murió de terribles fiebres.

Juana la Loca del Maestro Pradilla

Juana no se separó del cadáver ni un solo momento durante el viaje hasta Granada, donde lo enterraron. Por las noches, ordenaba a sus criados que abriesen el ataúd, para comprobar que Felipe estaba de verdad muerto y no se había escapado con ninguna amante.

Su padre Fernando la declaró loca y se quedó con su reino, encerrándola en el castillo de Tordesillas, donde murió, en una habitación sin ventanas, en 1555. Está enterrada en Granada con su marido.

ANEXO 4: La Guerra de Sucesión y el Tratado de Utrecht

El rey español Carlos II murió sin hijos ni sobrinos que heredasen la corona. Sólo dos primos suyos, Felipe de Borbón (francés) y Carlos de Austria (austriaco) podían heredar el trono de España. En su testamento, Carlos II declaró heredero a Felipe, pero el otro primo no aceptó; esto desató la Guerra de Sucesión, que implicó a toda Europa.

Felipe de Borbón era hijo y heredero del rey de Francia, lo que implicaba la unión del Imperio Español y el Imperio Francés en uno solo; esto no interesaba a Inglaterra, Holanda y Portugal, que no podrían competir con un imperio tan poderoso.

Carlos de Austria era heredero del Imperio Austriaco; si se hacía rey de España, igualmente se crearía un imperio demasiado poderoso que no interesaba a Francia ni a los demás.

A la guerra entre estos países, hay que añadir la guerra interior en España entre los partidarios de Carlos y los partidarios de Felipe.

La guerra exterior entre las potencias europeas se resolvió con el Tratado de Utrecht (1714), acuerdo de paz en el que España perdió:

- Gibraltar (que pasó a ser posesión de Inglaterra), Sicilia (que pasó a una familia noble italiana), Nápoles y Cerdeña (que pasaron a Austria): esto supuso perder el control sobre el Mediterráneo.
- Flandes (que se repartieron entre Holanda y Austria) y el Milanesado (norte de Italia, que pasó a Austria): esto supuso perder el poder sobre Europa Central.

La guerra interior entre españoles se resolvió con la toma de Barcelona (1714): en Cataluña, Aragón y Valencia estaban los más firmes partidarios de Carlos de Austria. Felipe de Borbón, ya coronado rey como Felipe V de España, castigó a estas regiones con la eliminación del Fuero de Aragón, que había concedido privilegios a aragoneses, catalanes y valencianos durante más de dos siglos. Sin fuero, estas regiones se vieron forzadas a pagar más impuestos que antes.

La Guerra de Sucesión y el Tratado de Utrecht iniciaron la decadencia del Imperio Español, por un lado, ya que España perdió su influencia sobre el Mediterráneo y Europa; por otro lado, originaron un serio conflicto regional que todavía afecta a la política española: los impuestos catalanes.

Carlos II

Felipe de Borbón
> Carlos de Austria

¿Sabes cómo formar números romanos?

Los números romanos representan cifras con letras. Son los siguientes:

1 = I	5 = V	10 = X	50 = L	100 = C	500 = D	1000 = M

Cuando queremos formar números que no son ninguna de las letras debemos sumar y restar letras.

Para restar colocamos la unidad inferior antes, para sumar la ponemos después. Por ejemplo:

Para el numero 8 sumamos 5 (V) +1+1+1 (III), es decir: VIII

Para el 26: 10+10+5+1, es decir; XXVI

No podemos sumar nunca más de tres unidades, para eso vamos a tener que restar. El 5 (V), el 50 (L) y el 500 (D) sólo pueden ir de uno en uno. Por ejemplo:

Si queremos decir 29 no podemos sumar 10+10+5+1+1+1 (XXVIIII), debemos restar:

10+10+(10 -1), es decir: XXIX

Para el 49 sumamos y restamos así: (50-10)+(10-1), es decir: XLIX.

Ahora mira los siguientes ejemplos e inténtalo tú:

2011: MMXI   MCMXXXIX: 1939
1492: MCDICII   DCCXI: 711
350: CCCL   MCCXXXIV: 1234
67: LXVII   XXV: 25

1. Convierte las siguientes cifras en números romanos y viceversa.

4: _____   XIX: _____

17: _____   CIV: _____

64: _____   CCXXII: _____

139: _____   MCDLXIX: _____

1492: _____   DCCXLIV: _____

1812: _____   MMMDCCCLXXXVIII: _____

1914: _____   MCMLXXV: _____

UNIDAD 4
Sistemas de gobierno en España en el siglo XX

导 读

　　1898年美西战争中，西班牙惨败，同时失去了最后的海外殖民地。这一结果也使西班牙人终于清醒地认识到，昔日欧洲强国的地位早已不复存在。如今失去殖民地供给的宗主国内，工业停滞、教育落后、农业产出低下、人民生活艰辛。为了改变这一局面，自由派与保守派修订各自的制度与改革方案，结果导致双方互不相让，矛盾重重，更加剧了社会的动荡。

　　1923年，为了制止愈演愈烈的工人运动和社会骚乱，里韦拉将军发动政变，解散了由自由党和保守党轮流执政的议会，建立军事独裁政府，并得到了国王阿方索十三世的认可。但是，独裁政府并没有丝毫改善西班牙的命运，其违背民主意愿的统治遭到社会各方，包括军队的反对。1930年里韦拉被迫下台，流亡法国。次年，阿方索十三世因支持军事独裁也不得不流亡国外。西班牙宣布成立共和国。

　　共和国政府推行了众多针对教育、土地、军队、宗教、地区自治等领域的改革措施。除教育改革较为成功之外，其余的措施都遭到了来自保守派、大地主的反对与阻挠。此外，左右两派之间的矛盾更为激化。通常的情形是，其中的一派政府执政初期，便立即废止前任政府几乎全部的政策。政令如此频繁地变更，令百姓无所适从，导致西班牙各地抗议游行、罢工不断。1936年，西班牙几乎陷入无政府主义状态。此时，佛朗哥将军与圣胡尔霍将军南北呼应发动内战。内战持续了三年，最终佛朗哥领导的国民军击败了政府的共和军，建立中央集权政权，实行独裁统治。

　　在佛朗哥统治初期，议会被解散，宪法被废止，地区自治权被取消，言论遭限制，许多持不同政见的人士遭迫害，流亡国外。进入上世纪中叶，佛朗哥的执政手腕渐渐温和，利用二战后的世界局势，成功地使西班牙加入联合国。得到国际资助后，西班牙在经贸、工业、农业等领域取得重要发展，实现了60年代的经济大飞跃。在统治后期，佛朗哥承诺将国家统治权归还给王室，并选定阿方索十三世的孙子胡安·卡洛斯为其继承人。

　　1975年佛朗哥逝世，国王胡安·卡洛斯一世大胆选用右派人士为首相，并开始了合理有序的民主过渡。三年后，民主宪法颁布，全国大选举行，君主立宪制又重新回归。从此，西班牙真正走上了民主之路。

Arriba, el barco español *Reina Mercedes* hundido en la bahía de Santiago de Cuba. Abajo, el Maine (de EEUU) entrado en la Bahía de La Habana.

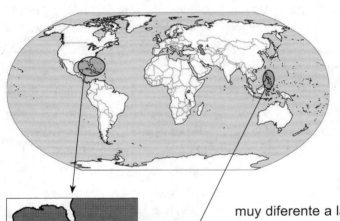

1 – La crisis de 1898

En 1898 la situación internacional de España experimentó un brusco cambio: el desastre militar ante EEUU en la Guerra Hispano-estadounidense [1] causó la pérdida de las últimas colonias de ultramar, las Antillas (Cuba y Puerto Rico, en el Caribe) y Filipinas (en el Sudeste Asiático), lo que significó la caída definitiva del Imperio Español.

La economía española se había sustentado principalmente en la explotación de las colonias y el comercio con los productos obtenidos de éstas, por lo que apenas existía industria; el sistema educativo estaba anticuado y se había dedicado escasa atención a la investigación científica y tecnológica. El panorama era desolador: desde que las primeras colonias habían comenzado a independizarse a principios de ese siglo, España no había sabido prepararse para afrontar un nuevo modelo económico, y ahora era tarde para reaccionar.

La crisis económica provocada por la pérdida de las colonias se extendió a todos los aspectos: político, económico, social, cultural... La imagen de país orgulloso y fuerte mantenida durante cuatro siglos quedó reducida a la de un país empobrecido y anticuado, muy diferente a las otras potencias europeas (Francia, Inglaterra, Alemania...) que vivían su apogeo industrial, cultural y colonial.

La población estaba descontenta, deprimida y ansiosa por mejorar su situación. Pero si por un lado la mentalidad política era principalmente liberal y progresista, por otro lado la sociedad vivía en modelos tradicionales muy marcados por la religión, la distancia entre clases sociales, y el analfabetismo.

Diversos movimientos ideológicos aspiraban a una regeneración de España, cada uno de ellos con métodos y puntos de vista diferentes.

2 – El reinado de Alfonso XIII

Fue proclamado rey al nacer, ya que su padre había muerto antes. Su madre gobernó en su nombre hasta que él cumplió dieciséis años, en 1902.

Apoyó el regeneracionismo, con una política contraria a los factores que impedían el desarrollo de España. La economía del país dependía ahora en gran medida de la agricultura, y la mayor parte del suelo agrario español estaba organizado en latifundios mal administrados, por lo que el campo tenía muy bajo rendimiento; Alfonso XIII promovió el minifundismo para aumentar la productividad del suelo agrario, lo cual trajo consigo cambios sociales: campesinos que siempre habían servido a las órdenes de un gran terrateniente se convirtieron de

Alfonso XIII de Borbón

pronto en amos de sus propias tierras, y ahora sólo dependían de sí mismos y de su trabajo; con el paso del tiempo, unos tendrían más éxito que otros y comprarían las tierras de los menos afortunados, adquiriendo mayor poder adquisitivo: había aparecido una nueva clase social.

Alfonso XIII enfocó su atención también en el desarrollo industrial y la creación de fábricas, lo que provocó éxodo rural y crecimiento repentino de las ciudades; aquéllos que no habían tenido suerte en el campo podían ahora buscarse la vida en la ciudad, lo que también desarrolló una nueva clase social: los obreros. Igualmente, comprendió el interés del turismo y los deportes como actividades generadoras de empleo y riqueza: aumentó la construcción de hoteles, balnearios y otras infraestructuras turísticas, y fun-

---

Rincón de lengua

Crisis – Del griego *krisis*, "ruptura o separación", con un sentido también de "análisis": hay que estudiar las partes de lo que se ha roto. Observa otras palabras de la misma raíz, relacionadas con este sentido: 'crítica', 'criterio'...

Potencia – Observa que la raíz de esta palabra es la del verbo 'poder'.

Regeneración – Observa que la raíz de esta palabra es 'gen', igual que en 'genética', 'gente', etc. 'Generar' tiene el sentido de 'crear', 'originar'; 'regenerar', por lo tanto, no es lo mismo que 'reformar': una reforma implica un cambio, pero una regeneración implica un nuevo comienzo, empezar desde el principio.

Latifundio – Del latín *latus*, "extenso", y *fundus*, "propiedad": finca de explotación agrícola de gran extensión, propiedad de un terrateniente, trabajada por agricultores que no poseen la tierra. Su opuesto es 'minifundio', del latín *minus*, "menos": pequeña finca, propiedad de un agricultor que la trabaja.

José Primo de Rivera

dó equipos de fútbol como Real Madrid, Real Betis, y Real Sociedad. En cuanto a política internacional, declaró la neutralidad de España cuando empezó la Primera Guerra Mundial, evitando con ello el gasto humano y económico que la guerra conlleva, y creó una oficina de ayuda a refugiados de los países en guerra, mejorando con ello las relaciones diplomáticas con el extranjero.

Sin embargo, el pueblo estaba muy dividido en diferentes opiniones, y la mayoría de éstas veían la Monarquía parlamentaria como un sistema anticuado que no se adaptaba al tiempo en que vivían. El pueblo estaba a favor de la república como sistema de gobierno, y el sentimiento regionalista, cada vez más marcado, impulsaba las ideas federalistas que había albergado la Primera República.

Paralelamente, la Iglesia también se dividió: por un lado, un sector conservador no se adaptaba a las instituciones liberales que el gobierno poco a poco introducía en la sociedad; por otro, un sector muy sensible a los problemas sociales, preocupado por eliminar las diferencias entre clases y finalmente concentrado en ayudar a las clases obreras, crecía en tamaño.

3 – La dictadura de Primo de Rivera

Era Capitán General de Barcelona, ciudad en la que frecuentemente se producían conflictos sociales, debido a su rápido crecimiento industrial y a las enormes diferencias entre clases respecto a condiciones de vida; nuevas ideologías (socialismo, comunismo y anarquismo) agitaban la conciencia social y fomentaban un movimiento obrero que exigía mejoras para la clase trabajadora; en muchas ocasiones, las protestas de los obreros venían acompañadas de violencia. En 1923, Primo de Rivera decidió poner fin a estos desórdenes y, considerando que la causa residía en el sistema parlamentario, dio un golpe de estado tras el que impuso su dictadura militar. Para sorpresa de políticos y ciudadanos, el rey Alfonso XIII apoyó a esta dictadura, traicionando con ello los principios democráticos de la Monarquía parlamentaria.

Progresivamente, Primo de Rivera anuló la Constitución, disolvió el Parlamento, prohibió los partidos políticos y declaró la ley marcial. Pero liberales, estudiantes e intelectuales se opusieron a su dictadura, y finalmente también el ejército se mostró contrario a su gobierno. En 1930, sin el apoyo de los militares, Primo de Rivera tuvo que dejar el gobierno y se exilió a Francia.

4 – La Segunda República

Ante el creciente descontento popular, acentuado por el apoyo que el rey había manifestado a la dictadura de Primo de Rivera, Alfonso XIII abandonó el país en 1931 y se estableció la Segunda República española. Se redactó ese mismo año una nueva Constitución, que establecía la libertad de discurso y asociación (es decir, todos los partidos políticos estaban permitidos, fuera cual fuese su ideología), el derecho al voto de las mujeres, el derecho al divorcio, la separación total entre Iglesia y Estado, y la supresión de derechos extraordinarios de la nobleza. Todo esto suponía una ruptura total con el modelo social y político anterior, marcado por la obediencia tradicional a la Iglesia, la superioridad legal del hombre frente a la mujer, y los privilegios de la aristocracia frente al pueblo llano. Además, por primera vez las regiones se administraron como Autonomías.

En 1931 se celebraron asimismo elecciones generales, en las que ningún partido obtuvo mayoría significativa; formó gobierno una coalición de Acción Republicana, PSOE y otros partidos de izquierda, bajo el liderazgo de Manuel Azaña.

ILE

La Institución Libre de Enseñanza fue fundada en 1876 con el propósito de defender la libertad académica frente al dogmatismo oficial, religioso o político.

Desde su fundación, colaboraron y formaron parte de la Institución los más importantes intelectuales españoles, en colaboración con importantísimos intelectuales extranjeros.

De la Institución Libre de Enseñanza surgieron otras instituciones que impulsaron la educación y la cultura por todo el país, así como grandes reformas jurídicas, educativas y sociales.

Manuel Azaña

Rincón de lengua

Dictadura – Del verbo 'dictar'; el dictador "dicta" las leyes que el pueblo ha de seguir. Por ello consideramos 'dictadura' a la forma de gobierno en que una sola persona acumula tanto poder que es imposible retirarla del gobierno mediante procedimientos legales.

Partido – Observa que su raíz es 'parte', y de 'partido' deriva 'partidario', es decir: "quien toma parte".

Marcial – Adjetivo que usamos para lo relativo al ejército y a la guerra, derivado del nombre de Marte, dios romano de la guerra. Además del planeta Marte, observa las siguientes palabras que tienen el mismo origen: 'martes' (día de Marte), 'marzo' (mes de Marte), 'martillo', los nombres propios Marco y Martín, el apellido Martínez...

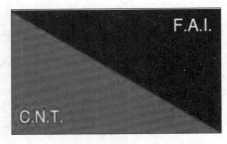

Bandera roja y negra de la CNT y la FAI,
confederación anarcosindicalista

Pregunta al lector

¿Cómo, cuándo y por qué se
empezaron a usar 'derecha' e 'izquierda'
en política?

Bandera roja y negra de la Falange
Española, partido de extrema derecha

Desarrolló una magnífica Reforma de Educación, diseñada y planificada por la Institución Libre de Enseñanza, orientada a acabar con el analfabetismo y el atraso académico. Otras reformas no vieron la luz, como la Ley de Reforma del Suelo, que se proponía la nacionalización del campo, es decir, que el campo perteneciese al gobierno y los campesinos trabajasen directamente para él; también se pretendía nacionalizar los bancos y el ferrocarril. Estas propuestas fracasaron por la lógica oposición de los terratenientes y de los partidos conservadores, y tal oposición provocó asimismo que los grupos anarquistas CNT [2] y FAI [3] organizasen actos violentos de protesta por todo el país.

Debido a la intranquilidad social en el campo y en las ciudades, Azaña disolvió su gobierno en 1933 y hubo nuevas elecciones que ganó CEDA [4], una coalición de partidos de ***derecha***, y se formó gobierno con Alejandro Lerroux como presidente. En protesta contra el nuevo gobierno, los sindicatos de ***izquierda*** organizaron una huelga general, y en Asturias se produjo un levantamiento armado de socialistas y anarquistas, que ocuparon Oviedo, donde mataron a las <u>autoridades</u> y a sacerdotes y quemaron la universidad y los teatros. El gobierno respondió con firmeza y el ejército, bajo el mando del joven general Francisco Franco, puso un sangriento final a la rebelión asturiana. Otra rebelión autonomista en Cataluña llevó al encarcelamiento masivo de políticos catalanes. Tan desafortunado gobierno vio además su final manchado por escándalos de <u>corrupción</u>.

En 1936 hubo de nuevo elecciones y esta vez ganó el Frente Popular, una coalición de socialistas, comunistas, y republicanos catalanes. El Parlamento se <u>polarizó</u> en extremismos y desaparecieron los partidos de centro, quedando sitio sólo para posturas radicales de izquierda o de derecha. El pésimo ambiente parlamentario provocó la dimisión del presidente del gobierno; la República parecía haber fracasado de nuevo. Un amplio sector del ejército, descontento con los conflictos que este sistema de gobierno no conseguía solucionar, preparaba cuidadosamente un golpe de estado para imponer el orden, y halló justificación para ello en el mes de julio, cuando una escalada de violencia llevó al asesinato de personajes representativos de ambos extremos por bandas callejeras afiliadas a los distintos partidos políticos; tras el asesinato del líder de la oposición, José Calvo-Sotelo, los militares contrarios a la República consideraron oportuno alzarse en armas el 18 de julio; pero los militares leales a la República, ayudados de milicias populares (idealistas de diferentes partidos, a los que el gobierno repartió armas), resistieron en la mayoría de ciudades principales, por lo que el levantamiento militar se transformó en una guerra civil de tres años de duración.

La República recibió ayuda militar de Rusia, Francia, Inglaterra y EEUU, pero el ejército rebelde, liderado por el experto general Francisco Franco y apoyado por Alemania e Italia, ganó territorio progresivamente hasta que el 1 de abril de 1939 los últimos miembros del gobierno abandonaron el país, poniendo fin a la Guerra Civil Española.

Dos milicianas durante la Guerra Civil

5 – La dictadura de Franco

Franco había sido reconocido por Francia e Inglaterra como Jefe de Estado antes de que terminase la Guerra Civil, pero él prefirió el título de "Caudillo". Declaró el estatus de Monarquía para el país, pero sin designar a ningún rey: negoció durante largos años con Don Juan de Borbón, hijo de Alfonso XIII, las condiciones para el retorno de la familia real. Entretanto, asumió honores reservados al rey, como el uso de uniforme de Capitán General y la acuñación de moneda con su efigie.

Moneda de 5 pesetas con la efigie de Franco

Sin ideología concreta, los puntos principales de su mandato fueron: nacionalismo, catolicismo y familia.

Nacionalismo: desde una perspectiva centralista y tomando como modelo al bando vencedor de la Guerra Civil, se identificó como "anti-patriótico" todo aquello que tuviera relación con la República: las Autonomías y sus idiomas, los militares que no se habían

---

Rincón de lengua

Autoridad – Esta palabra deriva de 'autor', que a su vez procede del verbo latino *augere*, "hacer progresar". Conserva su sentido original de "capacidad moral que otorga la experiencia", pero hoy también se usa para llamar a los representantes del gobierno, como es el caso en el texto.

Corrupción – De 'co-' ("con") y 'romper'. Es decir, "ponerse de acuerdo para romper la ley". Es un término muy amplio, pero normalmente lo usamos en relación con la política, para referirnos a la situación en que un político favorece (ilegalmente) a alguien a cambio de algo.

Polarizar – Verbo formado a partir del adjetivo 'polar', y éste del sustantivo 'polo', de origen griego, que significa "eje", y de ahí se ha pasado a llamar 'polos' a dos puntos extremos opuestos en una esfera, como es el caso del Polo Norte y el Polo Sur.

Himmler y Franco

sumado al levantamiento, los intelectuales que habían tenido relación con instituciones republicanas, etc. En cambio, se glorificó al ejército rebelde como salvador de la patria, y sus signos y actitudes representaron el nuevo sentido de patriotismo.

Catolicismo: se reforzó la presencia de la Iglesia en el sistema educativo y en la sociedad; se crearon leyes que castigaban actividades y comportamientos que no estuviesen admitidos por la religión. Se criticó y marginó al sector de la iglesia afín a la clase obrera, ya que su discurso guardaba mucha similitud con el socialismo y el comunismo, ideologías asociadas a la República y, por tanto, anti-patrióticas; se sobrevaloró al sector conservador.

Familia: se fomentó la unidad familiar como núcleo de la sociedad y se promovió la creación de empleo estable y la construcción de vivienda de calidad a precios bajos; se dio especial importancia a la alimentación, la escolarización, y el consumo de artículos del hogar para hacer la vida familiar más cómoda.

Durante la primera mitad de la dictadura, Franco se rodeó de ministros miembros de la Falange Española, organización fascista fundada por un hijo de Primo de Rivera. Suspendió la Constitución, el Parlamento y las Autonomías; prohibió los partidos políticos, los sindicatos de izquierda, y el uso de cualquier idioma peninsular que no fuese el castellano. Llevó a cabo una fuerte represión política, ejerció censura y control social, y racionó los recursos del país para afrontar la grave situación económica. Declaró a España neutral durante la Segunda Guerra Mundial y ayudó a refugiados de ambos bandos, pero su apoyo militar a Alemania mediante el envío de una unidad de voluntarios anticomunistas que lucharon junto a los alemanes contra Rusia provocó el aislamiento diplomático al terminar la guerra.

Las relaciones internacionales del gobierno franquista fueron inexistentes hasta que la ONU (Organización de las Naciones Unidas) declaró el ingreso de España como Estado miembro en 1955, debido a su importancia estratégica dentro del bloque occidental durante la Guerra Fría.

La segunda mitad de la dictadura estuvo marcada por cambios considerables: sustituyó a los ministros falangistas por ministros tecnócratas [5], fomentó el crecimiento industrial y el bienestar económico, mejoró las relaciones diplomáticas con el extranjero, abrió España al turismo, relajó la censura y el control social y favoreció acciones de protección social.

Finalmente, dispuso el retorno de la Familia Real a la Jefatura del Estado, designando al hijo de Don Juan, el Príncipe de Asturias Don Juan Carlos de Borbón, como futuro Rey de España, título y funciones que éste asumió a la muerte de Franco en 1975.

Don Juan, padre del actual rey, con su familia. Don Juan fue hijo de rey y padre de rey. Pero él nunca llegó a serlo ya que coincidió con la Dictadura de Franco.

Juan Carlos I

6 – La Transición

En su primer discurso como rey, Juan Carlos I dijo que el sistema de gobierno iba a cambiar. Del autoritarismo militar ejercido por Franco, España iba a regresar a las libertades de la Monarquía parlamentaria. Obviamente hubo fuertes desacuerdos entre quienes querían mantener el franquismo, quienes apoyaban al rey, y quienes deseaban que se retornase al sistema republicano.

Juan Carlos I formó un gobierno de transición presidido por Adolfo Suárez, a quien encomendó que legalizase los partidos políticos y organizase la redacción de una nueva Constitución. En 1977 hubo elecciones generales por primera vez desde 1936. En 1978 se retomó la administración territorial mediante gobiernos autonómicos y se aprobó la Constitución, que establece que todos los españoles son iguales ante la ley, sin importar condición social, sexo, edad, raza o religión.

Rincón de lengua

Ración – Del latín *ratio*, "razón" y "cálculo". De este último significado, procede el término 'ración' como "parte en que se divide un total" y el verbo 'racionar', "dividir" con intención de conservar algún recurso por más tiempo.

Guerra – Esta palabra española es de origen visigodo. Entre las palabras que derivan de ella ('guerrero', 'guerrear', etc.) tenemos el caso peculiar de la palabra 'guerrilla', que se refiere a la práctica de los guerreros iberos de vencer a enemigos más numerosos por medio de ataques sorpresa y ruptura de las comunicaciones entre ejércitos.

Tecnocracia – Del griego *tecno*, "oficio" y *cratos*. Utilizamos esta palabra para referirnos a gobiernos dirigidos según criterios de especialistas en las diferentes materias que afectan al país: economía, industria, educación, medicina, etc.

Constitución Española

Primera página de la
Constitución de 1978

Don Juan Carlos I, Rey de España.
A todos los que la presente vieren
y entendieren.
Sabed que las Cortes han aprobado
y el Pueblo español ratificado la
siguiente Constitución.

Felipe González

El rey Don Juan Carlos afirma en el preámbulo de la Constitución los siguientes puntos, que teóricamente definen el sistema de gobierno actual de España, derivado de la Transición:

"La Nación Española, deseando establecer justicia, libertad y seguridad, y promover el bienestar de todos sus miembros en el ejercicio de su soberanía, proclama su voluntad de:

- garantizar la coexistencia democrática dentro de la Constitución y las leyes, de acuerdo con un orden económico y social honesto;

- consolidar un Estado de Derecho que asegure el dominio de la ley como expresión del deseo popular;

- proteger a todos los españoles y pueblos de España en el ejercicio de los derechos humanos, de sus culturas y tradiciones, lenguas e instituciones;

- promover el progreso de la cultura y la economía para asegurar una vida digna para todos;

- establecer una sociedad democrática avanzada, y

- cooperar en el fortalecimiento de relaciones pacíficas y colaboración efectiva entre todos los pueblos de La Tierra."

Nueva Constitución, nueva Monarquía parlamentaria, nuevas Autonomías… tomando diferentes elementos de anteriores sistemas de gobierno se esperaba romper con el pasado y acelerar el paso hacia el futuro.

7 – Los gobiernos de Felipe González y el ingreso en la UE

Ganó las elecciones generales de 1982 el Partido Socialista Obrero Español (PSOE), dirigido por Felipe González, que fue presidente del gobierno desde entonces hasta 1996.

A su llegada al poder, Felipe González abandonó los principios marxistas de su partido y llevó al país a unirse a la OTAN (Organización del Tratado del Atlántico Norte), alianza militar en torno a EEUU. A esto siguió un progresivo alejamiento de las directrices originales de su partido que provocó el descontento de muchos de sus seguidores.

En 1986 se produjo el ingreso de España en la Unión Europea (UE; en aquel momento se llamaba CEE: Comunidad Económica Europea), lo que obligó a adaptar instituciones e impuestos al modelo seguido por los otros países miembros de la UE; a cambio, España obtuvo ayuda económica de Europa para mejorar las infraestructuras y las comunicaciones, lo que modernizó rápidamente el país. Todos los ciudadanos de la UE tienen libertad de tránsito, trabajo y residencia en cualquiera de los países miembros, lo que trajo mucha inversión europea a España.

Otras acciones importantes a nivel internacional fueron las celebraciones de Juegos Olímpicos (en Barcelona) y Exposición Universal (en Sevilla) en el mismo año: 1992, coincidiendo con el quinto centenario del Descubrimiento de América; por esta proyección internacional e histórica, se llamó a 1992 "el año de España".

Pero graves problemas de gobierno, debidos fundamentalmente a mala política económica, ineficacia ante el terrorismo, alto índice de desempleo y numerosos escándalos de corrupción, llevaron al pueblo a rechazar a Felipe González en sus últimos años de gobierno.

8 – El primer gobierno de Aznar y la convergencia económica con la UE

El Partido Popular (PP) ganó las elecciones de 1996. Un nuevo gobierno presidido por José María Aznar logró en poco tiempo sanear los fondos del Estado y reactivar la economía española por medio de la bajada de impuestos, acción que permitió un elevado incremento del consumo y el comercio, y con ello creación masiva de puestos de trabajo, lo que hizo descender bruscamente el índice de desempleo.

Esta bonanza económica llevó a España a cumplir con los requisitos impuestos por la Unión Europea para adoptar la moneda única europea (el euro), que entonces presentaba una serie de ventajas tanto económicas como políticas.

Éstos y otros éxitos de gestión (endurecimiento de la política antiterrorista y favorecimiento de los intereses autonómicos) le garantizaron una victoria aplastante en las elecciones generales del año 2000.

¿Sabías que...

...el número de estrellas de la bandera de la UE no tiene ninguna relación con el número de Estados? Desde su origen la bandera ha tenido siempre 12 estrellas ya que es un número simbólico dentro de la cultura y tradición occidental, se considera el número de la perfección. Por eso, a pesar de que el número de Estados ha aumentado con el tiempo, la bandera no ha variado.

José María Aznar

Pregunta al lector
¿Sabes quién es el actual presidente del gobierno español?

NOTAS

① La Guerra Hispano-estadounidense

美西战争。19世纪末，美国已从内战中恢复，工农业迅猛发展，与其他国家的贸易需求不断增长。于是，西班牙手中的两块殖民地——古巴和菲律宾，被美国视为向拉美和亚洲地区对外扩张的重要跳板。1898年，美国派往古巴保护本国侨民的"缅因号"军舰在哈瓦那港发生爆炸，该事件立即被美国用来大造战争舆论。经过两个月的筹划，美国几乎同时在古巴和菲律宾两地对西班牙殖民军开战。交战双方在一开始就实力悬殊，西班牙军队兵力不足、武器装备落后，面对号称世界第三的美国舰队，根本不堪一击。再加上国内局势动荡，无力派出增援，殖民地反对西班牙统治的武装斗争支援了美军，使得战争在百余天的时间内毫无悬念地结束了。战争结束后，西班牙宣布放弃对古巴、波多黎各和菲律宾的殖民统治。

② CNT

全国劳工联合会（Confederación Nacional de Trabajo），1910年成立于巴塞罗那，由支持无政府工团主义意识形态的工会组成的联合团体，其基本原则是建立革命性质的工会，团结工人直接行动，并最终实现由工人民主自治的新社会。目前该团体仍活跃在西班牙社会，与主要的两大工会——工人委员会（CCOO）和劳工总联合会（UGT）持反对政见。

③ FAI

伊比利亚无政府主义联盟（Federación Anarquista Ibérica），1927年成立于瓦伦西亚。内战爆发后，该联盟与全国劳工联合会（CNT）协同作战，共同抵抗佛朗哥的叛军。目前，FAI是国际无政府主义组织（AIF）的成员之一。

④ CEDA

西班牙右翼自治同盟（Confederación Española de Derechas Autónomas），成立于1933年，由右翼的、支持教会的政党组成的联盟。在第二共和国时期，该同盟是最大的右派政党，与左派政党相互竞争议会席位。1937年，因党内政见不一，同盟解体。

⑤ Ministros tecnócratas

支持技术专家政治论的政府官员。此学说于1932年在美国提出，主张在工艺时代，一切经济资源、社会制度应当由科学家与工程师管理。

VOCABULARIO

balneario *m.*	浴场，温泉疗养地	acuñación *f.*	铸造（硬币）
anarquismo *m.*	无政府主义	estraperlo *m.*	黑市，黑市买卖
dogmatismo *m.*	教条主义	Falange Española	西班牙长枪党
anarcosindicalista *adj.*	无政府工团主义的	bonanza *f.*	繁荣，昌盛
	m.f. 无政府工团主义者		

1. Añade los siguientes hechos y periodos a la línea del tiempo:

a) Pérdida de las últimas colonias (Filipinas, Cuba y Puerto Rico)

b) Reinado de Juan Carlos I

c) Guerra Civil Española

d) Dictadura de Primo de Rivera

e) Muerte de Francisco Franco

f) Segunda República española

g) Transición

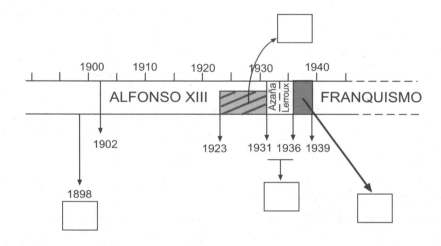

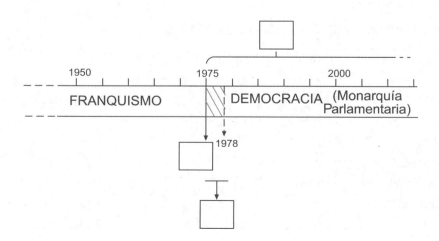

2. Después de haber leído y entendido los tres temas de historia de España lee el siguiente texto y rellena los espacios vacíos con las palabras que faltan:

Los primeros pobladores, antes de la llegada de los _____ del centro de Europa, fueron los _____. Ambos convivieron en la Península Ibérica hasta la llegada de los romanos. Durante todo este tiempo se establecieron en las costas de la península factorías de los _____ y emporios de los _____.

El Imperio Romano tuvo mucha influencia en estos pueblos hasta el punto de romanizarlos. Adoptaron la moneda, la estructura urbanística de las ciudades y sobre todo la lengua: el _____, del que evolucionó el español actual; y la religión: el _____. A los romanos les gustaba mucho comer una salsa de origen hispano llamada _____.

Junto con la caída del Imperio llegaron los pueblos bárbaros. En Hispania se impusieron los _____, creando por primera vez el Reino de España. Sin embargo, en 711 los _____ invadieron gran parte de la península y la ocuparon durante más de _____ siglos. Durante todo este tiempo los _____ del norte de la península estuvieron luchando y recuperando territorios. Todo este período se conoce como la _____. A finales del siglo XV Fernando de Aragón e Isabel de Castilla, los Reyes _____, unificaron de nuevo la península bajo un mismo Reino, una misma lengua (el _____) y una misma _____ (el catolicismo). En 1492 Cristóbal Colón llegó a _____.

El sistema de monarquía absoluta permaneció, de la dinastía de los Habsburgo se pasó a la de los _____ (a principios del siglo XVIII). A principios del siglo XIX durante la ocupación napoleónica se redactó la primera _____.

Después de la muerte de Fernando VII y de las guerras carlistas se proclamó la Primera República, que fracasó y con la coronación de _____ se instauró la Monarquía parlamentaria.

El siglo XX se vio marcado en especial por la Guerra Civil y la Dictadura de _____ que duró _____ años. A la muerte del dictador, Juan Carlos I recuperó la corona y tras el periodo de _____ se reinstauró el sistema democrático que se mantiene en la actualidad.

REFERENCIAS Y ENLACES DE INTERÉS:

- Cultura General - Historia de España

http://www.culturageneral.net/historiaespana/index.htm

Cronología de la historia de España desde el 2000 a.C hasta el 2004.

- -

- Películas ambientadas en el siglo XIX

http://www.fdomingor.jazztel.es/pelis.html

Entrada de blog en el que encontramos una lista de películas históricas centrada en el s.XIX y principios del XX.

- **Novelas sobre la Guerra Civil Española:**

HEMINGWAY, Ernest. (1940). *For whom the bell tolls*. (*Por quién doblan las campanas* en español)

ORWELL, George. (1938). *Homage to Catalonia*.

http://georgeorwellnovels.com/books/homage-to-catalonia/

(*Homenaje a Cataluña* en español):

http://www.librosgratisweb.com/html/orwell-george/homenaje-a-catalunya/index.htm

ANEXO 1: El turismo en España

Peregrino del Camino de Santiago

El turismo en España es tan antiguo como el Camino de Santiago: peregrinos de toda Europa acudían a la tumba del apóstol y dejaban dinero por el camino al pagar posadas, comida, ofrendas y donativos en las diferentes iglesias... Todo ese dinero que fueron dejando los peregrinos durante la Edad Media tuvo un papel decisivo en el mantenimiento de la guerra contra los musulmanes.

Durante el reinado de Alfonso XIII, bajo la óptica del regeneracionismo se comprendió que el turismo podía constituir una industria amplia y muy beneficiosa para España, y se creó la oficina de información turística y la primera agencia de viajes española. En 1911 terminó la restauración de monumentos en diversas ciudades; en 1928 se celebró la Expo de Barcelona.

La inestabilidad política durante la Segunda República se tradujo en un descenso del turismo, y la Guerra Civil, lógicamente, acabó con la industria turística. Mucho más tarde, en 1951, se creó el Ministerio de Información y Turismo, que promovió las primeras infraestructuras turísticas de la dictadura franquista. Durante la década de los 60 se produjo la gran explosión turística, que llenó de extranjeros del norte de Europa las playas de la Costa del Sol (en Andalucía) y las de las Islas Canarias y Baleares. Se estableció una cadena estatal de hoteles para promocionar también el turismo cultural.

Actualmente, España es el segundo país del mundo más visitado, después de Francia. La Comunidad Autónoma más visitada es Cataluña; le siguen las Islas Baleares, las Islas Canarias, Andalucía, Comunidad Valenciana, y Comunidad de Madrid. Estas seis Autonomías reciben el 90% del turismo de España; las once restantes se reparten el 10% que queda. Como podemos ver, no todo el país se beneficia del turismo en la misma medida.

Manuel Fraga, ministro de Información y Turismo, bañándose junto al embajador de EEUU en las costas de Almería en 1966

ANEXO 2: El exilio durante la Guerra Civil y sus consecuencias

Civiles del bando republicano exiliándose durante la Guerra Civil

El exilio es la "separación de una persona de la tierra en la que vive", normalmente causada por motivos políticos. Durante la Guerra Civil Española fue un fenómeno que alejó de España a más de 500.000 personas.

Como hemos visto los motivos de esto fueron básicamente políticos. Haber luchado en el bando de los vencidos o haberles dado apoyo (aunque fuera por la fuerza) suponía el exilio, o una fuerte condena (en muchos casos, la muerte).

En medio de la tragedia de los millares de civiles, soldados y políticos que tuvieron que huir encontramos una pérdida irreparable: la huida de la mayor parte de los mejores cerebros del país. Se perdió la generación considerada (junto con la del Siglo de Oro) la mejor educada de toda la historia de España.

Entre éstos encontramos a poetas, novelistas, filósofos, médicos, científicos... intelectuales de todos los campos. Muchos de ellos ni siquiera estaban a favor de los 'rojos' sino que se vieron arrastrados por la locura de la guerra y terminaron bajo sospecha del bando nacional de ser "peligrosos".

Todos los exiliados huyeron en primer lugar hacia Francia (algunos a Argelia) y luego, desde allí, se dispersaron por todo el mundo. Esta diáspora se dirigió especialmente hacia los países de habla hispana en Centro y Suramérica. Algunos nunca regresaron y murieron en el exilio, otros regresaron después de la muerte de Franco, algunos fueron volviendo a España a finales de la dictadura, cuando Franco empezó a relajar el control ideológico.

La principal consecuencia de este exilio fue que después de la Guerra Civil, España estaba en plena crisis. Supuso un esfuerzo mucho más grande y se tardó mucho más tiempo en poder levantar el país sin médicos, ingenieros, profesores, escritores... Los grandes intelectuales habían escapado o muerto, y los pocos que quedaron fueron destinados a cargos de muy poca importancia.

Federico García Lorca de joven. Murió fusilado.

ANEXO 3: Luces y sombras del "año de España"

La Exposición Universal de Sevilla (Expo '92) fue originalmente planteada por Su Majestad Don Juan Carlos I en 1976 durante su primera visita oficial a la República Dominicana, con la intención de celebrar internacionalmente los quinientos años transcurridos desde la llegada de los españoles a América y la repercusión histórica que tuvo en todo el mundo.

Billete de 5.000 pesetas con el retrato de Colón emitido en 1992

Tras varios años de largas y exitosas gestiones, se definió Sevilla como sede de la Expo, dada la relevancia de dicha ciudad en el tráfico de mercancías, pasajeros y documentos entre los dos continentes: todo quedaba detalladamente registrado en el Archivo de Indias, edificio sevillano declarado Patrimonio Universal de la Humanidad.

Con la participación de 112 países (33 europeos, 30 americanos, 21 asiáticos, 20 africanos, 8 oceánicos), las 17 Comunidades Autónomas, 23 organismos oficiales y 6 empresas, un total de 94 pabellones (aparte de otras instalaciones de uso público), y 42 millones de visitantes, fue la mayor exposición universal celebrada hasta entonces, un verdadero éxito de imagen y promoción internacional. A esto se añadía la cifra de beneficios recaudados: 17.900 millones de pesetas (1.005 millones de RMB).

Cinco años más tarde, sin embargo, el Tribunal de Cuentas hizo público el gasto que había supuesto la construcción de la Expo '92: 103.530 millones de pesetas (5.820 millones de RMB) de inversión directa (indirectamente, la inversión fue mucho mayor ya que entre Sevilla y otras ciudades también se construyeron autopistas, vías de ferrocarril, se ampliaron aeropuertos, etc., para facilitar la llegada de visitantes).

A esto hubo que añadir la contabilidad real de beneficios y pérdidas de la Expo, que teniendo en cuenta gastos de personal, seguridad, transporte de autoridades nacionales e internacionales, etc., dejaba un balance negativo de 35.258 millones de pesetas (1.982 millones de RMB). Es decir, que sólo el recinto de la Expo y lo sucedido en él durante los nueve meses de celebración habían costado 138.788 millones de pesetas (7.800 millones de RMB) de dinero público, equivalentes al 0,20% del PIB español de ese mismo año.

Los Juegos Olímpicos de Barcelona de 1992 (Barcelona '92) contaron con la participación de 169 países (9.364 atletas), con la particularidad de que la reciente desintegración de la URSS devolvía la independencia a muchas de las banderas participantes. Al igual que sucediera con la Expo, Barcelona '92 fue considerada como las mejores olimpiadas celebradas hasta entonces y supuso un gran éxito de promoción internacional para España.

Sin embargo, el gasto total de dinero público en celebración e infraestructuras de Barcelona '92 ascendió a 450.000 millones de pesetas (25.272 millones de RMB), equivalentes al 0,64% del PIB español de aquel año.

Los costes de ambos eventos repercutieron negativamente en la deuda pública e influyeron en la grave crisis económica de 1993, año en el que el PIB sufrió un receso de casi 17% con respecto a 1992.

1. Éstos son algunos de los intelectuales que sufrieron las consecuencias de la Guerra Civil, ¿los conoces? Averigua cuál era la especialidad de cada uno de ellos.

Rafael Alberti

Francisco Ayala

Isaac Costero

Juan Ramón Jiménez

Pau Casals

María Zambrano

Rosa Chacel

Severo Ochoa

Ramón J. Sender

Augusto Pi i Sunyer

Rafael Alberti - _____

Francisco Ayala - _____

Isaac Costero - _____

Pau Casals - _____

Rosa Chacel - _____

Severo Ochoa - _____

Juan Ramón Jiménez - _____

Ramón J. Sender - _____

María Zambrano - _____

Augusto Pi i Sunyer - _____

2. Ahora elige uno, busca información sobre su vida y escribe una breve biografía.

UNIDAD 5
Situación política actual
(I): gobierno central

导　读

　　佛朗哥死后，胡安·卡洛斯一世继承了国王和国家元首的头衔，但是他没有重蹈君主专制的覆辙，而是引领西班牙走向一个自由、民主的国家。

　　1978年，在国王和苏阿雷斯为首相的政府的共同努力下，新宪法颁布，其中明确规定，西班牙是社会与民主的法制国家，实行君主立宪制和议会民主制。这一宪法奠定了当代西班牙的政体，宣告了民主过渡时期结束，军事独裁体制的彻底终结。

　　君主立宪制，又称作议会君主制，与君主专权制相对立，是指将国王所掌握的行政权、立法权授予遵守国家宪法的议会。国王仅仅是外交关系中国家的最高代表，他有权根据宪法召集或解散议会，任命或罢免首相，但不得干涉内阁及议会内部工作。议会则分为众议院和参议院，代表全国人民行使国家立法权，监督由政府首相和各部部长组成的内阁行使行政权，并对内阁提出的意见或提案进行审议通过或废止。司法权由法官和法院独立行使。三权分立的思想最早源自亚里士多德时代，经法国启蒙思想家孟德斯鸠得到进一步发展，现已成为西方国家民主政治的核心思想。它把行政权、立法权和司法权授予三个地位相等的国家机关，使得三方互相制衡、互相监督，避免国家权力集中在少数人手中，继而滥用权力。

　　在议会体制下，凡年满18周岁的西班牙公民都有权参与选举自己支持的政党。大选一般每四年举行，但是在特殊情况下，国王有权提前举行大选。凡是经过合法注册的政党都可以推荐候选人，他们在投票日程前，通过传媒宣传、竞选演讲等各种形式拉票。选票超过半数的政党，或者选票未过半但占多数的、同时获得其他参选党派支持的政党，成为执政党。其领导人经过议会投票通过后，成为首相，建立新政府内阁。佛朗哥死后，民主中心联盟（UCD）、工人社会党（PSOE）和人民党（PP）先后登上执政党的位置。后两者已经成为西班牙最大的两大政党，执政党的权利也在它们中间进行交替。

Felipe de Borbón, hijo del rey y heredero a la corona de España, junto con su esposa Letizia. Reinará como Felipe VI.

1 – La Carta Magna (Constitución de 1978)

Originalmente, una *carta magna* era un documento firmado por un rey, en el que éste acordaba con los nobles los límites de su propio poder. Hoy día usamos este término para referirnos a la Constitución.

La Constitución es el código de normas que establece: la igualdad de todos los españoles, sus libertades, derechos y deberes; las funciones del rey como Jefe del Estado; el modelo administrativo-territorial; y la estructura y funcionamiento de los sistemas jurídico y político.

La Constitución Española en vigor actualmente es la que fue aprobada por las Cortes Generales, ratificada por el pueblo mediante referéndum y sancionada por el Rey Don Juan Carlos I en 1978.

2 – Monarquía parlamentaria

Como ya hemos visto, el sistema de gobierno empleado actualmente en España es el de Monarquía parlamentaria. El rey es Jefe del Estado, y como tal está obligado a defender la Constitución y a velar por los intereses de los ciudadanos.

Como Jefe del Estado, es también la máxima autoridad militar y el mayor representante diplomático en el extranjero. No interviene en el gobierno de la nación, que queda en manos de los Poderes Ejecutivo y Legislativo; aunque, en su papel de defensor de las libertades populares, tiene el poder de disolver el Parlamento y convocar elecciones de manera extraordinaria, así como de designar gobiernos temporales.

3 – Los tres poderes del Estado

Bajo la protección y autoridad del rey, se encuentran los tres poderes del Estado, que son los instrumentos de gobierno de la sociedad española:

- Poder Ejecutivo: el presidente del gobierno y su consejo de ministros, que toman las decisiones de mayor importancia.

- Poder Legislativo: las Cortes Generales, compuesto por el Congreso de los Diputados y por el Senado; su función principal es decidir en representación de los ciudadanos la creación o modificación de leyes.

- Poder Judicial: el conjunto de jueces y juzgados de España, representados en tribunales (Audiencia Nacional, Tribunal Supremo y Tribunal Constitucional [1]) que aseguran que todas las medidas del gobierno y del Parlamento estén dentro de la ley y no violen los derechos de los españoles.

El Poder Legislativo aprueba o desaprueba las decisiones del Poder Ejecutivo, y nombra a los representantes del Poder Judicial. El equilibrio entre los tres poderes es considerado como garantía del funcionamiento democrático del gobierno, pero impide que las decisiones se apliquen con rapidez.

4 – Cortes Generales: Parlamento y Senado

Las Cortes Generales están constituidas por dos cámaras de representantes: el Parlamento (Cámara Baja) y el Senado (Cámara Alta).

Estructura del Gobierno español: la Monarquía parlamentaria y la división de poderes

El Parlamento está constituido por 350 diputados, representantes de las diferentes provincias (como mínimo dos diputados por provincia y uno por cada Ciudad Autónoma; pero se añaden diputados proporcionalmente según el número de habitantes de cada provincia), que proponen nuevas leyes, votan su aplicación, y las redactan. Otras potestades del Parlamento son: control de las acciones del Poder Ejecutivo, administración de los impuestos, e investigación de asuntos de interés general.

Las leyes aprobadas por el Parlamento pasan después por el Senado, compuesto por 264 senadores (188 representan a las provincias peninsulares, 16 a las Islas, 4 a las Ciudades Autónomas, y 56 a las Comunidades Autónomas), que aprueba o rechaza dichas leyes. El Senado también supervisa las acciones del Ejecutivo y establece sus propias investigaciones.

En caso de desacuerdo entre ambas cámaras, se decide por votación en la cámara de origen; por ejemplo, si el Senado rechaza una ley propuesta por el Parlamento, la propo-

Rincón de lengua

Rey – Observa que esta palabra tiene la misma raíz que 'regla' y 'regir'. En su sentido más elemental, 'rey' es "la persona que rige" o "la persona que pone reglas".

Parlamento – Su raíz es el verbo 'parlar', que significa "hablar". Al mismo tiempo, 'parlar' tiene la misma raíz que 'palabra': el latín *parabola*, que ahora usamos en español como otra palabra distinta con otros sentidos: cuento con mensaje moral, y curva simétrica.

Ministro – De la raíz 'menos', como las palabras 'mínimo', 'minúsculo', 'miniatura'; su significado es "sirviente". Observa su relación con las palabras 'administrar', 'suministrar', 'administración'... Por tanto un ministro es la persona que está al servicio de un gobernador.

Ley – Esta palabra tiene la misma raíz que 'leer' y 'elegir'. Se entiende que una ley tiene que estar escrita, para que todos la puedan leer.

sición vuelve al Parlamento y los diputados votan si aplicarla o no, y viceversa.

5 – Estructura del Poder Ejecutivo

El presidente del gobierno elige a los ministros que formarán su gabinete; al menos uno de estos ministros actuará como vicepresidente del gobierno. Todos ellos, presidente, vicepresidente y demás ministros, han de jurar la Constitución ante el Rey cuando asumen su cargo.

El presidente del gobierno tiene absoluta potestad para decidir cuántos ministros formarán su gabinete; es normal que después de las elecciones se creen nuevos ministerios, y otros se eliminen o fusionen, y que cambien sus nombres.

6 – Sistema electoral

Tienen derecho a voto todos los ciudadanos de nacionalidad española con mayoría de edad (a partir de los 18 años).

Cada partido político elabora una lista de candidatos al Parlamento antes de las elecciones generales. Esta lista viene encabezada por el candidato a la presidencia del gobierno, seguido por otros miembros del partido en el orden que la dirección del partido considere; lógicamente, los miembros de la dirección del partido ocupan los primeros puestos de la lista.

Las elecciones se realizan en colegios electorales. Existe un colegio electoral en cada distrito de población, según número de habitantes y distancia entre poblaciones, para garantizar que todo ciudadano con derecho a voto pueda ejercer el voto con facilidad, cerca de su hogar y sin pérdida de tiempo.

Al final de la jornada electoral, cada colegio electoral hace recuento de votos y remite los resultados al Parlamento. Una vez recogidos los resultados de todos los colegios electorales del país, se hacen públicos los resultados electorales.

El partido con más votos es considerado ganador de las elecciones, con mayoría absoluta o mayoría simple. Para tener mayoría absoluta, un partido necesita ocupar la mitad de los escaños del

Parlamento más uno, es decir, 176. Si no recibe votos suficientes para tantos escaños, sólo tiene mayoría simple, y necesita que otro partido le preste apoyo con sus propios escaños, lo que obliga al partido ganador a pactar con otros partidos para asegurarse el gobierno.

Los candidatos de cada partido que consiguen escaño ejercen como diputados del Parlamento, y el número uno de la lista del partido ganador pasa a ser presidente del gobierno tras votarse su investidura en el Parlamento: debe ser aceptado como presidente por un mínimo de 176 diputados. El número uno de la lista del segundo partido más votado es el líder de la oposición (partidos contrarios al gobierno).

Fachada del Congreso de los Diputados

Como el Parlamento puede aceptar o rechazar las decisiones del Poder Ejecutivo, para asegurar un gobierno estable el partido ganador en las elecciones necesita contar con mayoría absoluta o con el apoyo de otros partidos, porque si el Parlamento rechaza sus acciones, el presidente del gobierno no consigue gobernar.

Este sistema está ideado para evitar que el Poder Ejecutivo acumule demasiado poder. Sin embargo, otorga demasiado poder al Parlamento, cuyos diputados son incluidos en las listas electorales por la dirección de sus partidos, por lo que obedecen al interés de quienes dirigen sus partidos, que al mismo tiempo son los que ocupan los primeros puestos de las listas, es decir, los que ejecutarán cargos de presidente y ministros. Aunque en teoría el sistema quiere evitar que el poder quede en manos de pocas personas, en la práctica el poder queda, en

Muestra de una papeleta electoral

Rincón de lengua

Potestad – De la misma raíz que 'poder', se refiere a la facultad y autoridad para cometer acciones.

Colegio – Del latín *collegium*, "reunión". Su sentido original es el de grupo de personas que se dedican a una misma actividad, del que derivó a los sentidos actuales de "asociación profesional" y "centro de enseñanza".

Alfredo Pérez Rubalcaba, candidato a la presidencia del PSOE en 2011

Mariano Rajoy, actual presidente de España

efecto, en manos de las pocas personas que dirigen los partidos políticos.

7 – Principales partidos y sindicatos

En España hay actualmente dos partidos mayoritarios con representación en todo el país: PSOE y PP.

- El PSOE (Partido Socialista Obrero Español) es un partido de ideología socialdemócrata fundado por Pablo Iglesias en 1879, lo que lo convierte en el partido de ámbito nacional más antiguo.

Fue fundado con el propósito de defender los intereses de la clase obrera, siguiendo los principios del marxismo, pero a día de hoy comparte los ideales económicos del capitalismo liberal, con marcada tendencia a asuntos de sensibilidad social, como la igualdad de sexos, la equiparación de los derechos civiles entre heterosexuales y homosexuales, o la colaboración con países en desventaja. Forma parte de la Internacional Socialista.

Tuvo representación en el Parlamento por primera vez durante la Segunda República, y durante la dictadura de Franco estuvo prohibido. Cuando la democracia fue restaurada tras la dictadura y los partidos políticos volvieron a ser legalizados, el PSOE regresó a la escena política española bajo la dirección de Felipe González.

Felipe González dejó la dirección del PSOE en 1997. Lo sucedieron varios candidatos débiles, hasta que en 2001 fue elegido para liderar el partido el diputado José Luis Rodríguez Zapatero, que abandonó la dirección en noviembre de 2011. Lo sustituyó Alfredo Pérez Rubalcaba, que cuenta con una larga experiencia en su carrera política como ministro en los gobiernos de Felipe González y de Zapatero.

- El PP (Partido Popular) surgió en 1989 como una coalición de partidos demócrata-cristianos y liberales presidida por Manuel Fraga, antiguo ministro de la dictadura franquista y uno de los Padres de la Constitución ②, de mentalidad conservadora. En la actualidad es un partido de ideología neoliberal, concentrado en la estabilidad económica y la unidad política y administrativa de España. Forma parte de la Unión Democrática Internacional [3] y de la Internacional Demócrata-Cristiana [4].

Realizó una dura oposición durante el gobierno de Felipe González. Manuel Fraga, asociado por el pueblo español a la imagen conservadora del franquismo, cedió la dirección del partido en 1989 a José María Aznar. Actualmente es Mariano Rajoy el líder del PP y, por tanto, el presidente del gobierno.

Hay otros dos partidos de representación nacional pero minoritarios: IU y UPyD.

- IU (Izquierda Unida)

Procede de la coalición formada en 1986 por el Partido Comunista Español (PCE), Los Verdes, y otros partidos menores de carácter republicano, para protestar contra la adhesión de España a la OTAN. Tras el enorme fracaso del PCE en las elecciones generales de ese mismo año, la coalición anti-OTAN decidió establecer un solo partido, el actual IU.

Al principio estuvo bajo la dirección de Julio Anguita, pero en la actualidad lo lidera Cayo Lara Moya. La mayor parte de sus votos procede de Andalucía, Asturias y Madrid, las regiones con mayor tradición comunista de España. Su ideología es comunista, republicana, ecologista y pacifista, con gran sensibilidad hacia países considerados oprimidos por potencias capitalistas, como por ejemplo Palestina o Cuba, y apoyo a minorías étnicas en desventaja, como los kurdos.

Dentro de España, IU ha apoyado iniciativas de diversos partidos autonómicos, en ocasiones con gran polémica nacional por relacionarse con partidos que apoyan el terrorismo o que no aceptan la Constitución.

Poco antes de las elecciones de 2004, numerosos miembros de este partido lo abandonaron para unirse al PSOE, lo que redujo su número de votantes. Ahora cuenta con once diputados en el Parlamento.

- UPyD (Unión Progreso y Democracia) surgió en 2007 como una alternativa contra el bipartidismo ejercido por PSOE y PP. De ideología progresista y federalista, se propone reformar la Constitución y fortalecer al gobierno central ante los nacionalismos autonómicos, con máxima prioridad a la lucha contra el terrorismo. Fundado por intelectuales y políticos desengañados de otros partidos, muchos de sus miembros originales ya lo han abandonado. Su dirigente es Rosa Díez, única diputada de este partido.

Con respecto a los <u>sindicatos</u>, son numerosos pero existen

Rincón de lengua

Sindicato – Del griego *syndikon*, abogado que defendía las leyes antiguas en representación del pueblo, opuesto a las leyes nuevas que proponían los gobernantes.

Miembros sindicales de UGT y CCOO manifestándose durante la Huelga General del 29-S del 2010

Lista de presidentes del gobierno desde la Transición

Adolfo Suárez
1977-81

Leopoldo Calvo-Sotelo
1981-82

Felipe González
1982-96

José María Aznar
1996-2004

José Luis Rodríguez Zapatero
2004-2011

Mariano Rajoy
2011- ?

dos mayoritarios a nivel nacional: CCOO (Comisiones Obreras) y UGT (Unión General de Trabajadores). Su función principal es proteger los intereses de los trabajadores, representándolos ante la patronal (asociación de empleadores), que en España responde a las siglas CEOE (Confederación Española de Organizaciones Empresariales).

- CCOO, con más de un millón de afiliados, es el sindicato más grande. Fundado en 1976, vinculado al PCE desde su inicio (a IU hoy día), persigue suprimir el capitalismo y establecer una sociedad socialista. Su dirigente actual es Ignacio Fernández Toxo.

- UGT es el sindicato más antiguo de España, fundado en 1888 y vinculado desde el principio al PSOE, aunque su número de afiliados no llega al millón. Se propone reformar la sociedad según criterios de justicia social y solidaridad. Desde 1994 lo dirige Cándido Méndez.

A pesar de su vinculación a partidos políticos, los sindicatos protestan con frecuencia contra los gobiernos. Tienen una gran influencia al convocar huelgas, que suponen un duro golpe económico tanto para la patronal, que con cada huelga ve reducida la producción y sus ingresos, como para el gobierno, que ve reducida la recaudación de impuestos.

La forma máxima de protesta sindical es la huelga general, que inmoviliza todos los sectores laborales en todo el país. CCOO y UGT han convocado cinco huelgas generales, en 1988, 1992 y 1994 (contra el gobierno de Felipe González), en 2002 (contra el gobierno de Aznar) y en 2010 (contra el gobierno de Zapatero).

8 – Resumen de las últimas legislaturas

José María Aznar había gobernado entre 1996 y 2000 con el apoyo de partidos nacionalistas autonómicos, debido a que no había alcanzado mayoría absoluta en las elecciones. Sí la consiguió en las elecciones del año 2000, por lo que durante su segunda legislatura como presidente del gobierno enfrió su relación con los nacionalistas y mantuvo una actitud prepotente ante los demás partidos. No supo solucionar la grave crisis del sistema educativo, y realizó una reforma del sistema laboral que fue muy mal acogida por los trabajadores. Su arrogancia ante los adversarios políticos, el encarecimiento de la vivienda y de los precios en general tras la creación del euro, y su excesivo apoyo a la política exterior de Estados Unidos en asuntos bélicos provocaron el rechazo progresivo de gran parte de la población. La mala gestión informativa tras el atentado terrorista del 11 de marzo de 2004, atribuido a extremistas islámicos como respuesta a su apoyo a Estados Unidos en la Guerra de Irak, aumentó el rechazo de los ciudadanos y marcó los últimos días de este gobierno, que perdió las elecciones generales del 14 de marzo de ese mismo año.

José Luis Rodríguez Zapatero

El PSOE ganó las elecciones de 2004 sin mayoría absoluta, con 164 escaños. Tras conseguir apoyo parlamentario de IU y un partido nacionalista catalán, formó gobierno con José Luis Rodríguez Zapatero como presidente. En resumen, su primera legislatura estuvo marcada por los siguientes elementos:

Moneda de euro con la efigie de Don Juan Carlos I

- Política económica: mantenimiento del sistema establecido por el PP, con algunas reformas en materia de impuestos.

- Política social: legalización del matrimonio entre homosexuales, medidas contra la violencia doméstica, propuestas para la paridad laboral.

- Política autonómica: apoyo a las reformas polémicas propuestas por los partidos nacionalistas, negociaciones de paz con ETA.

- Política exterior: retirada del ejército español en Irak, distanciamiento de EEUU (Estados Unidos) y acercamiento a países musulmanes, especialmente a través de las propuestas "Alianza de Civilizaciones" y "Unión Mediterránea"; apoyo a gobiernos de países enemistados con EEUU, como por ejemplo, Venezuela o Bolivia.

El PSOE volvió a ganar con mayoría simple las elecciones de 2008, obteniendo 169 escaños, pero ningún partido se coaligó a él, por lo que la investidura de José Luis Ro-

Rincón de lengua

Huelga – Del latín *follis*, "fuelle", que dio paso al verbo *follicare*, "jadear por un esfuerzo", que posteriormente evolucionó al español 'holgar', "descansar".

dríguez Zapatero como presidente fue rechazada por el Parlamento. Finalmente, tras una votación extraordinaria, Zapatero fue aceptado como presidente del gobierno con 168 votos a favor, 158 en contra, y 23 abstenciones.

Entre PSOE y PP se repartió el 84% del total de los votos.

En resumen, la segunda legislatura del PSOE con José Luis Rodríguez Zapatero estuvo marcada por los siguientes elementos:

- Política económica y social: ante la peor crisis económica sufrida en España desde la Guerra Civil, con más de tres millones de trabajadores sin empleo en 2008 (11% de la población activa), las medidas que tomó el gobierno se mostraron totalmente equivocadas ante el dato de más de cuatro millones de desempleados en 2009 (18% de la población activa).

A partir de 2010, con más de cinco millones de parados (20% de la población activa) y presionado por la Unión Europea, el gobierno adoptó nuevas medidas enfocadas al recorte social (limitación de ayudas a jubilados, enfermos y desempleados), congelación de sueldos a funcionarios, reforma del sistema laboral con menos derechos para el trabajador. En 2011, el porcentaje de parados aumentó al 21% de la población activa.

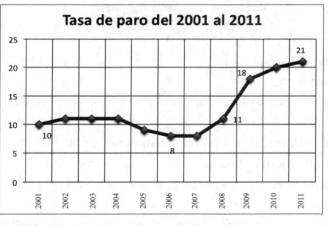

Evolución de la Tasa de paro durante la primera década del siglo según datos del INE

- Política autonómica: creación de un Ministerio de Política Territorial con la intención de mejorar las relaciones con las Comunidades Autónomas y evitar conflictos entre los gobiernos autonómicos y el central.

- Política exterior: continuidad de la anterior legislatura. Participación activa del ejército español en la lucha contra la piratería en el Océano Índico. Venta de deuda pública a la República Popular de China para aliviar la presión financiera.

El 20 de noviembre de 2011 hubo elecciones, que ganó el PP con su mejor resultado hasta el momento: 186 escaños (amplia mayoría absoluta).

NOTAS

① Tribunal Constitucional

　　西班牙宪法法院是为监督和保障宪法实施而设立的专门机构。它主要的职责包括：对违宪案件和违宪争议进行审理，具有撤销违宪法律的权力，解决立法、司法和行政三个机构之间的冲突和矛盾，调整中央政府和各自治大区之间的矛盾。

② Los Padres de la Constitución

　　宪法之父，指参与制订和起草1978年《宪法》的七位成员。他们分别是来自民主中心联盟（UCD）的Gabriel Cisneros、Miguel Herrero y Rodríguez de Miñón和José Pedro Pérez Llorca，来自人民联盟（AP，人民党的前身）的Manuel Fraga，来自工人社会党（PSOE）的Gregorio Peces-Barba，来自西班牙共产党（PCE）的Jordi Solé Tura，以及来自加泰罗尼亚民族联盟（CiU）的Miguel Roca Junyent。

③ Unión Democrática Internacional

　　国际民主联盟，1983年成立于英国伦敦，是保守主义和基督教民主主义政党所组成的跨国性政党联盟。

④ Internacional Demócrata-Cristiana

　　基民党国际组织，全称基督教民主主义和人民政党国际，是世界上第二大国际性政治组织。它奉行基督教民主主义的意识形态，融合了保守派、自由派和社会主义者的思想，例如，对传统价值观念（如婚姻、堕胎）持保守态度，但对社会改革持开放态度；强调人权，但坚持个人是社会不可分割的部分。

VOCABULARIO

juzgado *m.*	法庭，裁判所
Audiencia Nacional	国家法院
Tribunal Supremo	最高法院
Tribunal Constitucional	宪法法院
gabinete *m.*	内阁，内阁全体成员
mayoría absoluta	超过半数的投票结果
mayoría simple	占多数票的投票结果
escaño *m.*	（议会中党派所占的）席位
investidura *f.*	（议会对政府首脑的）投票确认
colegio electoral	投票站；选民组
legislatura *f.*	（立法机构的）任期
población activa	职业人口
INE (Instituto Nacional de Estadística)	西班牙国家统计局

EJERCICIOS

1. Analiza la siguiente lista de nombres, partidos y fechas y colócalos en el cuadro inferior según corresponda:

Felipe González	~~1979-81~~	PSOE
Julio Anguita	1982-86	PP
Alfredo Pérez Rubalcaba	1986-89	UPyD
José María Aznar	1989-93	IU
José Luís Rodríguez Zapatero	1993-96	~~UCD~~
Rosa Díez	1996-2000	
~~Adolfo Suárez~~	2000-04	
	2004-08	
	2008-11	

PARTIDO	LEGISLATURA	PRESIDENTE
UCD	1979-81	Adolfo Suárez

2. Responde a las siguientes preguntas:

a) ¿Cómo se llama el documento que establece las normas de gobierno y convivencia en España?

----

b) ¿De qué año es el documento al que nos referíamos en la pregunta anterior que está vigente en la actualidad?

----

c) ¿Cómo se llama el actual rey de España? ¿Y el próximo?

----

d) ¿Cuáles son los tres poderes del Estado?

----

e) ¿A qué poder pertenecen el Parlamento y el Senado?

----

f) ¿Cuántos ministros hay? ¿Quién los elige?

----

3. Busca en Internet la respuesta a las siguientes preguntas:

a) ¿Cuál es en la actualidad el principal partido de la oposición?

----

b) ¿Quién es actualmente el vicepresidente del gobierno?

----

c) ¿Quién es el ministro de Economía?

----

d) ¿Y el de Asuntos Exteriores?

----

e) ¿ Y el de Interior?

----

f) ¿Y el de Defensa?

REFERENCIAS Y ENLACES DE INTERÉS:

- Escolar.net

http://www.escolar.net

Foro y observatorio político del periodista Ignacio Escolar. Actualizado y bien documentado.

- -

- Congreso de los Diputados

http://www.congreso.es

Web del Parlamento español, donde podemos encontrar toda la actualidad y enlaces a prensa relacionados con la Cámara baja.

- -

- La Constitución

http://www.congreso.es/consti/

En esta sección informativa y documental de la web del Parlamento podemos encontrar los textos completos y resumidos de la Constitución y otros documentos.

- -

Enlaces de los principales partidos y sindicatos:
- Partido Popular - PP

http://www.pp.es/

- Partido Socialista Obrero Español - PSOE

http://www.psoe.es

- Unión Progreso y Democracia - UPyD

http://www.upyd.es

- Izquierda Unida - IU

http://www.izquierda-unida.es/

- -

Patronal y sindicatos:
- Confederación Española de Organizaciones Empresariales - CEOE

http://www.ceoe.es/

- Confederación Sindical de Comisiones Obreras - CCOO

http://www.ccoo.es/

- Sindicato Unión General de Trabajadores - UGT

http://www.ugt.es

ANEXO 1: La familia real

La Constitución establece que el Jefe del Estado es el Rey de España, don Juan Carlos de Borbón, también llamado Juan Carlos I de España, y que la Jefatura de Estado es hereditaria y corresponde a sus sucesores.

De origen francés, la Casa de Borbón ha estado vinculada a la Corona de España desde el siglo XVIII, cuando la heredó del último rey de la anterior dinastía. Hoy día nos referimos a esta familia, los Borbones, como la Familia Real. Sus miembros más importantes son:

La Reina Sofía, la Princesa Letizia, la Infanta Leonor, el Príncipe Felipe, el Rey Juan Carlos I y el Infante Juan Valentín

Don Juan Carlos de Borbón y Borbón, nacido en Roma en 1938, proclamado Rey de España en 1975; estudió la carrera militar en las Academias de los tres Ejércitos (Tierra, Mar y Aire), Derecho Político e Internacional, y Economía y Hacienda Pública. Su reinado ha estado marcado por el impulso a las relaciones de España con Europa y Latinoamérica y al papel de la lengua española como herramienta de comunicación internacional. Recientemente apoya la creación y desarrollo de nuevas tecnologías.

Doña Sofía de Grecia, nacida en Atenas en 1938, casada con Juan Carlos I en 1962 y por tanto Reina de España desde 1975. Ha centrado sus esfuerzos en obras sociales y ayuda a enfermos y discapacitados de todo el mundo.

Don Felipe de Borbón y Grecia, nacido en Madrid en 1968, Príncipe de Asturias y futuro Rey de España; al igual que su padre, estudió la carrera militar en los tres Ejércitos, y Derecho y Ciencias Económicas. Su labor se ha centrado en las relaciones con las Comunidades Autónomas, en el funcionamiento de las instituciones constitucionales, en el conocimiento de las necesidades reales de los españoles, y en la promoción internacional de las tareas de voluntariado.

Doña Letizia Ortiz Rocasolano, nacida en Oviedo en 1972, Princesa de Asturias desde su casamiento con don Felipe en 2004. Antes de ingresar en la Familia Real, tuvo una brillante carrera como periodista de prensa y televisión. Fruto de su matrimonio son las Infantas Doña Leonor y Doña Sofía.

Don Juan Carlos tiene otras dos hijas, las Infantas Doña Elena y Doña Cristina, que respectivamente son madres de otros cinco infantes e infantas. "Infante" es el título nobiliario de los miembros de la Casa Real que no reinarán; el heredero a la Corona disfruta del título de Príncipe de Asturias. Asimismo, el tratamiento del Rey y de la Reina es "Su Majestad", mientras que los demás miembros de su familia reciben el tratamiento de "Su Alteza Real".

Se llama campaña electoral al periodo de quince días anterior al día señalado como jornada electoral, en el que se celebran las elecciones. Durante la campaña electoral, los candidatos de los diferentes partidos dan a conocer al público sus programas y propuestas de gobierno, y hacen propaganda de sus partidos por medios de comunicación, carteles en las calles, y mítines (reuniones multitudinarias para arengar a los votantes) en todas las ciudades que dé tiempo de visitar.

El día anterior a las elecciones se llama jornada de reflexión: 24 horas durante las que está prohibido hacer propaganda o lanzar mensajes electorales de cualquier tipo.

El día de las elecciones, los votantes acuden a los colegios electorales para votar. En cada colegio electoral, hay a disposición del votante listas de cada partido. El procedimiento que se debe seguir para asegurar que el voto sea libre y secreto consiste en tomar un ejemplar de cada lista, entrar a una cabina individual, introducir la lista del partido elegido en un sobre, arrojar las otras listas a una papelera, salir de la cabina y dirigirse a la mesa electoral, donde unos ciudadanos asignados al azar y representantes de cada partido político se encargan de vigilar que no se produzcan irregularidades. Los miembros de la mesa comprueban la identidad del votante y que sólo tiene un único sobre, dejan que el votante introduzca su voto en la urna, y marcan su nombre para que no pueda volver a votar ese mismo día.

Cabina electoral donde se puede votar sin que nadie pueda ver el voto

Nadie puede traer consigo votos de otras personas, ni votar en nombre de otras personas. Sólo se permite un voto por persona identificada. No introducir voto en la urna se denomina abstención; introducir un sobre vacío se denomina voto en blanco; un sobre que contenga más de una lista, o cualquier documento que no sea la lista de un partido, se considera voto nulo. Abstenciones y votos en blanco no cuentan, y se interpretan como desinterés del votante. El voto nulo tampoco cuenta, pero representa rechazo por parte del votante a todos los partidos políticos.

Al final de la jornada electoral, cada colegio electoral hace recuento de votos y remite los resultados al Parlamento. Una vez recogidos los resultados de todos los colegios electorales del país, se hacen públicos los resultados electorales.

ANEXO 3: Personajes de referencia en la política española

- Adolfo Suárez fue el gran protagonista de la Transición. Dimitió de su cargo como presidente del gobierno en 1981 y se mantuvo como diputado hasta 1991.

- Manuel Fraga, ministro de Información y Turismo durante la segunda etapa de la dictadura franquista, fundó en la clandestinidad, a espaldas de Franco, el partido que dio lugar posteriormente al PP. Es uno de los redactores de la Constitución de 1978. Entre 1990 y 2005 fue presidente del gobierno autonómico de Galicia.

- Santiago Carrillo, exiliado tras la Guerra Civil por su participación activa en las milicias republicanas, regresó a España en 1976 para dirigir el Partido Comunista de España tras su legalización. En 1985 fue expulsado de la dirección del partido.

- Antonio Tejero asaltó el Parlamento al mando de 200 agentes de la Guardia Civil (un cuerpo del ejército español) y secuestró a los diputados presentes el 23 de febrero de 1981, dando lugar al Golpe de Estado conocido como 23-F. Esperaba recibir apoyo del resto del ejército, pero el Rey Don Juan Carlos, como Jefe de la Fuerzas Armadas, mostró su rechazo a la acción de Tejero y éste se rindió el 24 de febrero. Estuvo en la cárcel hasta 1996.

- Alfonso Guerra fue vicepresidente del gobierno con Felipe González desde 1982 hasta 1991, año en el que, salpicado por numerosos escándalos de corrupción, abandonó el gobierno y pasó a un segundo plano. Actualmente se mantiene como diputado.

- Julio Anguita dirigió IU desde 1989 hasta 2000. Con un discurso claro y coherente con sus principios, ha renunciado a su pensión de diputado, conformándose con cobrar únicamente su jubilación como maestro de educación primaria, profesión que ejercía antes de dedicarse a la política.

- Rodrigo Rato fue ministro de Economía y vicepresidente del gobierno entre 1996 y 2004. Durante su gestión tuvieron lugar las reformas que permitieron la entrada en el euro y la creación de empleo que marcó los gobiernos de Aznar. En 2004 se retiró de la política; posteriormente dirigió el Fondo Monetario Internacional (FMI), y en la actualidad está vinculado a la banca privada en España.

1. Después de leer el Anexo 3 identifica a los personajes de las imágenes:

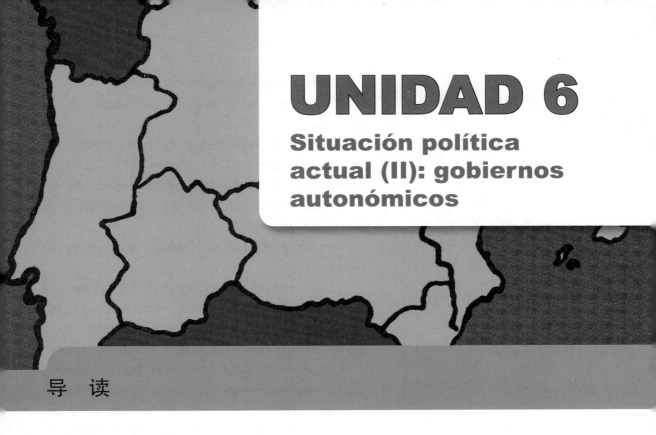

UNIDAD 6
Situación política actual (II): gobiernos autonómicos

导　读

　　"民族性"一词在西班牙并非是以国家为载体而形成的民族文化心理特质，而是以各自治地区为单位形成的地区民族特性，如加泰罗尼亚民族性、加利西亚民族性等等。实际上，西班牙中央集中制度与地区独立自治之间的矛盾由来已久。

　　公元5世纪初，罗马帝国逐渐衰落，西哥特人凭借强悍的武力，在半岛上建立了统一的王国，定都托雷多。但是，西哥特人的文明程度远不及罗马人，在其统治的近300年的时间内，最大的成就是将基督教发展成为半岛上最广泛的宗教。

　　公元8世纪初，穆斯林军队借口调和西哥特皇室内部纷争，踏上西班牙的土地，并很快占领了南方。坚持反抗穆斯林的基督教徒退至西班牙北部，并逐渐形成了几个小王国，分别是莱昂、卡斯蒂利亚、纳瓦拉、阿拉贡和加泰罗尼亚。卡斯蒂利亚与阿拉贡作为光复运动的核心，领导由各王国组成的联军，与阿拉伯人展开了殊死的搏斗，终于在1492年，夺回了最后一块失地——格拉纳达，形成了统一的西班牙。

　　统一初期，天主教国王作为感谢，赐给参与联军的王国地区自治特权。他们可以保留原先的政府和法令制度，使用当地的语言作为通用语言，沿用传统的货币，最令其他地区羡慕的是，这些自治地区可以减免赋税。这使得当地在经济发展和人民生活水平上，都优于其他地方。

　　随着形势的发展，西班牙不再是最初的几个王国的简单合并，君主们希望建立一个政治、经济、文化高度统一的国家，因此他们开始逐步废止已授予的特权。特别在波旁家族接替哈布斯堡家族成为西班牙的君主后，国王下令取消自治地区减免赋税的特权。这立即引起以加泰罗尼亚和巴斯克为首的各自治区的不满。为了巩固王权，中央政府对这些地方加强了集权统治，这样更激化了与地区之间的矛盾。自治地区人民心中的民族主义情绪早已根深蒂固，他们始终不屈不饶地坚持地区独立，哪怕在内战结束后，佛朗哥对加泰罗尼亚和巴斯克实施暴政，也没有熄灭人民要求独立的决心。

　　在西班牙实现民主过渡之后，中央政府与地区政府达成共识，使地区自治宪法化，在地区实行有限制的自治，各地区拥有自己的政府、议会、政党和工会，当地语言和西班牙语共同作为官方语言，从而在一定程度上缓和了中央与地区之间的关系。

1 – Estructura gubernamental

El gobierno de cada comunidad autónoma consiste en:

- asamblea legislativa (recibe diferentes nombres en diferentes CCAA: Parlamento, Cortes...), constituida por un número determinado de diputados elegidos cada cuatro años mediante elecciones autonómicas;

- presidente de la comunidad y consejo de gobierno;

- defensor del pueblo, encargado de vigilar que las autoridades actúen en todo momento de acuerdo con la Constitución y no perjudiquen a los ciudadanos.

2 – Estatutos de autonomía y competencias

Cada comunidad autónoma se rige de acuerdo a su propio estatuto de autonomía, redactado según criterios especificados en la Constitución. Cada estatuto de autonomía recoge una serie de libertades en la administración autonómica, llamadas competencias: se trata de órganos administrativos originalmente asumidos por el gobierno central, tales como sanidad (sistema de hospitales y servicios médicos) o educación (red de centros de enseñanza y regulación docente), que las CCAA pueden administrar de manera independiente. Tales competencias varían en cantidad entre unas comunidades y otras, pero las competencias básicas que poseen todas las comunidades son las competencias de sanidad y educación ya mencionadas.

Algunas CCAA tienen competencias de hacienda (administración de impuestos), o justicia, o seguridad (policía autonómica). Muchas CCAA luchan por obtener más competencias y depender menos del Gobierno Central. Para obtener más competencias, es necesario reformar el estatuto de autonomía; dichas reformas se deciden por voto en la asamblea legislativa y se remiten al Tribunal Constitucional, que aprueba o rechaza la reforma de estatuto según cumpla con los criterios de la Constitución o no.

3 – Nacionalidades y regiones

Se considera nacionalidades a las CCAA que ya habían contado con estatuto de autonomía constitucionalmente aprobado durante la Segunda República: Andalucía, Cataluña, Galicia y País Vasco. Y se denomina regiones a las demás CCAA. Aunque la Constitución no concede ningún privilegio extraordinario a las nacionalidades históricas con respecto a las regiones, es cierto que estas cuatro CCAA tienen más competencias que las demás.

4 – Nacionalismo e independentismo

Una de las grandes paradojas de España es que el término "nacionalismo" no se aplica a un sentimiento general de la <u>nación</u>, sino a sentimientos regionales diferenciados.

A lo largo de la historia, como hemos visto en unidades anteriores, España no siempre ha constituido un único país. Antes de la unificación por los Reyes Católicos, en el territorio que hoy entendemos como español se desarrollaron diferentes reinos, con sus diferentes culturas, sus diferentes formas de administración y sus diferentes idiomas.

¿Te has fijado...

... en que las cuatro nacionalidades históricas están situadas en la periferia de la península y alejadas de Madrid?

Pregunta al lector
¿Puedes identificar en el mapa cada una de las CCAA que se corresponden con las nacionalidades?

Muchos ciudadanos españoles están orgullosos del patrimonio histórico, cultural y lingüístico de la región (en muchos casos, antiguo país) en la que han nacido, han crecido, o simplemente residen; quieren disfrutar, cultivar y promocionar dicho patrimonio, con el que se sienten además identificados; es a este sentimiento de identidad y orgullo al que alude el término 'nacionalismo' en España.

Muchos ciudadanos, asimismo, son independentistas; consideran que su región está

Rincón de lengua

Gobierno – El sentido original de esta palabra es "manejo del timón de un barco", del griego *kybernao*. Las técnicas de control del rumbo del barco recibían en griego el nombre *kybernetike*, del que procede el término actual 'cibernética' ("control de máquinas y comunicación por medio de ellas") y sus derivados: cibernauta (persona que navega por internet), ciberespacio, cibercafé...

Competencia – Observa que este sustantivo, al igual que el adjetivo 'competente', deriva del verbo 'competer': "pertenecer; corresponder; tener conocimiento y autoridad para hacer algo".

Nación – El sustantivo latino *natio* designaba al principio el lugar de nacimiento de una persona; después tomó el sentido de conjunto de las personas nacidas en el mismo lugar, que evolucionó hasta el sentido actual de "conjunto de habitantes y territorios de un país".

indebidamente integrada en el Estado español, del que quieren que se desvincule. Esto crea un conflicto político, dada la organización territorial contemplada en la Constitución (que considera a estas regiones o antiguos países como parte del Estado español), que con frecuencia se extiende a conflicto social, dado que los ciudadanos independentistas conciben que son legítimas sus reivindicaciones, mientras que los no independentistas no las creen legítimas en absoluto.

Lógicamente, el sentimiento independentista está ligado al nacionalista: los ciudadanos independentistas toman el patrimonio histórico, cultural y lingüístico como signos indiscutibles de una identidad diferente a la del resto de España, dando al nacionalismo un valor político añadido.

Pero el nacionalismo en sí mismo no implica independentismo. Muchos ciudadanos identificados con el patrimonio de su región y orgullosos de él sienten que su nacionalismo los diferencia pero no por ello los enfrenta al resto de españoles, y abogan por convivir integrados en la variedad patrimonial española.

El nacionalismo está presente, en mayor o menor grado, en todas las CCAA; pero en Cataluña y en el País Vasco ha alcanzado una relevancia extraordinaria que afecta de manera considerable a la situación política española.

5 – El nacionalismo catalán

Cataluña apareció por primera vez en la historia como una identidad política a finales del siglo IX, cuando el Conde de Barcelona Wifredo el Velloso reunió bajo su influencia los Condados Catalanes. En el siglo XII, a consecuencia del matrimonio entre el conde Ramón Berenguer y la reina Petronila de Aragón, Cataluña quedó integrada dentro de la Corona de Aragón; en el siglo XIII pasó a denominarse Principado de Cataluña, como división administrativa bajo monarquía aragonesa, y en el XIV se creó un organismo legislador propio, la Generalidad de Cataluña.

Hemos visto en la unidad 3 cómo a partir de la unificación por los Reyes Católicos se practicó una política cada vez más centralista; Cataluña no se vio demasiado afectada porque el Fuero de Aragón le otorgaba importantes privilegios, sobre todo en materia de impuestos y comercio, pero tuvo constantes conflictos con Francia, enfrentamientos que los reyes españoles, obedeciendo a criterios diplomáticos, frecuentemente solucionaron en perjuicio de los intereses catalanes, dando lugar con ello a resentimientos contra la corona.

Pintura que representa la muerte de Wifredo el Velloso

Su manifiesta oposición a la dinastía de los Borbones durante la Guerra de Sucesión a principios del siglo XVIII fue castigada con una sangrienta represión, además del desmantelamiento de la Generalidad, el abandono del uso oficial de la lengua catalana, y la subida de impuestos. Durante las **Guerras Carlistas** [1] en el siglo XIX, la mayoría de los catalanes tomaron posición a favor de Carlos, lo que se tradujo en más castigo por parte de la reina Isabel. La mala relación entre catalanes y reyes de España propició en Cataluña una creciente <u>simpatía</u> hacia la ideología republicana.

Foto de la caída de Barcelona el 11 de septiembre de 1714

Pregunta al lector
¿Por qué empezaron las Guerras Carlistas?

Durante la segunda mitad del siglo XIX tuvo lugar la *Renaixença*, movimiento de recuperación del catalán como lengua culta y literaria, ya que su uso había quedado excluido del ámbito académico y ello había afectado negativamente al idioma. Se volvió a publicar libros en catalán y a utilizarlo en actos públicos.

El siglo XX comenzó marcado por dos movimientos: el catalanismo (nacionalista y reivindicador) y el obrerismo; esto vinculó al espíritu republicano catalán con las ideologías

Rincón de lengua

Conflicto – De 'con' y el verbo latino *fligere*, "golpear"; este verbo sirve de raíz a varias palabras españolas de significado relacionado con daño o sufrimiento: 'afligir', 'aflicción', 'infligir'.

Reivindicación – Del latín *rei*, "cosa, asunto", y *vindicare*, "vengar". Tiene en español actual el sentido de "reclamación de un derecho o una posesión que han sido injustamente arrebatados".

Simpatía – Del griego *syn*, "juntos", y *patheia*, "sentimiento" o, también, "padecimiento". Aunque en español suele usarse en el sentido de "cualidad que hace agradable", también se usa para designar un afecto mutuo y espontáneo entre personas, animales o ideas.

socialista y comunista. Durante la Segunda República se reinstauró la Generalidad, pero tras la Guerra Civil se desmanteló de nuevo, a la vez que Franco prohibió el uso del catalán.

A causa de su historia, los catalanes recelaban del centralismo y alimentaban su sentimiento nacionalista. El gobierno franquista potenció favorablemente la industria catalana, lo que tuvo un doble efecto: reactivación de la economía catalana por encima de las demás regiones por un lado, y por otro inmigración masiva de trabajadores de otras regiones, especialmente de Andalucía y Extremadura, no identificados con el nacionalismo catalán.

Los últimos años han estado marcados por intentos políticos de adquirir autonomía en materia de impuestos: gestionar desde la Generalidad los impuestos recaudados en Cataluña, no desde el Gobierno Central. Para ello, su asamblea legislativa (el *Parlament*) acordó una serie de reformas para el Estatuto de Autonomía de Cataluña. En 2010, el Tribunal Constitucional rechazó esta reforma; desde entonces, varias organizaciones nacionalistas han celebrado referendos de independencia, no oficiales, para mostrar su desacuerdo con la Constitución.

Pompeu Fabra, creador de la gramática moderna del catalán

Gernikako Arbola

Ésta es la primera estrofa de uno de los himnos no oficiales del País Vasco: "El árbol de Guernica". Mira la traducción al español y compara las dos lenguas.

"Gernikako Arbola da bedeinkatua Euskaldunen artean guztiz maitatua.Eman ta zabal zazu munduan frutua adoratzen zaitugu Arbola santua"

"Bendito es el Árbol de Guernica, amado por todos los euskaldunes. Da y extiende tu fruto por el mundo, te adoramos, Árbol sagrado."

6 – El nacionalismo vasco

El idioma <u>vasco</u>, a diferencia de la mayoría de idiomas en Europa, no es de origen indoeuropeo. Los estudiosos no se ponen de acuerdo sobre la procedencia de los vascos, y hay quien los intenta relacionar con los húngaros o con los finlandeses; pero la teoría más aceptada y razonable es que son un pueblo autóctono de la Península Ibérica, ya que su idioma guarda mucha similitud con cuanto los estudiosos han podido recuperar del lenguaje de los iberos.

A la llegada de los romanos a la península, los vascos se ocultaron en las montañas y apenas fueron latinizados. Hay pocas noticias sobre ellos en la historia más antigua, más allá de su muy valorada habilidad como guerreros; a la caída del Imperio Romano, los vascos quedaron en las montañas sin mezclarse con los visigodos; los musulmanes no lograron entrar en su territorio, y expulsaron a los ejércitos franceses que querían atravesar los Pirineos en el siglo VIII.

Tomaron parte activa en la Reconquista como colaboradores del reino de Castilla. El documento más antiguo que se conserva escrito en castellano, las <u>Glosas</u> Emilianenses (siglo X), son un conjunto de notas escritas en castellano y en vasco por un estudiante en un libro; el uso de ambas lenguas por el mismo individuo en el mismo texto ilustra la proximidad que había entre vascos y castellanos.

La *ikurriña*, bandera del País Vasco. Cruz blanca sobre aspas verdes y fondo rojo.

Los reyes de Castilla les otorgaron el Fuero de Vizcaya, en el que se reconocía que todos los vascos nacían <u>hidalgos</u> y por lo tanto no pagaban impuestos. Durante la Edad Media y el Renacimiento fueron famosos por sus astilleros y su conocimiento del mar y de la pesca. Tras las Guerras Carlistas, sin embargo, su apoyo a Carlos provocó la pérdida de sus privilegios forales.

Sabino Arana

La riqueza de sus minas y la fama de sus astilleros convirtieron al País Vasco en uno de los focos de la Revolución Industrial en la segunda mitad del siglo XIX, y por tanto escenario de nuevas ideas políticas a favor de los trabajadores. En esta misma época surgió el nacionalismo vasco, cuando Sabino Arana fundó el PNV (Partido Nacionalista Vasco), inspirado por los valores conservadores del carlismo, con el lema reivindicativo: "Dios y Antigua Ley". "Dios" porque se oponían a las reformas liberales que apartaban a la Iglesia del gobierno; "Antigua Ley" en alusión al Fuero de Vizcaya, cuyos privilegios se proponían recuperar. Durante la Segunda República, el PNV consiguió el estatus de Comunidad Autónoma para el País Vasco y formó el gobierno autonómico.

Después de la Guerra Civil, la represión franquista que prohibió el uso de su idioma, desmanteló sus instituciones autonómicas y encarceló a sus líderes políticos, provocó una

Rincón de lengua

Vasco – Latinización de la voz vasca *eusko*. La raíz *eusk*- está relacionada con muchos elementos de identidad vasca. Por ejemplo, el idioma vasco se llama en vasco *euskera*, y la Comunidad Autónoma vasca recibe el nombre de *Euskadi*.

Glosa – En griego *glossa* significa "lengua", pero los romanos tomaron prestada esta palabra extranjera para ellos y le dieron sentido de "difícil de entender" (de este sentido latino procede el término 'glosario'). En español tiene los usos de "explicación", "comentario", y "nota".

Hidalgo – Evolución fonética de *fidalicus*, palabra latina creada en la Edad Media a partir de *fictum*, "fijo". La hidalguía era el rango más bajo de la nobleza española, que se obtenía como premio a alguna hazaña militar o a algún servicio muy valioso para el rey, y consistía en que el nombrado hidalgo dejaba de pagar impuestos, privilegio que heredaban sus descendientes. De este modo, al nombrar a alguien hidalgo, el rey fijaba un privilegio en él y su descendencia.

fuerte reacción nacionalista, cuya peor consecuencia fue la creación de ETA, una organización terrorista que todavía hoy supone uno de los mayores problemas sociales y políticos de España, aunque a finales de 2011 un posible cese de la actividad armada.

El último *lehendakari* (presidente autonómico de Euskadi) nacionalista, Juan José Ibarretxe, propuso la celebración de un referéndum de independencia oficial, propuesta rechazada por el Gobierno Central porque no contaba con las garantías de igualdad ante la ley que exige la Constitución para la celebración de un referéndum. Desde entonces, los políticos nacionalistas vascos reclaman una reforma de la Constitución.

7 – Principales partidos autonómicos

- En Cataluña:

CiU (*Convergència i Unió*, en castellano Convergencia y Unión). Partido de carácter conservador y demócrata-cristiano con ideología neoliberal y nacionalista. Gobernó en Cataluña bajo la dirección de Jordi Pujol hasta 2003, y desde noviembre de 2010 Artur Mas ejerce como *President* de la Generalidad. Durante los últimos años ha estado persiguiendo la reforma del Estatuto de Autonomía de Cataluña para aumentar la autonomía con respecto al gobierno central. Actualmente, sin embargo, la prioridad es la recuperación económica ante la crisis, para lo que el gobierno de Mas está adoptando medidas que plantean serias dudas a los ciudadanos sobre sus consecuencias futuras.

ERC (*Esquerra Republicana de Catalunya*, en castellano Izquierda Republicana de Cataluña). Partido republicano que reclama la independencia de Cataluña y los llamados "Países Catalanes" (Valencia, Baleares, Andorra, y parte del sur de Francia). Bajo la dirección del polémico Josep-Lluís Carod-Rovira fue el principal partido en exigir la reforma del Estatuto de Autonomía de Cataluña. Carod-Rovira fue apartado de la dirección por diversos escándalos en 2006 y sustituido por Joan Puigcercós.

- En el País Vasco:

EAJ-PNV (*Eusko Alderdi Jeltzalea*, en castellano Partido Nacionalista Vasco). Partido de carácter conservador católico fundado en 1895 por Sabino Arana para defender el autogobierno de la raza vasca, constituida (según Arana) por personas con factor Rh- en la sangre y descendientes de vascos en, al menos, las cinco generaciones anteriores de su familia. Rechaza la Constitución y persigue la reforma de su estatuto de autonomía, al igual que la celebración de un referéndum de independencia en el que sólo podrían votar personas que se ajusten al criterio de Sabino Arana sobre la raza vasca. Es el partido que ha gobernado en el parlamento vasco hasta 2009: tras las últimas elecciones autonómicas, el gobierno ha quedado en manos de una coalición de PSOE y PP.

Logo de Herri Batasuna

Batasuna (en castellano Unidad). Partido ilegalizado de ideología independentista que reclama Navarra como parte de su territorio y también regiones en el sur de Francia. Ha estado siempre identificado como la cara política de la organización terrorista ETA (*Euskadi Ta Askatasuna*, en castellano País Vasco y Libertad). Rechaza la Constitución y organiza actos de violencia callejera.

Amaiur. Partido formado por una coalición electoral de grupos y partidos de izquierda durante 2011: *Aralar*, EA y *Bildu* (en castellano Reunir). Se les ha acusado de ser el sustituto de Batasuna en su papel de representante de ETA en el gobierno. En más de una ocasión han expresado públicamente su rechazo al terrorismo, y han negado cualquier relación con la banda terrorista ETA. Defienden el derecho a la autosoberanía y a defender los intereses de los vascos.

- En Galicia:

BNG (*Bloque Nacionalista Galego*). Coalición de partidos nacionalistas gallegos de ideología comunista. Entre 2001 y 2009, gobernó en Galicia en

Rincón de lengua

Prioridad – Esta palabra se formó a partir del comparativo latino de *primus* ("primero"), *prior*, que vendría a traducirse por "más primero". La usamos para referirnos a la más urgente e inmediata entre dos o más opciones.

	2000	2004	2008	2011
PSOE	125	164	169	110
PP	**183**	148	154	**186**
IU	8	5	2	11
CIU	15	10	10	16
EAJ-PNV	7	7	6	5
UPyD	-	-	1	5
ERC	1	8	3	3
BNG	3	2	2	2
CC	4	3	2	2
Otros	4	3	1	10

Distribución de escaños de las últimas cuatro legislaturas (arriba) y de los cuatro partidos más importantes de ámbito nacional hasta 2008.

coalición con el PSG (la rama regional del PSOE). Persigue la reforma del Estatuto de Autonomía de Galicia. En las últimas elecciones autonómicas, el gobierno gallego ha vuelto a manos del PP, que ya había gobernado Galicia anteriormente.

- En las Islas Canarias:

CC (Coalición Canaria). Partido de ideología liberal que persigue mejorar el intercambio de recursos entre la península y el archipiélago. Gobierna en Canarias.

Varios partidos autonómicos tienen representación en el Parlamento central debido a su alto índice de votos. Estos partidos son: CiU, ERC, PNV y CC.

8 – La relación de dependencia entre el Gobierno Central y las CCAA

El PSOE y el PP son los únicos partidos de ámbito nacional con suficientes votantes como para ganar elecciones generales, pero rara vez consiguen la mayoría absoluta; para formar gobierno, generalmente necesitan el apoyo de uno o varios de los partidos autonómicos con representación en el Parlamento.

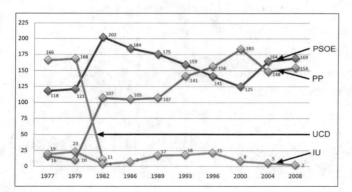

Estos partidos autonómicos dan apoyo parlamentario a cambio de que el Gobierno Central adopte medidas beneficiosas para sus CCAA; esto provoca un grave desequilibrio entre unas CCAA y otras, pero es inevitable, tal y como está organizado el sistema.

Igualmente, los partidos autonómicos no siempre logran mayoría absoluta en las elecciones autonómicas y recurren al apoyo del PSOE o el PP, a cambio de medidas que beneficiarán a unos ciudadanos y no a otros.

Debido a esto, el sistema político español, orientado desde la teoría a evitar la desigualdad y la injusticia, se ve reducido en la práctica a los intereses inmediatos de los partidos políticos.

NOTAS

① Las Guerras Carlistas

西班牙历史上曾发生过三次卡洛斯王位争夺战。1833年费迪南七世死后，由三岁的长女伊莎贝拉（即后来的伊莎贝拉二世）继位，其母克里斯蒂娜女王摄政。这一决定遭到了费迪南七世的弟弟堂·卡洛斯的反对。他借用《撒利克法典》，称皇室的女性成员无继承权，并自封为卡洛斯五世，带领追随者与拥护伊莎贝拉的一方发动战争。1840年，卡洛斯派战败，被迫承认伊莎贝拉的王位继承权，堂·卡洛斯本人逃亡国外。第一次卡洛斯战争结束。

第二次卡洛斯战争发生于1846年至1849年期间，多数历史学家认为，这只是一次卡洛斯派趁克里斯蒂娜女王与伊莎贝拉二世权力交接之际在加泰罗尼亚地区发动的叛乱运动。由于缺乏有效的组织，叛乱军队很快被政府军镇压，残余的卡洛斯派势力逐步被赶出西班牙。

第三次发生于1872至1876年期间。卡洛斯派趁西班牙国内政局动荡之际，拥立堂·卡洛斯的孙子小卡洛斯为国王，并迅速占领了北部多个城市。在此形势下，国王阿方索十二世联合政府军与共和军的力量，在全体国民的支持下，有力地镇压了叛军。至此，传统的封建势力彻底衰败，而新兴的资产阶级势力得到巩固。

在几次的叛乱中，巴斯克地区和纳瓦拉地区始终支持卡洛斯派。因此在战争结束后，王室没收了两地的自治特权，提高税赋，限制当地的语言。这在一定程度上，刺激了当地的独立情绪，激化了与中央政府的矛盾。

VOCABULARIO

Generalidad de Cataluña	加泰罗尼亚自治政府
desmantelamiento *m.*	拆除（设备）
catalanismo *m.*	加泰罗尼亚独立主义
obrerismo *m.*	劳工第一主义
recelar *intr.*	怀疑
referendo *m.*	(→referéndum) 公民投票

EJERCICIOS

1. Relaciona las siglas de los partidos con el nombre completo del partido, sus miembros y su ámbito y luego completa el cuadro:

PSOE	Canarias
	Cataluña
	España
Amaiur	Galicia
	País Vasco
ERC	
	Coalición Canaria
	Amaiur
PP	Batasuna
	Esquerra Republicana de Catalunya
	Partido Popular
BNG	Partido Nacionalista Vasco
	Bloque Nacionalista Galego
CC	Izquierda Unida
	Unión Progreso y Democracia
	Partido Socialista Obrero Español
UPyD	Convergencia i Unió
CiU	
	Sabino Arana
	Artur Mas
Batasuna	José Luís Rodríguez Zapatero
	Josep-Lluís Carod-Rovira
	Felipe González
EAJ-PNV	Mariano Rajoy
	Alfredo Pérez Rubalcaba
IU	Julio Anguita

SIGLAS	NOMBRE DEL PARTIDO	ÁMBITO	MIEMBROS

REFERENCIAS Y ENLACES DE INTERÉS:

- La pelota vasca

Médem, Julio. (Director). (2003). La pelota vasca, la piel contra la piedra. [Documental]. España: Alicia Produce, S.L.

En este documental el famoso cineasta intenta explicar de forma clara, exhaustiva y objetiva el conflicto del nacionalismo vasco.

- Partidos autonómicos

http://www.ati.es/spip.php?article137

En este enlace podemos encontrar un listado de todos los partidos nacionalistas y regionalistas con el enlace a la web de cada uno.

- Lenguas de España

http://www.vaucanson.org/espagnol/linguistique/lenguas_espana_esp.htm

En esta página se explican las diferencias entre las lenguas españolas (oficiales y no-oficiales) y aparecen algunas muestras de textos en cada una de ellas.

- Historia de Cataluña

http://www.gencat.cat/catalunya/cas/coneixer-historia.htm

En esta sección de la web de la Generalitat de Catalunya se resume la historia de esta comunidad.

- Galicia

http://www.turgalicia.es/librodepedra/

Visita virtual a la Catedral de Santiago de Compostela, destino del Camino de Santiago.

ANEXO 1: ETA y el terrorismo

A finales de la década de 1950, varias asociaciones políticas de estudiantes y jóvenes afines al nacionalismo vasco y a la corriente social de la Iglesia elaboraron un ideario independentista, al amparo del PNV. Una de estas asociaciones, más radical en sus objetivos, se escindió de las demás y del PNV en 1959, haciéndose llamar *Euskadi Ta Askatasuna* (País Vasco y Libertad). Sus planteamientos principales eran:

a) el regeneracionismo histórico: la evolución del País Vasco en la historia está encaminada a que Euskadi sea una nación independiente;

b) la nacionalidad vasca está definida por el uso del idioma vasco, no por la raza (como sostiene el

PNV);

c) una asociación aconfesional, aunque basaba sus principios sociales en la
doctrina de la Iglesia;

d) socialismo como ideología política;

e) independencia de *Euskal Herria*,
reclamando como parte de la misma
Navarra y el sudoeste de Francia.

Decidieron que la lucha armada era
la mejor manera de alcanzar sus objetivos. Su primer atentado tuvo lugar en

Etarras anunciando un alto al fuego en 2010 por televisión

1960, una bomba en San Sebastián cuya explosión sólo tuvo una víctima: una niña de dos años llamada
Begoña Urroz. Poco después, asesinaron a un guardia civil. En 1965 aprobaron el uso de la violencia y la
extorsión para conseguir fondos, y lo aplicaron en todo el territorio nacional, pero con especial presión sobre los empresarios vascos. En 1968 mataron al jefe de la policía secreta de San Sebastián, y en 1973
hicieron explotar el coche del almirante José Carrero Blanco, hombre de confianza de Franco y presidente
del gobierno en aquel entonces.

Durante la dictadura, los etarras detenidos eran condenados a muerte. Durante la transición, en 1977,
el rey ofreció una amnistía a todos los presos etarras a cambio de que abandonasen las armas, en un
intento de buscar una salida pacífica al problema terrorista. Hasta entonces, en diversas asambleas de
ETA, habían surgido voces contrarias al terrorismo y muchos miembros partidarios de la acción política
y no violenta habían abandonado la organización, por lo que los etarras que quedaban eran cada vez más
radicales.

Se opusieron a la Constitución de 1978 y rechazaron el proceso democrático. Los atentados fueron
cada vez más sanguinarios e indiscriminados, no importando la muerte de ciudadanos de a pie, vascos en
su mayoría.

Los que habían simpatizado con ETA durante la dictadura dejaron de prestarle su apoyo. Entre 1983
y 1987 tuvieron lugar las acciones del GAL (Grupo Antiterrorista Liberal), que asesinó y torturó a etarras pero también a ciudadanos inocentes por error, y que resultó estar organizado por el gobierno español.

A principios de la década de 1990, ETA creó la *kale borroka*, grupos de menores de edad que rea-
lizaban acciones de violencia callejera: incendio de propiedades públicas y privadas, asalto de hogares de
políticos vascos no nacionalistas, ataques a agentes de policía...

Desde entonces ETA ha seguido atentando. Las medidas que han llevado a cabo los diferentes gobiernos no han sido suficientes pero se espera que ETA acceda a un alto al fuego definitivo.

ANEXO 2: Características de Andalucía

La historia de Andalucía y su cultura están marcadas por el paso de fenicios, griegos, cartagineses, romanos, visigodos y musulmanes. Tras la toma de Granada por los Reyes Católicos, Andalucía quedó dividida administrativamente en cuatro reinos: Sevilla, Córdoba, Granada y Jaén, todos bajo soberanía de Castilla. Los moriscos (población de origen musulmán) se mantuvieron durante cien años en las zonas de montaña, hasta su expulsión definitiva a finales del siglo XVI. Andalucía fue repoblada entonces por colonos procedentes de toda España y Europa, lo que enriqueció aún más la variedad de esta región.

Tras el descubrimiento de América, el paso obligado del comercio con el nuevo continente a través de Andalucía supuso un factor de progreso económico y cultural. La Guerra de la Independencia contra Francia y la independencia de las colonias americanas supusieron un grave empobrecimiento de la región. Diversas acciones liberales contra la monarquía, como el Alzamiento de Torrijos en Málaga (1831), la revuelta "La Gloriosa" en Cádiz (1868), etc., tuvieron lugar durante todo el siglo XIX y se ha querido ver en ellas intenciones independentistas.

En 1918, Blas Infante (Padre de la Patria Andaluza) estableció la bandera, el himno y el escudo de Andalucía. Afirmaba que su nacionalismo, antes que andaluz, era humano, e identificaba la pobreza y el atraso andaluces con las instituciones de gobierno español. Fue perseguido durante la dictadura de Primo de Rivera. Durante la Segunda República, logró la autonomía de la región y finalmente fue fusilado por falangistas en agosto de 1936.

Escudo de Andalucía

Es la región más poblada de España (más de 8.200.000 habitantes) y la segunda más extensa. Los motores principales de la economía andaluza son la agricultura y el turismo. Entre los productos agrícolas andaluces destacan el aceite de oliva y el vino, con tres Denominaciones de Origen principales: Jerez, Málaga y Montilla. La oferta turística atiende demanda de playa (Costa del Sol, Costa de la Luz), turismo rural (Sierra de Ronda, Valle de los Pedroches, Sierra de Cazorla...), cultural (Sevilla, Granada, Córdoba, Málaga)... e incluso turismo de deportes de invierno (Sierra Nevada).

En cuanto al habla, el andaluz es una variedad lingüística del castellano de la que han derivado diversos dialectos del español. Se ha querido buscar el origen del andaluz en el mozárabe, lengua romance que se hablaba en Al Ándalus, pero su origen está en el castellano. El andaluz tiene a su vez muchas variantes geográficas, y hay lingüistas que consideran a otras hablas características (Murcia, Ceuta y Melilla, Canarias, y la mayoría de los países hispanoamericanos) como formas del andaluz.

ANEXO 3: Características de Galicia

Fue una de las últimas regiones en romanizarse. En el siglo IV, tuvieron mucho éxito en Galicia las ideas de Prisciliano, sacerdote cristiano y mago que incorporó rituales de origen celta a las prácticas cristianas; la Iglesia lo declaró hereje y fue ejecutado por orden del emperador, convirtiéndose en el primer hereje condenado a muerte en la historia del cristianismo. Fue enterrado en el Campo de las Estrellas (*Campus Stellae*, actual Compostela) y venerado en secreto por sus seguidores.

Catedral de Santiago de Compostela

Durante la Reconquista, en el siglo IX, se empezó a construir una iglesia sobre su tumba, a la que aún acudían peregrinos, y se dijo que quien estaba enterrado allí era el apóstol Santiago: esto trajo peregrinos de toda Europa, que peregrinaban hasta la nueva iglesia de Santiago de Compostela para limpiar sus pecados. El Camino de Santiago fue un importante motor económico para los reinos cristianos de la península y un más importante motor cultural para el resto de Europa, ya que los peregrinos aprendían en España las matemáticas, filosofía, medicina y ciencias que habían traído los musulmanes.

Galicia mantuvo durante la Edad Media y la Edad Moderna una sociedad feudal, muy tradicional y marcada por la diferencia entre señores y pobres. En el siglo XIX, aparecieron diversos movimientos sociopolíticos como el federalismo (que fracasó con la Primera República), el regionalismo (a favor del autogobierno) y el *rexurdimento*: movimiento literario de recuperación de la lengua gallega.

La falta de recursos industriales motivó la emigración masiva de gallegos a América a principios del siglo XX. Durante la Segunda República fue reconocida como Comunidad Autónoma, y en la Guerra Civil estuvo desde el comienzo en el bando franquista (tanto Franco como el general Mola, cabecillas del alzamiento contra la república, eran gallegos).

Con 2.775.000 habitantes, está administrada en cuatro provincias: La Coruña, Lugo, Orense y Pontevedra. La sede del gobierno autonómico está en la capital, Santiago de Compostela. Los idiomas oficiales son gallego y castellano, con un 90% de población bilingüe, la mayor entre las comunidades autónomas con idioma propio.

La economía gallega está fundamentada en la agricultura, la ganadería (gran producción de leche) y la pesca, si bien hay también astilleros; el sector servicios y el turismo han crecido durante las últimas décadas.

EJERCICIOS COMPLEMENTARIOS

1. Según todo lo que has leído en los dos últimos temas, reflexiona y escribe por qué crees que el fenómeno de los nacionalismos en España afecta tanto políticamente y socialmente.

----

2. ¿Consideras que el plurinacionalismo en España es una ventaja o una desventaja? Reflexiona sobre los pros y los contras.

----

3. El gobierno español ha usado muchos medios para calmar los conflictos nacionalistas, algunos han solucionado algo temporalmente, otros han empeorado la situación. ¿Cuál crees tú que sería la mejor solución?

UNIDAD 7
Situación económica de España

导　读

　　20世纪60年代以前，西班牙过分依赖从殖民地掠夺而来的财富，忽视国内工农等各行业的发展。国家统治阶级将精力集中在王位争夺、巩固皇权、镇压革命进步势力、发动内战等问题上，导致西班牙经济基本处于崩溃边缘。虽然在18世纪，国王卡洛斯三世实行了开明专制政策，从军事、文化、经济等各方面力图改变贫困落后的局面，但收效甚微，尤其在经济方面。

　　二战结束后，西班牙遭到国际社会的孤立，佛朗哥实施"闭关锁国"政策，国内物资匮乏，人民长期生活在饥饿贫困之中。1959年，政府得到佛朗哥亲自批复，对外国资本和本国商品实行开放政策，给奄奄一息的国内市场注入活力，由此产生了辉煌的"西班牙奇迹"。在这期间，国内生产总值年均增长8%，通货膨胀得到有效抑制，人民生活得到巨大改善。电视机，这一时髦电器也在这期间进入了西班牙家庭。在"居有定所"的指导思想下，建筑业成为经济腾飞中的"领头羊"，它提供了大量的就业岗位，刺激了房地产市场，带动了金融服务业的发展。

　　然而，"西班牙奇迹"仅仅持续了十多年的时间。1973年，石油输出国组织决定大幅提升原油价格，但西班牙政府没有及时调整原油需求大的冶金、造船等重工业的产业结构，反而以政府补贴的形式维持原有模式，使得国家被拖入了通胀的泥潭。银行收紧了贷款政策，楼市萎靡，建筑业发展受到压制，大量工人失业，市场消费水平下滑。这一恶性循环一直持续到西班牙加入欧共体。

　　1986年执政的社会工人党利用石油价格下跌之际，对国营企业实现私有化改组，积极参与国际市场竞争，降低关税，进一步吸引有实力的外资投入市场，紧锁政府开支，减少财政赤字。至90年代末，西班牙国内通胀率和失业率均显著下降，经济形势有所好转，呈平稳增长态势。本世纪初，西班牙加入欧元体系，国内物价飞涨，人民消费愿望急速下降。政府为了维持财政支出，不得不提高税收。高税收加上高生产成本，使得众多外资企业不愿继续投资，纷纷从西班牙撤回，大批人员失业。为改善国内就业和经济环境，政府向美国和其他欧盟成员国寻求帮助，依然收效甚微。目前，高通胀率、高失业率和巨额外债成为西班牙政府面临的三大难题。

Reunión de Franco con Eisenhower en 1959

1 – Desarrollo económico de finales del siglo XX

A partir de 1959, un innovador plan elaborado por los ministros tecnócratas de Franco dio lugar al periodo llamado "el Milagro Español [①]". Por medio de fijación del cambio entre la peseta y el dólar, apertura a participación extranjera en <u>empresas</u> españolas, recorte de gasto público, y limitación de los préstamos bancarios, se logró, en tan sólo dos años: incremento de 500 millones de dólares en las reservas de divisas del Estado, inversión extranjera y fuerte aumento del turismo, superávit de más de 80 millones de dólares en las arcas estatales, y reducción de la <u>inflación</u> del 12,5% al 2,5%, lo que aumentó el poder adquisitivo de los ciudadanos, y con ello permitió un crecimiento extraordinario del comercio y la introducción de nuevas tecnologías. Se abandonó el uso de carbón como fuente energética, que fue sustituido por el petróleo y la electricidad, modernización muy significativa que dejó a la industria minera desfasada.

Estas medidas propiciaron un desarrollo rápido y sostenido durante la década de 1960; a finales de la década, sin embargo, el gobierno ejerció políticas proteccionistas que favorecieron a las grandes empresas pero provocaron un descenso de la competitividad y de la inversión extranjera.

En 1973, la OPEP (Organización de Países Exportadores de Petróleo, árabes en su mayoría) decidió subir bruscamente el precio del petróleo, lo que provocó una crisis económica en los países que ya dependían de este carburante: entre ellos, desde la década anterior, España. La crisis consecuente detuvo el crecimiento económico español, debilitado por la falta de inversión extranjera, y provocó desempleo. Las grandes empresas, dominadas por la banca y estructuradas en modelos de baja productividad, no supieron afrontar la situación. La inestabilidad política a la muerte de Franco y durante la Transición apartaron la atención gubernamental de la situación económica, y a finales de la década de 1970 se había detenido el PIB (Producto Interior Bruto), la cifra de parados rozaba el millón y la inflación había subido hasta el 20%.

Desde 1982, el nuevo gobierno socialista intentó crear empleo y controlar la inflación con la reducción de los <u>sueldos</u> de los trabajadores, sin embargo el desempleo siguió aumentando. En 1986, la entrada en la Unión Europea supuso un ingreso de capital público extranjero para la modernización de la infraestructura (carreteras, ferrocarril, aeropuertos, telecomunicaciones, sanidad y educación) y con ello creación de empleo a cuenta de obras públicas, pero al mismo tiempo forzó la subida de impuestos.

La década de 1990 comenzó con una grave recesión marcada por el recorte de ayudas de la UE, la inflación, la elevada carga impositiva, el desempleo, y la devaluación de la peseta; factores que paralizaron la inversión y el consumo. A finales de la década, sin embargo, una política económica basada en la reducción de impuestos permitió reactivar la inversión (tanto nacional como extranjera) y el comercio, y consecuentemente crear empleo y disparar el consumo. La situación de la <u>economía</u> española en esos últimos años del siglo XX cumplió con los objetivos de convergencia marcados por la UE para el uso de la moneda única, el euro.

2 – Sector primario

Se conoce como sector primario al conjunto de sectores o industrias que están en contacto directo con los recursos naturales: agricultura, pesca, ganadería y minería. En España, este sector representa el 10% del total de actividades económicas. Galicia, Extremadura, Castilla-La Mancha, Andalucía y Murcia son las CCAA en las que este sector mantiene mayor ocupación, mientras que en Madrid, Cataluña y País Vasco tiene poca presencia.

Rincón de lengua

Empresa – Observa que este sustantivo está derivado del verbo 'emprender', "acometer una acción que implica esfuerzo, dificultad o riesgo".

Inflación – Se deriva de 'inflar', "llenar algo con aire u otro gas" y, también, "exagerar".

Sueldo – Evolución fonética a partir del latín vulgar *solidu*, que era el nombre de la moneda de oro. A su vez, *solidu* significaba "sólido", en referencia al estado del metal.

Economía – Del griego *oikos*, "conjunto de bienes que hay en una casa", y *nomos* "ley". En origen, esta palabra se refería a la administración de los bienes familiares; ahora tiene un sentido mucho más amplio.

La agricultura ha sido una de las mayores industrias a lo largo de la historia de España. Los <u>cultivos</u> varían según las zonas climáticas, ya que factores como la lluvia, el caudal de los ríos, la temperatura, etc. favorecen a unos tipos de cultivos y perjudican a otros. La producción principal viene determinada por: fruta, destacando los cítricos (limón, naranja, mandarina); hortalizas, sobre todo patata, tomate, zanahoria, lechuga y pimiento; cereales, especialmente trigo, cebada, maíz y arroz; plantas industriales como el girasol, el algodón, la remolacha y la caña de azúcar.

Especial relevancia agrícola, hasta el punto de haberse convertido en señas de identidad española, tienen el viñedo y el olivo. España es el primer productor mundial de <u>aceite</u> (en torno al 34% del producto total mundial, la cifra oscila cada año) y el tercero de vino (en torno al 13% del total mundial). Aparte de las cantidades producidas, la calidad del aceite y el vino españoles es apreciada y destacada internacionalmente: hay en España 62 denominaciones de origen reconocidas para el vino y 32 denominaciones de origen reconocidas para el aceite.

La ganadería española se destina sobre todo a la *alimentación* (especialmente la carne de porcino, vacuno y gallina; la leche y quesos de vacuno, oveja y cabra), la vestimenta (lana ovina, cueros de vacuno, porcino y cabra), e incluso ocio y espectáculos (caballos, toros).

Desde el punto de vista de la alimentación, se ha mejorado el ganado vacuno nacional al cruzarlo con especies extranjeras; destaca entre el ganado porcino el hermoso <u>cerdo</u> ibérico, raza autóctona que provee de excelentes carnes (bajas en grasa) y embutidos: chorizo, morcilla, salchichón y, por encima de todos, <u>jamón</u>. España es el primer productor mundial de jamón curado, superando los cuarenta millones de piezas anuales, y también el primer consumidor mundial, con una media de 5 kg por habitante al año.

El caballo andaluz es una de las razas puras más antiguas del mundo, por lo que se lo considera el caballo español por antonomasia y se lo llama también pura raza española. Se utiliza para paseo, competición, rejoneo y exhibiciones. El toro de lidia es la raza utilizada para torear, por su agilidad y bravura; 149 empresas ganaderas se dedican a su cría y desarrollo en España.

Como hemos visto en unidades anteriores, la pesca daba en España productos como el *garum* que se comercializaban y eran muy valorados en la Antigüedad. Hay cuatro áreas en las que se practica pesca de bajura (cerca de la costa, capturando especies de poco tamaño como la sardina, el boquerón, la merluza, el bonito, la gamba, el mejillón, el pulpo…): Mediterráneo, Golfo de Cádiz, Canarias y Cantábrico. La pesca de altura (en altamar, capturando especies de mayor tamaño como el atún, el pez espada, el bacalao…) se realiza sobre todo en el Atlántico Norte, con base en puertos del litoral cantábrico, especialmente en Galicia.

La minería ha tenido una gran explotación desde la Antigüedad, dada la riqueza del suelo ibérico en oro, plata, cobre, mármol, yeso, carbón… habiendo sido España el primer exportador mundial de cobre, mercurio y plomo en determinados momentos. Actualmente, la mayor explotación corresponde a canteras y se da principalmente en Andalucía, Castilla-León, Cataluña y Galicia.

3 – Sector secundario

Se denomina sector secundario a las industrias dedicadas a transformar recursos naturales en productos elaborados: siderurgia, mecánica, textil, química, construcción... En España, el sector secundario ocupa el 53% de la actividad económica.

La siderurgia española, concentrada sobre todo en acero y sus derivados, produce en torno a 35

Imagen de un caballo andaluz de guerra del s.XVII

¿Sabías que...

...la vieira es uno de los productos típicos de las costas gallegas?

Era el símbolo que identificaba a los peregrinos del Camino de Santiago ya que todos se llevaban la concha de una vieira para demostrar que habían llegado hasta el final del camino.

Rincón de lengua

Cultivo – Del participio del verbo latino *colere*, "recoger", del que también deriva, como vimos en la unidad 2, la palabra 'colonia'.

Aceite – Del árabe *azzayt*, nombre que daban al líquido obtenido del fruto del olivo (aceituna). Decir "aceite de oliva" es, por tanto, redundante: la oliva ya está implícita en el nombre 'aceite'.

Cerdo – El nombre de este noble animal procede del pelo que cubre su cuerpo: en español llamamos 'cerdas' a pelos gruesos y duros.

Jamón – Esta palabra tan importante en España tiene sin embargo su origen en el francés *jambon*, "pierna grande".

millones de toneladas por año, de los que se exporta una cuarta parte.

En cuanto a mecánica, en España tiene especial importancia el sector de la automoción (construcción y mantenimiento de vehículos). A lo largo del siglo XX, las empresas dominantes fueron SEAT (Sociedad Española de Automóviles de Turismo), fundada en 1950, y Barreiros Diésel S.A, fundada en 1954. SEAT lideró el mercado de automóviles de uso individual y familiar, mientras Barreiros abarcó también el diseño y elaboración de camiones y autobuses. Barreiros Diésel S. A. se desintegró en 1978, mientras SEAT fue adquirida por el grupo alemán Volkswagen: mantiene una <u>fábrica</u> en Barcelona, en la que produce modelos SEAT, y otra en Navarra, en la que produce modelos Volkswagen.

Logo de la empresa automovilística SEAT

Otras marcas de automóviles, de capital extranjero, con fábricas en España son: Renault, General Motors, Nissan, Citroen, Peugeot, Ford, y Mercedes-Benz.

A principios del siglo XXI, se fabricaban en España en torno a 2.850.000 automóviles por año, de los que se exportaba el 80%.

El sector textil se desarrolló en España durante el siglo XIX, llegando a principios del XX a convertirse en un importante pilar industrial. A principios del siglo XXI, empleaba directamente a más de doscientos mil trabajadores repartidos entre más de seis mil empresas, con una producción anual por valor en torno a 11.400 millones de euros.

Seat 600

En el aspecto de diseño y distribución de moda, España es una referencia mundial gracias a empresas como INDITEX (a la que pertenece, entre muchas otras, la marca Zara, presente en los cinco continentes con más de 1.480 tiendas), o Mango (presente en más de cien países, superando las dos mil tiendas).

Logo de Zara (de INDITEX)

Logo de Mango

La industria química española contaba a principios del siglo XXI con más de 3.300 empresas que, con una producción equivalente al 9% del PIB, generaban empleo para más de medio millón de trabajadores y situaban a España como el séptimo productor mundial del sector. El 41% de la producción consistía en química básica, el 33% en química industrial, y el 26% en productos de salud.

Dentro del sector secundario, la industria reina en España a principios del siglo XXI fue la <u>construcción</u>, centrada sobre todo en viviendas, aunque también tuvo un auge importante la construcción de naves industriales y centros comerciales y de ocio. El

Imagen de un edificio en construcción

número de viviendas en España vivió una evolución extraordinaria: de veinte millones y medio en 2000 a 26.768.715 en 2009 (pese a que sólo existen 14 millones de familias en el país, lo que sitúa la proporción en casi dos viviendas por cada unidad familiar). En 2007, la construcción daba empleo a más de dos millones y medio de trabajadores y abarcaba casi el 40% del PIB.

Un sector importante en el ámbito secundario es el de I+D (investigación y desarrollo), que en España no ha recibido la atención debida, si bien la inversión en I+D aumentó en un 50% entre 1995 y 2006, especialmente en Madrid, Cataluña, Navarra y País Vasco. I+D es un sector especialmente importante por su papel en el desarrollo de nuevas industrias que regeneren la economía; sin embargo, en los últimos años sólo se invierte en torno al 1% del PIB para la innovación, lo que deja a España muy atrás en la lista de países que fomentan la investigación y el desarrollo.

Mercado de *La Boquería* en Barcelona, típico mercado de alimentos

4 – Sector terciario

Se entiende como sector terciario (o sector servicios) al conjunto de industrias relacionadas con el bienestar: comercio, transportes, comunicaciones, finanzas, turismo, hostelería, ocio, cultura, espectáculos, servicios públicos... En España, el sector servicios ocupa el 37% de la actividad económica.

Este sector adquirió volumen representativo en la década de 1960, como consecuencia del Milagro Español; desde entonces fue en aumento hasta 1997, cuando se estabilizó. Al comenzar el siglo XXI, este sector empleaba al 60% de la población activa, y su volumen de negocio se distribuía en las siguientes proporciones: 64% para el comercio, 8% para transportes, 8% para servicios a empresas, 7,5% para inmobiliarias, 6,5% para el turismo y casi 6% para tecnologías de la información.

El Corte Inglés es una cadena de centros comerciales con presencia en toda España

El Museo del Prado es uno de los referentes españoles en cuanto al turismo cultural

El turismo deportivo incluye desde golf hasta alpinismo

La gastronomía española es muy rica y abundante. En la imagen podemos ver el típico cocido madrileño.

Avión de la compañía española de aerolíneas IBERIA

Primer vagón del AVE

El comercio es la base fundamental de la economía, que permite la fluidez del dinero y reparte el beneficio entre los habitantes. En el año 2001, el comercio daba empleo a más de dos millones ochocientos mil trabajadores y movía en torno a quinientos treinta mil millones de euros. En 2007, el número de establecimientos comerciales casi alcanzaba el millón, y la actividad comercial empleaba a más de tres millones y medio de trabajadores, generando un volumen de ventas de setecientos cincuenta y cinco mil millones de euros.

Con respecto al comercio internacional, la mayor parte de importaciones y exportaciones se realizan con otros países miembros de la UE; les siguen Iberoamérica, Asia Oriental (China y Japón), norte de África (Marruecos, Egipto y Argelia) y EEUU.

El turismo ha tenido una relevancia clave para la economía española desde hace mucho tiempo, pero se vio especialmente potenciado a partir de la década de 1960. España ofrece todo tipo de turismo: de sol y playa, concentrado en las Islas Canarias y Baleares y en el litoral mediterráneo; turismo cultural, debido al amplísimo patrimonio artístico e histórico repartido por toda la geografía española; turismo deportivo, dadas las magníficas condiciones ambientales para muy diversos deportes (vela, natación, golf, ciclismo, equitación, submarinismo, windsurf, senderismo, montañismo, vuelo libre, escalada...); turismo gastronómico, por la variedad de comidas y vinos; turismo rural, por el variado encanto de sus campos y pueblos; turismo residencial, por la mejor calidad de vida con respecto a otros países europeos. Dentro del turismo, un campo muy desarrollado durante las últimas décadas ha sido el de congresos y ferias, modalidad que permite a los participantes mezclar trabajo con ocio y que, por otro lado, sirve para promocionarse ante estos visitantes de cara al futuro.

En cuanto a los transportes, España cuenta con 105 aeropuertos, de los que 33 son internacionales; el volumen de pasajeros ascendió a ciento noventa y dos millones en 2010.

La red de ferrocarril cubre toda la península con una estructura radial cuyo centro es Madrid. Desde la década de 1990, el uso de trenes de alta velocidad (AVE: Alta Velocidad Española) ha ido en aumento y ya se cuenta con seis líneas que unen Madrid con Barcelona, Castellón, Valencia, Málaga, Sevilla, Valladolid y Huesca; otras ocho líneas están en construcción. Existe metro en Madrid, Barcelona, Valencia, Bilbao, Sevilla y Palma de Mallorca; se está construyendo en Málaga, Granada y Alicante.

El transporte marítimo es posible desde 53 <u>puertos</u> internacionales, entre los que cabe destacar, por volumen de pasajeros, Vigo (provincia de Pontevedra, en Galicia) y Algeciras (provincia de Cádiz, en Andalucía).

Edificio del Banco de España

Hay una red de 370.000 km de carreteras que unen todas las poblaciones del país, a las que se suman 13.000 km de autopistas.

En referencia al sector financiero, existen en España diferentes tipos de empresa financiera, principalmente: entidades de depósito y crédito, bolsas de valores, y compañías de seguros.

Las entidades de depósito y crédito más destacadas son los bancos y las cajas de ahorros. Los bancos son empresas privadas constituidas como sociedades de accionistas: inversores privados que se reparten los beneficios anuales. Están regulados por el gobierno mediante el Banco de España [2], organismo estatal que vigila que cumplan la ley. Los bancos españoles más destacados son: BSCH (Banco de Santander Central Hispano) y BBVA (Banco Bilbao-Vizcaya Argentaria); según datos de 2010, el BSCH es el mayor banco de la zona euro, y el cuarto más poderoso del mundo, con un beneficio neto anual en torno a nueve mil millones de euros.

Las cajas de ahorros son fundaciones: tienen capital privado, pero no accionistas, y la mayor parte de sus beneficios se destinan a obra social. Están reguladas por el gobierno autonómico de la comunidad en la que tengan sede. Las cajas de ahorro más importantes son La Caixa (Cataluña) y Caja Madrid. La Caixa destina enormes cantidades de dinero a la promoción de la cultura y el arte.

En España hay bolsas de valores en cuatro ciudades: Madrid, Barcelona, Bilbao y Valencia, siendo la Bolsa de Madrid la más relevante, con un volumen de inversión anual en torno a los dos mil ochocientos millones de euros.

Cuarenta y nueve compañías aseguradoras funcionan a nivel nacional en España, siendo sus servicios más demandados los seguros de salud, de vida, de protección de

Rincón de lengua

Turismo – La raíz es el latín *tornus*, "torno", aparato que funciona dando vueltas sobre sí mismo. De ahí surgió el francés *tour* con el sentido de "viaje circular", es decir, que incluye el regreso.
Puerto – Del latín *portus*, "lugar por el que se entra". Observa su estrecha relación con la palabra 'puerta'.

De la peseta al euro

Algunos ejemplos del aumento de los precios con el cambio de la peseta al euro:
- una barra de pan costaba 100 pesetas, con el cambio al euro pasó a costar 1 euro (166 ptas.).
- un billete de autobús urbano de 100 ptas. también pasó a 1 euro.
- una bebida en un bar pasó de 150 ptas. a 1,5 euros (249 ptas.)
- un menú de 500 ptas. en un restaurante pasó a costar 5 euros (830 ptas.)

propiedades (coches, vivienda, joyas, obras de arte), y planes de pensiones. Las compañías mejor valoradas en términos generales son: MAPFRE, Génesis, Ocaso y Catalana Occidente.

5 – Crisis de principios del siglo XXI

El impacto del euro fue devastador en la economía española. Como efecto inmediato se produjo una inflación del 65% en muchos productos de consumo cotidiano, al equiparar muchos comerciantes y hosteleros cien pesetas con un euro, cuando la equivalencia real era 1 euro = 166 pesetas. Esta fraudulenta subida de precios limitó el poder adquisitivo de los ciudadanos, lo que afectó negativamente al consumo.

Otro problema vino derivado del blanqueo de dinero negro: personas con grandes cantidades de pesetas no declaradas a Hacienda para ahorrarse el pago de impuestos; ante la imposibilidad de cambiar esas pesetas a euros, los poseedores de dinero negro (tanto españoles como europeos de los otros países que adoptaron la moneda única) lo invirtieron en la compra de inmuebles, lo que aumentó la construcción de viviendas no ocupadas.

Mientras que la peseta era una moneda barata, lo que potenciaba la exportación de productos españoles, el euro es una moneda fuerte, con un valor superior al dólar en torno al 50%, lo que redujo la exportación y, junto con ella, la fabricación.

De esta manera, la adopción de la moneda única europea, que se celebró como un éxito de gestión económica a nivel oficial, sentó en realidad una de las bases de la gran recesión económica de finales de la década de 2000.

El principal motor de crecimiento económico y creación de empleo había sido, desde finales del siglo XX, el sector de la construcción. Como hemos visto, el blanqueo de dinero provocado por la aparición del euro potenció a este sector; al mismo tiempo, el brusco descenso del desempleo propició un extraordinario aumento de la inversión privada: la gran mayoría de los nuevos trabajadores optaron por comprar vivienda. La demanda excesiva llevó aparejada un aumento de precio sin precedentes: 73% entre 2001 y 2005, mientras que el sueldo medio de los trabajadores sólo subió un 11% durante esos cuatro años. Al mismo tiempo, los especialistas señalaban una sobrevaloración del precio real de la vivienda del 50% en 2005, es decir, el comprador estaba pagando el doble de lo que la vivienda costaba en realidad. Este desequilibrio era consecuencia directa de la especulación inmobiliaria.

Para afrontar la adquisición de vivienda a precios que escapaban a sus posibilidades, los ciudadanos tuvieron que recurrir a préstamos bancarios, y estos préstamos aumentaron la inflación (9,8% entre 2001 y 2005). La inflación, junto con la necesidad de ahorro para devolver al banco el dinero prestado, repercutieron en descenso del consumo. Sin embargo, la demanda continuó y la especulación mantuvo el crecimiento del precio de la vivienda hasta finales de 2007.

Sin exportación, sin fabricación, y sin consumo, el gobierno tuvo que subir los impuestos para mantener el ritmo de ingresos del Estado; decrecieron la inversión y el comercio, lo que llevó a pérdida de puestos de trabajo.

La crisis bancaria internacional golpeó a España en 2007; los bancos dejaron de otorgar préstamos, tanto a individuos como a empresas, lo que frenó la compra de vivienda por un lado, provocando el estallido de la burbuja inmobiliaria y la caída del sector de la construcción, quedando todos sus trabajadores sin empleo, y por otro la suspensión de pagos de las empresas que dependían de préstamos y la desaparición total de nuevas inversiones. La consecuencia inmediata fue un incremento brutal del paro, con las terribles repercusiones que ello conlleva respecto al consumo y por tanto a todos los sectores de la economía.

El PIB decreció en 2007 y 2008, llegando a un PIB negativo en 2009 (-3,7%) y 2010 (-3,8%). En 2011 el PIB ha mostrado una ligerísima recuperación aunque se mantiene negativo; según algunos expertos, la economía española no va a recuperarse hasta el año 2026.

Crisis económica de principios del s.XXI

Entrada en el euro:
- Inflación (aumento de los precios)
- Blanqueo de dinero

↓

Aumento de la construcción:
- Sobrevaloración del precio real de las viviendas

↓

Especulación inmobiliaria
- Préstamos bancarios
- Hipotecas

↓

Mayor inflación
+
congelación de los salarios

↓

Descenso del consumo
+
Aumento de los impuestos

↓

CRISIS BANCARIA

↓

Estallido de la burbuja inmobiliaria

↓

Caída del sector de la construcción

↓

Suspensión de pagos

↓

Incremento del paro

↓

CRISIS ECONÓMICA GLOBAL

NOTAS

① Milagro Español

　　"西班牙奇迹"，指上世纪60年代，由支持技术专家政治论的政府官员制订的，遵循世界货币基金组织的方针，且由佛朗哥亲自批复执行的一系列经济复苏计划。当时，佛朗哥的独裁统治进入稳定阶段，政府开始将注意力转向经济发展与民生的改善，由此催生了经济改革。通过开放国内市场、吸引外商投资，以石油取代旧能源，依靠旅游、房地产等行业刺激消费市场，增加就业岗位等手段，使得西班牙经济在十年内有了迅猛发展，其速度成为二战后仅次于日本的国家。但是，1973年石油输出国组织决定大幅提高石油售价，西班牙受此影响甚大，经济发展速度就此减慢。这也宣告了"西班牙奇迹"的终止。

② Banco de España

　　西班牙银行，即西班牙央行，位于马德里。其前身是圣卡洛斯银行，成立于1782年，由国王卡洛斯三世创立。它由私人投资，但其运作受到皇室的保护。1856年更名为西班牙银行，不久获得在国内发行通货的权利。与此同时，还积极组并小规模的银行，使之成为其驻各地的分行。进入20世纪后，西班牙银行作为私人性质银行的权利逐渐受到制约或削减。佛朗哥统治时期，要求除行长、执行委员会之外，必须增加五名财政部委员共同参与银行的管理。1962年，西班牙银行彻底成为国有银行，行长由首相直接任命，开始承担央行的职能。

VOCABULARIO

desfasado, da *adj.*		与（环境）不相适应的
carburante *m.*		燃料，燃油
autóctono, na *adj.*		土生土长的
por antonomasia		出类拔萃地；实际上就是
pesca de bajura		近海捕鱼
pesca de altura		深海捕鱼
hipoteca *f.*		抵押（借款）
fraudulento, ta *adj.*		欺骗性的
caja de ahorros		储蓄所
blanqueo *m.*		洗钱

EJERCICIS

1. Define con tus propias palabras los siguientes conceptos:

a) "El Milagro Español"

----

b) Sector primario

----

c) Sector secundario

----

d) Sector terciario

----

e) Burbuja inmobiliaria

----

f) PIB

----

g) Crisis económica

----

2. Busca en el texto el valor (en porcentaje) que ocupa cada uno de los sectores en la actividad económica de España y dibújalo en el siguiente gráfico circular:

Sector primario

Sector secundario

Sector terciario

3. Ordena los siguientes acontecimientos y transcríbelos según las fechas de abajo:

- Sustitución del carbón por el petróleo como fuente energética.
- Sobrevaloración del precio real de la vivienda del 50%.
- Subida del precio del petróleo.
- Estallido definitivo de la burbuja inmobiliaria y inicio de la llamada "crisis del ladrillo".
- Entrada en la UE.
- Innovador plan elaborado por los ministros tecnócratas de Franco.
- Reactivación de la economía debida a una política centrada en la bajada de impuestos.
- Muerte de Franco.
- Aumento de viviendas no ocupadas para el blanqueo de capital.
- Recorte de ayudas de la UE.
- Crisis bancaria internacional.
- Entrada en el euro.

1959: _____

Finales de los 60: _____

1973: _____

1975: _____

1986: _____

1990: _____

Finales de los 90: _____

2002: _____

Durante la primera década del s.XXI: _____

2005: _____

2007: _____

2008: _____

REFERENCIAS Y ENLACES DE INTERÉS:

- Expansión

www.expansion.com

Periódico español especializado en economía. A pesar de que se lo vincula a la derecha está considerado un periódico de referencia en términos de actualidad económica.

- Economy Weblog

http://economy.blogs.ie.edu/

Blog especializado en economía en español. Los autores son especialistas en economía y tratan temas tanto de economía nacional como internacional.

- Ministerio de Economía y Hacienda

http://www.meh.es/es-ES/Paginas/Home.aspx

Página web del Ministerio de Economía y Hacienda de España.

- Comercio exterior

http://www.comercio.mityc.es/es-ES/Paginas/default.aspx

Página web del Ministerio de Economía y Hacienda dedicada específicamente a toda la información referente al comercio exterior.

- Banco de España

http://www.bde.es

Web oficial del Banco de España. Éste es el banco central nacional y el supervisor del sistema bancario.

- Estudios de historia económica

http://www.bde.es/webbde/es/secciones/informes/Publicaciones_se/Estudios_de_Hist/

Sección de la web del Banco de España en la que se encuentran varios estudios académicos sobre diferentes aspectos de la historia económica española.

- Periódicos españoles

http://www.tnrelaciones.com/anexo/laprensa/

Se recomienda, para seguir la actualidad económica española, consultar regularmente la sección de economía de la prensa nacional: ABC, El Mundo, El Periódico, El País, La Razón, La Vanguardia, ... En esta web se pueden encontrar los enlaces a prácticamente todos los periódicos de más renombre a nivel nacional y otros.

ANEXO 1: La burbuja inmobiliaria

En 1998, una nueva Ley del Suelo permitió la rápida urbanización de terrenos que la ley anterior no permitía urbanizar. Con esta medida, el gobierno se proponía:

a) abaratar el precio de la vivienda mediante el aumento de oferta;

b) revitalizar el sector de la construcción y con ello crear puestos de trabajo, tanto para personal cualificado (arquitectos, ingenieros...) como para mano de obra sin cualificar (desempleados sin estudios ni experiencia profesional, que tenían mayores dificultades para encontrar empleo).

La ley dejaba en manos de la administración local (ayuntamientos) la decisión sobre qué terreno podía ser urbanizado, qué precio correspondía a dicho terreno y qué características debían tener las viviendas construidas.

En muy poco tiempo se cumplió el segundo propósito de la nueva ley (dinamizar la construcción y generar empleo),

Grafiti en la pared de una sucursal bancaria en la que se protesta por la presión de las hipotecas en la economía familiar

pero el primero no llegó a cumplirse: el precio de la vivienda, lejos de disminuir, experimentó una subida en torno al 22% entre 1998 y 2000.

El precio de la vivienda siguió aumentando (88% entre 2000 y 2005), pese a la ley económica elemental (Ley de Say) que establece que, a mayor oferta de producto (mayor número de casas a la venta), mayor competitividad y por tanto menor precio. Desde 1998 hasta 2007, el precio de la vivienda sufrió un incremento total del 166%. La explicación a tal sinsentido puede hallarse en factores como los siguientes:

- Tradición familiar y norma social: se espera que un adulto se case y establezca su propia familia, para lo cual necesita una casa. Ello convierte a todas las parejas de novios en compradores forzosos.

- Irresponsabilidad como consumidores: pese al aumento irracional del precio, los compradores mantuvieron la demanda; un descenso temporal de la compra de vivienda habría detenido la subida de precio.

- Irresponsabilidad de las entidades financieras: los bancos facilitaron a los compradores préstamos muy superiores a la cantidad aconsejable, sin considerar las consecuencias.

- Avaricia de la administración pública: los ayuntamientos, como responsables del precio del suelo, vieron en él un instrumento con el que aumentaran sus ingresos, imponiendo a los constructores precios cada vez más desproporcionados; éstos, para mantener su margen de beneficio, se veían forzados a aumentar el precio de la vivienda.

ANEXO 2: Las energías renovables en España

Campo de molinos eólicos

En el año 2010 se logró que el 35% del consumo eléctrico español proviniese de fuentes energéticas de este tipo, cumpliéndose con ello uno de los compromisos del Estado español en su *Plan de fomento de las energías renovables*.

Las principales fuentes de energía renovable empleadas en España son:

Viento: la situación geográfica de España ha permitido un uso privilegiado de energía eólica, junto con políticas gubernamentales que han favorecido y potenciado la inversión en parques eólicos, que ya forman parte del paisaje español como otro elemento cotidiano. Su aportación corresponde al 51% del total de la demanda eléctrica, según datos gubernamentales de 2009.

Agua: a lo largo del siglo XX y muy especialmente durante la dictadura de Franco se construyeron en España centrales hidroeléctricas, en forma de presas, para la generación de electricidad por medio de saltos de agua. El inconveniente de esta fuente energética es que depende en gran medida de las lluvias y el caudal de los ríos, por lo que en épocas de sequía se ve obligatoriamente restringido su empleo. En 2009 aportó el 36% del total de la demanda eléctrica.

Central hidráulica en Asturias

Sol: gran parte de España disfruta de clima soleado y desde 2005 se ha fomentado el uso de placas de energía solar por medio de leyes, tanto en el ámbito público como en el doméstico, siendo obligatorio incorporar placas en la construcción de todos los edificios desde ese mismo año. Según los datos de 2009, el 8% de la demanda eléctrica fue cubierto por esta fuente.

Biomasa: residuos naturales, como por ejemplo los excrementos de animales, la madera sobrante de la fabricación de muebles, restos de cultivos que no pueden aprovecharse para la alimentación, etc. En 2009, la biomasa aportó el 3% de la demanda eléctrica.

Paneles solares en Almería

Tras la ruptura de contacto ocasionada por la Segunda Guerra Mundial, las guerras civiles de ambos países y los regímenes políticos de signo contrario que las sucedieron, China y España reanudaron relaciones comerciales en 1952, veintiún años antes de reestablecer relaciones diplomáticas. El intercambio comercial fue modesto durante la segunda mitad del siglo XX, pero con el inicio del nuevo siglo creció progresivamente hasta el punto de que en 2008 China se había alzado como séptimo socio comercial para España. Un dato muy significativo de dicho crecimiento es que desde 2001 hasta 2007, el porcentaje de aumento de volumen comercial entre España y China supuso un 600%, el doble que el mismo porcentaje entre China y el total de la UE. China se convirtió así en el decimosexto destino exportador de España, y la cuarta fuente de importaciones. La diferencia de tamaño y de número de habitantes se ve sin embargo reflejada en el dato de que las importaciones españolas representan tan sólo el 0,5% del total de importaciones recibidas por China. A partir de 2008, lógicamente, el volumen comercial entre ambos países ha dejado de crecer. Los sectores más implicados en el intercambio comercial son el textil y el calzado; sin embargo, la empresa española con mayor presencia en China es la transportista ALSA. Las regiones de mayor interés comercial para España son: el delta del Yangzi (Shanghái y alrededores), el delta del Río de la Perla (Hong Kong y Cantón) y la Bahía de Bohai (Tianjin y Beijing); en el extranjero, la petrolera española REPSOL y la china SINOPEC se han unido para proyectos comunes en Brasil.

EJERCICIOS COMPLEMENTARIOS

1. Responde a las siguientes preguntas:

a) ¿Por qué en 2008 dejó de crecer el volumen comercial entre España y China?

----

b) ¿Cuáles crees que son los productos que España importa más de China?

----

c) ¿Y viceversa?

----

2. Busca el porcentaje de distribución de sectores en China y compara los datos con el gráfico circular que ya has rellenado en el ejercicio 2. ¿Cuáles crees que son las principales diferencias, causas y efectos de la distribución de sectores en los dos países?

UNIDAD 8

El cristianismo en España

导　读

　　基督教，与佛教、伊斯兰教并列为世界三大宗教。它起源于犹太教，所不同的是基督教提倡人性、宽容与博爱，信奉耶稣，而犹太教信奉唯一的天神，雅赫维。基督教的壮大引起了古罗马统治者的恐慌，多名皇帝曾下令清洗教会。面对残酷的迫害，教徒们反而更为团结，教会不衰反兴，最终成为罗马的国教。11世纪初，随着罗马帝国的衰亡，基督教分裂成天主教（也被称作罗马公教），以梵蒂冈为圣座，罗马教皇为教会领袖，和东正教，以君士坦丁堡为中心。

　　天主教是西班牙的国教，全国人口中约有82.6％是信徒。信徒一出生就必须受洗礼，由神父将新生儿浅浅地浸入水中，或用水浇灌婴儿的头部三次，目的是洗去原始父母（亚当和夏娃）留在人类体内的原罪，面对神拥有无愧的良心，在天主教的庇护下成长。等到八岁左右，由于心智已渐成熟，能明辨是非，小孩子将第一次领取圣餐。如果一个人做了错事或犯了罪，就必须实行告解忏悔礼，请求神的宽恕并重新施与圣恩典。当他临终之际，可以请来神父作最后的忏悔，随后由神施以涂油礼。这代表着将死之人已经准备好把灵魂和肉体都交付给上帝，平静地等待死亡的来临。以上的仪式再加上婚礼，都是天主教重要的圣礼，几乎是每个教徒必定经历的仪式。

　　天主教的影响渗透在西班牙日常生活中，比如，巴塞罗那的圣家族大教堂就是献给上帝最佳的作品。加里西亚地区的首府圣地亚哥·德孔波斯特拉是仅次于耶路撒冷及罗马的基督教第三大圣地，1985年被列为世界文化遗产。据传说，当地埋葬了耶稣的十二门徒之一圣雅各的骸骨。圣地亚哥的朝圣之路也被称作雅各之路，始于公元9世纪，至今仍有络绎不绝的信徒徒步前往圣地亚哥·德孔波斯特拉大教堂。这些活动在当时极大地刺激了法国和西班牙之间交流的路线网，到今天仍存有八大主要的雅各之路。朝圣者为了同路人区别，同时也为了显示自己虔诚的决心，往往都要佩戴上扇贝壳。圣诞节、三王节、圣周、圣体节都是西班牙最为隆重的宗教节庆活动。

　　总结历史，西班牙政府对宗教的管理与态度是开明的，国内除天主教外，也有新教、犹太教和伊斯兰教。

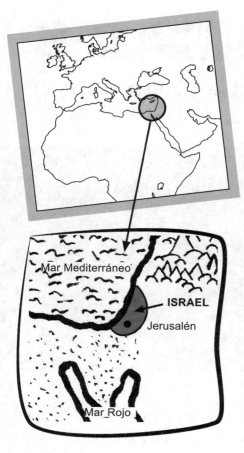

Mar Mediterráneo

ISRAEL

Jerusalén

Mar_Rojo

1 – Historia del cristianismo

El cristianismo es una religión monoteísta que deriva del judaísmo. El judaísmo es la religión del pueblo judío (Israel, en Oriente Próximo) y apareció tres mil años antes de nuestra era.

En torno al año 7 a.C., nació en Israel Jesús el Nazareno, que fue carpintero y rabino (sacerdote del judaísmo). Jesús no estaba de acuerdo con los fariseos ① (grupo de rabinos que intervenían en la economía y en la política) y propuso una renovación espiritual del judaísmo basada en la humildad, el perdón y el amor. Recorrió el país con sus seguidores (cada vez más numerosos) para transmitir a la gente sus ideas, hablando de Yahvé (el dios del judaísmo) como "su padre". Sus seguidores lo llamaban Cristo ("el ungido", es decir, "el que se ha lavado la cabeza con aceite": un ritual asociado a los reyes de entonces). Finalmente, la autoridad religiosa del judaísmo (llamado *sanedrín*) lo juzgó por blasfemia y lo condenó a muerte. Fue crucificado en torno al año 30 d.C.

Sin embargo su mensaje espiritual se extendió rápidamente por Oriente Próximo y el Mediterráneo, dando lugar a comunidades cristianas que durante los dos últimos milenios han crecido por todo el planeta, desarrollando las muy diferentes <u>iglesias</u> cristianas que conocemos hoy día.

Sabemos muy poco sobre la figura histórica de Jesús, y se discuten muchos aspectos de su vida y de su familia. Sus palabras y obras nos han llegado hasta hoy a través de los <u>evangelios</u>, que son distintos libros escritos por sus seguidores después de su muerte. Unos evangelios contradicen a otros, por lo que resulta muy difícil esclarecer la autenticidad de lo que nos cuentan. El evangelio más antiguo (y, por tanto, más cercano a Jesús en el tiempo) es el Evangelio de Tomás, que sólo consiste en una recopilación de frases supuestamente dichas por Jesús.

Posteriores evangelios (hasta un total de veinticinco) dan importancia a diferentes aspectos de la vida o los hechos de Jesús, muchos de ellos en grave contradicción con los demás o incluso con información controvertida. Sólo se aceptan como oficiales cuatro de ellos, los llamados evangelios canónicos: Evangelio de Mateo, Evangelio de Marcos, Evangelio de Lucas y Evangelio de Juan. Estos cuatro autores son llamados Evangelistas.

Los evangelios canónicos presentan a Jesús nacido de una mujer virgen, embarazada de Dios sin contacto físico; reconocido desde su nacimiento como Dios hecho hombre, sabio en su infancia, y dedicado en su vida adulta a predicar la palabra de Dios y ayudar a los necesitados a través de su capacidad de obrar <u>milagros</u>. Muerto en la cruz para redimir los pecados de la humanidad, tres días después resucitó para demostrar que verdaderamente era la encarnación de Dios. Después de reunir a sus discípulos y darles instrucciones sobre cómo actuar, subió al cielo.

Años más tarde, un cristiano llamado San Pablo organizó a los numerosos grupos de cristianos que vivían en comunidades repartidas por el Mediterráneo y estableció las pautas del culto cristiano.

En general, el cristianismo consiste en creer que Jesús el Nazareno es Dios hecho persona y en seguir su ejemplo para acceder al Reino de los Cielos. Este reino celestial se suele identificar con la vida después de la muerte, pero muchos cristianos consideran que en realidad se trata de una utopía

Pablo de Tarso

Verdadero Retrato de la Conversión del Apostol S.n Pablo, que se venera en esta Hermita sita en los terminos de la Villa de Ayerve; especial Abogada para los q.e padecen dormages, y aflecciones, Celebra la Cofradia la fiesta en d.ha Hermita el dia 25 de Enero. Renovose en P.r N.a Sra Maria; Gloria por q.e se hordo de nuestra S.ra Ecelsis, y demas fines de la Iglesia el genero 1740, dia de hoy el general. A expensas de un devoto del S.r año 1808.

San Pablo era un ciudadano romano que, según la Biblia, atacaba a los cristianos hasta que un día se le apareció Jesús en forma de luz y, al mismo tiempo que quedó cegado, se convirtió al cristianismo.

Rincón de lengua

Iglesia – Del griego *ekklesía*, "asamblea". Los griegos usaban esta palabra para referirse a una reunión por asuntos políticos; el cristianismo la tomó para referirse a la reunión por asuntos religiosos, y finalmente pasó a designar el templo cristiano y también las diferentes ramas del cristianismo.

Evangelio – Del griego *ev*, "bueno", y *angelion*, "mensaje". Los cristianos entienden que la vida de Jesús es "el buen mensaje" que Dios envía a sus creyentes.

Milagro – Del verbo latino *mirari*, "contemplar con respeto o admiración" proceden las palabras 'milagro' y 'maravilla'. Llamamos 'milagro' a un suceso extraordinario que no podemos explicar científicamente.

¿Sabías que...

... Pedro originalmente se llamaba Simón? Fue Jesús quién le cambió el nombre usando como base la palabra "piedra".
Jesús le dijo: "Tú eres Pedro, y sobre esta piedra edificaré mi Iglesia, y el poder de la Muerte no prevalecerá contra ella. Yo te daré las llaves del Reino de los Cielos. Todo lo que ates en la tierra, quedará atado en el cielo, y todo lo que desates en la tierra, quedará desatado en el cielo."
A causa de estas palabras se acostumbra a representar a Pedro con una llave. Además, se convirtió, junto con sus sucesores, los Papas, en el representante del cielo en la tierra.

El Vaticano

El Vaticano es el país más pequeño del mundo. Es la residencia oficial del Papa y se encuentra en la ciudad de Roma ya que cuando se estableció el cristianismo como religión oficial en el Imperio Romano los dirigentes políticos querían tener al poder religioso cerca para poder controlarlo mejor.

que deben esforzarse en conseguir durante la vida.

La Biblia es el libro de los cristianos. Está dividido en dos partes: Antiguo Testamento (los libros que explican la creación del mundo, la revelación de Dios a los judíos, y la vida de los profetas y reyes de Israel) y Nuevo Testamento (los evangelios canónicos y los libros que hablan sobre los Apóstoles, sobre San Pablo y sobre el fin del mundo, durante el que tendrá lugar el Juicio Final ②).

Las principales iglesias (ramas del cristianismo, con diferente doctrina), por orden de antigüedad, son: la Iglesia Ortodoxa, la Iglesia Católica, y las Iglesias Protestantes. Hay otras múltiples iglesias y sectas de menor repercusión.

2 – La Iglesia Católica

El origen del catolicismo está en la conversión al cristianismo del emperador romano Constantino, que provocó la conversión de muchas personas cercanas al emperador: aristócratas y militares, y con ellos sus familias. Poco después, el emperador Teodosio impuso el cristianismo como religión oficial en todo el imperio. Para ello, hubo que mezclar el cristianismo con la tradición romana y su religión anterior, que era politeísta. Del estricto modelo social y moral romano, que nada tenía que ver con el cristianismo, surgen las peculiaridades de la Iglesia Católica.

El catolicismo considera que Jesús estableció una jerarquía entre los Apóstoles (sus seguidores más cercanos), y que otorgó a San Pedro el mando sobre los demás. Según esto, hay un jefe de la iglesia, con autoridad y mando sobre todos los miembros de la iglesia, por voluntad de Cristo. Este jefe es el Papa, que tiene poder espiritual y terrenal, es decir, tiene la autoridad de decidir en el plano religioso y en el plano administrativo. La sede del Papa (y, por tanto, de la Iglesia Católica) es el Vaticano, en Roma.

El catolicismo tiene una serie de principios estrictos que lo caracterizan frente a otras iglesias, por ejemplo:

- <u>dogma</u> de la trinidad: Dios es tres personas (Padre, Hijo y Espíritu Santo) que al mismo tiempo son sólo una;

- dogma de la virginidad de María, madre de Cristo: virgen antes y después del nacimiento de su hijo, y durante el resto de su vida;

- dogma de la infalibilidad del Papa: todas sus opiniones y decisiones están inspiradas por Dios, y por tanto son correctas, aunque se contradigan con las de papas anteriores;

- votos de pobreza, castidad y obediencia de los sacerdotes y monjes: no pueden poseer riquezas, ni casarse o tener relaciones amorosas, y siempre tienen que cumplir lo que sus superiores les ordenen;

- culto a los santos.

La Iglesia Católica es la más extendida del cristianismo, pero atraviesa una crisis. Gran parte de los católicos se muestran críticos con los dogmas, y consideran que las instituciones deberían modernizarse y reformarse.

La Iglesia Católica ha tenido, a lo largo de la historia, muchos puntos negros: la Inquisición, las persecuciones a herejes, la asociación al poder político… y más recientemente, los casos de pederastia en varios países. Por otro lado, ha tenido también grandes luces, como es el caso de la labor social con los más desfavorecidos, el trabajo de educación y desarrollo de las <u>misiones</u> en el Tercer

La Trinidad de El Greco

Rincón de lengua

Biblia – Plural del griego *biblion*, "libro". Se llama así por ser un conjunto de numerosos libros: cuarenta y seis en el Antiguo Testamento y veintisiete en el Nuevo Testamento.

Jerarquía – Del griego *jierós*, "sagrado" y *arquía*, es decir, "mando sagrado". A pesar de su origen religioso, usamos esta palabra para establecer el orden de mando también en otros ámbitos: jerarquía política, jerarquía militar, etc.

Dogma – Del verbo griego *dokein*, "tener por cierto". Su sentido original es religioso, en el sentido de creer algo sin ponerlo nunca en duda; un dogma no se puede discutir ni contradecir.

Misión – Del latín *missio*, "envío", y su verbo *mittere*, "enviar". Observa su relación con 'emisión', 'transmisión', 'dimisión'...

Benedicto XVI, actual Papa de Roma

Martín Lutero

Nació en Alemania y vivió durante el s.XVI. Fue un teólogo y reformador de la iglesia católica. Hizo una traducción de la Biblia al alemán. De sus reflexiones y enseñanzas surgió la Reforma Protestante.

Mundo, o el fomento del arte y del conocimiento a lo largo de la historia.

El Papa actual se llama Benedicto XVI, y mantiene una postura conservadora.

3 – La Reforma Protestante

En el siglo XVI, un sacerdote y teólogo alemán llamado Martín Lutero cuestionó los dogmas del catolicismo y el poder terrenal del Papa, y comenzó un movimiento de protesta contra los privilegios de los sacerdotes más altos en la jerarquía, y de crítica a la paradójica riqueza de muchos sacerdotes y a la injerencia de la Iglesia en el gobierno de los países.

Este movimiento provocó la separación entre la Iglesia Católica y diversas iglesias que surgieron del protestantismo: la Iglesia Luterana, la Anglicana, la Presbiteriana...

Detrás de la Reforma Protestante no sólo hubo intenciones espirituales; príncipes y nobles del centro y norte de Europa, vasallos del Sacro Imperio Romano-Germánico pero deseosos de independizarse de su emperador, apoyaron el luteranismo por sus consecuencias políticas: sólo el Papa podía coronar al emperador, basándose en que era Dios quien, por medio del Papa, otorgaba al emperador su poder; pero si el Papa no representaba realmente a Dios, tal y como decía Lutero, el emperador perdía de inmediato su autoridad. De este modo, muchos príncipes europeos rebeldes al emperador se unieron a las nuevas Iglesias Protestantes para romper su vínculo de vasallaje con el emperador.

4 – La Iglesia Católica y España

El cristianismo ha estado presente en España desde sus comienzos, y lógicamente se adoptó como religión oficial cuando el emperador romano Teodosio (nacido en España, por cierto) así lo dispuso. Durante la Reconquista, la población cristiana se reafirmó en su religión como oposición a la de los invasores, tomándola como seña de identidad, y a partir del reinado de los Reyes Católicos se prohibieron las demás religiones en

España.

Carlos I, que además de rey de España era también emperador del Sacro Imperio Romano-Germánico cuando Lutero inició su reforma, lógicamente se comprometió con el Papa en la defensa del catolicismo contra Lutero y los príncipes europeos rebeldes, desarrollando en España un movimiento conocido como Contrarreforma [3], que radicalizó a los españoles en el catolicismo más estricto. Mientras otras potencias europeas abandonaban el catolicismo, los españoles lo extendían por América, África y Asia.

Por estos motivos, el catolicismo está muy vinculado a la mentalidad española y a sus tradiciones, siendo imposible entender el carácter de los españoles sin conocer el **catolicismo y el cristianismo** en general.

Además, muchos religiosos españoles son santos en la Iglesia Católica. Y las dos órdenes religiosas más importantes e influyentes del catolicismo a día de hoy son españolas: la Compañía de Jesús y el Opus Dei.

La Compañía de Jesús (llamados más comúnmente *jesuitas*) fue creada en el siglo XVI por San Ignacio de Loyola, un militar que desarrolló la idea de organizar una <u>orden</u> de sacerdotes a la manera del ejército. Desde el principio se concentró en tres campos: la investigación teológica, la enseñanza, y las misiones. Ha sido siempre una orden muy polémica y en varias ocasiones ha sido prohibida en muchos países (incluso en España). En las últimas décadas, ha tenido muchos problemas a causa de la Teología de la Liberación, un movimiento creado por jesuitas en Iberoamérica que ha sido politizado

Índice de libros prohibidos (1564)

Pregunta al lector
¿Puedes explicar cuál es la diferencia entre ser cristiano y ser católico?

San Ignacio de Loyola

Rincón de lengua

Orden – Normalmente usamos esta palabra en el sentido de "mandato" o de "situación espacial o temporal"; sin embargo existe otro sentido de "organización", en el campo religioso y el militar. Así hablamos con frecuencia de *orden de caballería*, o de *orden religiosa*.

San Josemaría Escrivá

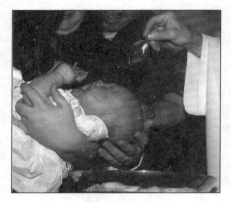

En España normalmente el bautismo se realiza poco después del nacimiento.

La comunión

y se ha relacionado con guerrillas.

El Opus Dei fue creado en el siglo XX por San Josemaría Escrivá, un sacerdote que desarrolló el concepto de la "santificación por el trabajo": trabajar efectiva, productiva e intensamente como servicio a Dios. Se ha concentrado en el campo de la enseñanza, y sus miembros son profesionales de prestigio en la industria, el comercio, la universidad, etc. Pese a su corta existencia, se ha extendido muy rápidamente y tiene una gran presencia e influencia en el Vaticano.

5 – Los sacramentos

Los cristianos celebran una serie de rituales, llamados <u>sacramentos</u>, que principalmente son:

- Bautismo: ritual de conversión al cristianismo, que consiste en mojar la cabeza del nuevo creyente y ungir con aceite el símbolo de la cruz en su frente y en su pecho, determinando con ello que Cristo estará en su pensamiento y en sus sentimientos.

- Confesión de los pecados y penitencia: los cristianos confiesan sus pecados a un sacerdote por medio de un ritual en el que éste escucha al pecador y lo absuelve; posteriormente, el cristiano tiene que cumplir con una penitencia, un castigo simbólico decidido por el sacerdote.

- Comunión: ingestión del pan y el vino que para el cristiano son la carne y la sangre de Cristo; esto implica unión física y espiritual con él, por lo que el cristiano sólo puede comulgar si está limpio de pecado.

- Confirmación: como la mayoría de los cristianos son bautizados al poco de nacer, sin decidir libremente si quieren ser cristianos, al llegar a edad adulta celebran este ritual para reafirmar su voluntad de ser cristianos.

- Matrimonio: los cristianos se casan de acuerdo al ritual establecido, en una iglesia; la Iglesia no reconoce el matrimonio civil ni la unión extramatrimonial, que son considerados como pecado.

- Extrema Unción: antes de morir, si las circunstancias lo permiten, el cristiano recibe este último sacramento en el que el sacerdote vuelve a ungirlo con aceite y lo prepara para su inminente encuentro con Dios.

Hay sacramentos que el cristiano sólo recibe una vez en su vida: bautismo, confirmación, extrema unción; el matrimonio, en principio, sólo puede celebrarse una vez mientras ambos cónyuges estén vivos, aunque existen casos especiales en que un matrimonio anterior puede anularse; los dos sacramentos restantes se repiten con frecuencia: los católicos suelen recibir la comunión al menos una vez por semana, y deben confesarse una vez cada dos semanas.

Tradicionalmente, el bautismo, el matrimonio y la primera comunión vienen acompañados de una gran fiesta, y son considerados momentos importantes en la vida de los cristianos.

6 - Las festividades religiosas

El domingo es el día de la semana dedicado a Dios. Originalmente, no se trabajaba en domingo y se acudía a <u>misa</u>. La misa es una reunión en la iglesia, en la que el sacerdote celebra varios rituales: lectura de evangelios y otros episodios de la Biblia, oraciones, y comunión. Los católicos deben acudir a misa al menos una vez por semana, en domingo o en la tarde del sábado, pero los sacerdotes suelen celebrar misa a diario, por lo que se puede acudir a misa otros días de la semana aparte del domingo.

Otras fiestas religiosas vienen marcadas por el santoral: cada día del año está dedicado a uno o varios santos, y cada cristiano, al nacer, recibe el

Matrimonio religioso

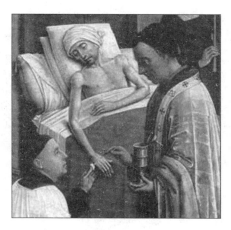

Sacerdote aplicando la Extrema Unción a un moribundo. Pintura de Van Der Weyden.

Sacerdote celebrando una misa

Rincón de lengua

Sacramento – Observa que las palabras 'sacerdote', 'sacrificio', 'sagrado', 'sacramento', comparten la raíz latina *sacer*, "ritual".

Misa – Comparte la raíz de 'misión'. Recibe este nombre porque por medio de la misa se envían las oraciones a Dios.

Pintura de Santiago Matamoros

nombre de un santo. Las personas llamadas como el santo de ese día celebran la festividad de su santo, que tradicionalmente tiene la misma importancia que el día del cumpleaños.

Algunos santos son más importantes en determinados lugares, por alguna vinculación. La más común es el patronazgo: un santo patrón es el santo protector de un lugar o una actividad. Por ejemplo: Santiago (25 de julio) es el patrón de España; la Virgen del Pilar (12 de octubre) es la patrona de la Hispanidad; San José (19 de marzo) es patrón de los trabajadores; Santo Tomás de Aquino (28 de enero), de los estudiantes...

Con frecuencia, el día del santo patrón de un lugar o de una actividad es día festivo oficialmente, y no se trabaja.

Aparte de las fiestas determinadas por santoral, hay una serie de festividades religiosas, marcadas por episodios de la Biblia. Las más importantes son la Navidad y la Semana Santa.

La Navidad celebra el nacimiento de Jesús. La tarde y noche del día 24 de diciembre es llamada Nochebuena, durante la que se cena en familia o entre amigos de confianza, se reparten regalos y, a medianoche, se acude a la Misa del Gallo, que conmemora el nacimiento de Jesús. El día de Navidad (25 de diciembre) transcurre también entre familiares y amigos, con comidas copiosas. Estas costumbres pueden variar según la geografía, aunque siempre mantienen el ambiente familiar.

Durante las últimas décadas, para muchas personas la Navidad ha perdido su carácter religioso, y la celebran aunque no sean creyentes, o a la manera de otros países. De cualquier modo, desde principios de noviembre se decoran las calles con iluminación especial, árboles y plantas asociadas a esta fiesta, y la publicidad televisiva adquiere un tono sentimental y conmovedor, por lo que el ambiente navideño inunda las ciudades y marca completamente la vida cotidiana. Las personas decoran también sus casas, tradicionalmente con el pesebre y el árbol de Navidad.

La Semana Santa (a finales de marzo o durante abril, depende del calendario lunar) celebra la muerte y resurrección de Jesús, mediante misas y actos de penitencia. Cada día de esta semana conmemora un episodio distinto de los últimos días de Cristo; los más importantes son:

- Jueves Santo. Última cena de Jesús con sus discípulos, traición de uno de ellos (Judas) que lleva a Cristo a ser apresado.

- Viernes Santo. Tortura, juicio, crucifixión, muerte y sepultura de Jesús.

- Domingo de Resurrección.

Los actos religiosos más representativos en España durante Semana Santa son las procesiones penitenciales, a las que también acuden personas no creyentes, por su carácter espectacular.

7 – Situación religiosa actual

Pese a la vinculación histórica de España al cristianismo, la Constitución vigente reconoce la libertad religiosa y de culto. El Estado español, aunque con una consideración favorable hacia la Iglesia Católica, se declara laico: todos sus organismos están desvinculados de cualquier religión.

En torno al 74% de los ciudadanos españoles se declaran católicos, de cuyo total el 13% mantiene hoy el fervor católico tradicional, mientras el 57% se corresponde con la figura de los "católicos no practicantes", que han sido educados en el catolicismo y han recibido los sacramentos, pero no acuden a misa ni se guían por los valores espirituales del catolicismo.

En torno al 15% de la población es no creyente, y en torno al 7% se declara atea (en contra de las

Procesión de la Santa Cena en Málaga

¿Sabías que...

...la Semana Santa en Andalucía es famosa nacional e internacionalmente por su espectacularidad, su folklore y la gran afluencia de gente que asiste a las procesiones?

Datos sobre el cristianismo y el catolicismo en España

- En torno a 38 millones de españoles son cristianos (82,60% de la población total).

- En torno a 33.580.000 son católicos (88,36% de los cristianos españoles).

- En torno a 23.460.000 son católicos no practicantes (69,86% de los católicos españoles).

religiones). En torno al 1% de los españoles se declara creyente de otras iglesias cristianas (protestantes y ortodoxos). Otras religiones con presencia significativa en España son el islam y el budismo, que se reparten a otro 1% de la población.

PADRE NUESTRO

Dos de los evangelios canónicos relatan que los discípulos preguntaron a Jesús cómo rezar apropiadamente; a modo de respuesta, éste les enseñó esta oración. Resulta significativa la apelación a Dios como "padre", que fue tomada como una innovación por los primeros cristianos. Hoy día sigue siendo la oración más repetida por los miembros de la Iglesia.

Padre nuestro que estás en el cielo,
santificado sea tu nombre;
venga a nosotros tu reino;
hágase tu voluntad
así en la tierra como en el cielo.
Danos hoy nuestro pan de cada día;
perdona nuestras ofensas
como también nosotros perdonamos
a los que nos ofenden;
no nos dejes caer en la tentación,
y líbranos del mal.

¿Sabías que...

...la gran mayoría de creyentes no católicos de España no tienen nacionalidad española?

Se calcula que hay alrededor de un millón de ortodoxos de origen rumano, búlgaro, etc., unos novecientos mil musulmanes provenientes del norte de África y más de medio millón de protestantes mayoritariamente británicos.

NOTAS

① Fariseo

　　法利赛人，古代犹太教一个派别的成员，该派标榜墨守传统礼仪，为保持纯洁而与俗世保持距离；基督教《圣经》中称他们是言行不一的伪君子。

② Juicio Final

　　末日审判，是一种宗教思想，信徒们认为在世界末日之时神会出现，将死者复生并以其心为准则对他们进行裁决，分为永生者和打入地狱者。此观点起源于古代波斯帝国的琐罗亚斯德教（拜火教），后来深深地影响了犹太教、基督教及伊斯兰教。意大利文艺复兴时期的巨匠米开朗基罗就以此为题材为西斯廷教堂绘制了巨型祭坛画。

③ Contrarreforma

　　反宗教改革，是天主教出于反对马丁·路德提出的新教改革而开展的各项活动，前后共持续了近90年的时间。在此期间，天主教召开会议，宣布所有新教均为异端，坚持教皇是教会的最高首脑，同时也积极改革教会事务、资助学问研究，从中产生了多个修会，其中最具有影响力的是耶稣会和主业会，天主教的教义得以延续，并且在西班牙等欧洲国家更加根深蒂固。此外，加紧对海外的传教活动，大举向美洲、非洲、亚洲派遣传教士，这其中就包括了中国人广为熟知的利玛窦。

VOCABULARIO

rabino *m.*	拉比，犹太教会领袖
nazareno, na *adj.*	（巴勒斯坦）拿撒勒（Nazaret）的
m.	圣周游行队伍中头戴面具的人；[N-] 耶稣基督
ungido, da *m.f.*	受涂油礼的（人）
sanedrín *m.*	犹太教公会（犹太教最高议院与司法机构）
apócrifo, fa *adj.*	真伪可疑的
castidad *f.*	贞洁，禁欲
pederastia *f.*	鸡奸；恋童癖
vasallo, lla *adj.*	臣属的
m.f.	臣民；诸侯
Compañía de Jesús	耶稣会
Opus Dei	主业会
comulgar *tr. intr.*	领圣餐
santoral *m.*	圣徒列传，唱诗集
pesebre *m.*	耶稣降生模型

1. Completa el siguiente esquema sobre el origen de las diferentes corrientes cristianas y sus libros sagrados con las siguientes palabras:

Catolicismo	La Biblia	Islam
La Torá y el Talmud	Anglicanismo	La Biblia de Lutero

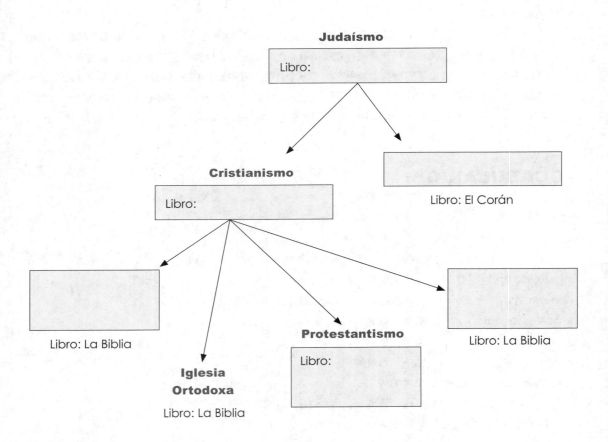

Judaísmo
Libro:

Cristianismo
Libro:

Libro: El Corán

Libro: La Biblia

Iglesia Ortodoxa
Libro: La Biblia

Protestantismo
Libro:

Libro: La Biblia

2. Lee las siguientes frases y especifica si son verdaderas o falsas, después corrige las falsas para que sean todas correctas:

a) El Papa de Roma es el sucesor del Apóstol Pedro. (Verdadero / Falso)

----

b) Todos los católicos son cristianos. (Verdadero / Falso)

----

c) Todos los cristianos son católicos. (Verdadero / Falso)

----

d) Pablo de Tarso fue un apóstol de Jesús. (Verdadero / Falso)

----

e) Todas las religiones derivadas del judaísmo comparten el Antiguo Testamento. (Verdadero / Falso)

----

f) Todas las religiones derivadas del judaísmo son monoteístas. (Verdadero / Falso)

----

g) Los católicos y los protestantes tienen el mismo libro sagrado. (Verdadero / Falso)

----

h) Los cristianos siguen el mandamiento del Papa de Roma. (Verdadero / Falso)

----

i) El Corán habla de la vida de Jesús. (Verdadero / Falso)

----

j) Sólo existen cuatro evangelios. (Verdadero / Falso)

----

k) Un sacramento según la religión cristiana es un grave pecado. (Verdadero / Falso)

REFERENCIAS Y ENLACES DE INTERÉS:

- La Biblia en línea

http://biblia.catholic.net/

Aquí se puede leer la Biblia íntegramente traducida al español, tiene un motor de búsqueda bastante completo que ayuda a encontrar libros concretos o incluso citas.

- Semana Santa en Andalucía

http://www.andalucia.org/semana-santa/

Esta página de turismo de la Junta de Andalucía contiene vídeos, imágenes e información sobre la semana santa en cada una de las provincias andaluzas.

- **Nazarín de Luis Buñuel**

Buñuel, Luis. (Director). (1959). Nazarín. [Película]. Méjico: Producciones Barbachano Ponce. Película mejicana del famoso cineasta, basada en la novela homónima de Benito Pérez Galdós, que cuenta, a través de la figura de un sacerdote, la vida y trayectoria de Jesús de Nazaret.

ANEXO 1: El nacimiento de Jesús

Según la tradición cristiana, Jesús nació mientras sus padres, María y José, estaban de viaje. José, en realidad, no era su padre; meses antes un ángel se le apareció a María y le anunció que tendría un hijo, cuyo padre sería Dios. En ese momento se abrió el cielo y una paloma (el Espíritu Santo) bajó e iluminó a la Virgen.

Cuando María estaba a punto de dar a luz, José y María llegaron a una pequeña ciudad llamada Belén, en la que no encontraron posada donde alojarse; para protegerse del frío y los peligros de la noche, se refugiaron en un pesebre (lugar donde se guarda a los animales), en el que María dio a luz. Un ángel avisó a unos pastores que hacían noche en el campo, cerca de Belén, de que había nacido el hijo de Dios; los pastores acudieron a adorar al niño y le trajeron regalos.

También acudieron al pesebre los tres sabios de Oriente: tres hombres que tiempo atrás habían leído en las estrellas que iba a nacer Dios encarnado en persona, "el rey de todos los hombres", y habían viajado siguiendo las estrellas hasta Belén para adorar a Jesús y traerle regalos de rey: oro, incienso y mirra.

Los cristianos celebran el nacimiento de Jesús el 25 de diciembre; se trata de una de las más importantes fiestas cristianas, llamada Navidad. Los Evangelios de Mateo y Lucas sitúan el nacimiento en primavera; pero el 25 de diciembre celebraban los romanos una importante fiesta de invierno: cuando se hicieron cristianos, los romanos sustituyeron su antigua fiesta de invierno por la Navidad.

Hoy la Navidad es un fiesta conocida en todo el mundo, celebrada tanto por cristianos como por no creyentes o miembros de otras religiones; en cierta manera ha perdido su sentimiento religioso cristiano y ha vuelto a convertirse en una fiesta de invierno. Pero la característica principal de la Navidad sigue siendo hacer regalos a las personas queridas; esta costumbre tiene su origen en esos regalos que los pastores y los tres sabios de Oriente trajeron a Jesús.

Actualmente, cuando llega la Navidad es tradición que cada hogar español tenga una representación de la escena del nacimiento de Jesús, a estas escenas compuestas por figuritas de yeso, plástico o cualquier otro material se las conoce como el 'Pesebre' o el 'Belén'. En cada casa es diferente y puede contener desde tres (la Sagrada Familia) hasta decenas de figuritas. En muchas familias es labor de los más pequeños encargarse de esta decoración navideña.

ANEXO 2: El bautismo de Jesús

San Juan de Bartolomé González y Serrano

Cuentan los evangelios canónicos que Jesús acudió al profeta Juan Bautista (según el Evangelio de Lucas eran primos) para que lo bautizase.

San Juan Bautista vivía en el desierto, apartado de la civilización; predicaba a sus seguidores que había que purificarse para tomar el camino de Dios, y los bautizaba (mojaba sus cabezas con agua para purificarlos).

San Juan Bautista reconoció en Jesús a Dios hecho hombre y lo bautizó. Durante el bautismo de Jesús, el Espíritu Santo bajó desde el cielo en forma de paloma, y se oyó la voz de Dios decir: "Éste es mi hijo: escuchadle".

Después del bautismo, Jesús fue a meditar al desierto durante cuarenta días y posteriormente se dedicó a predicar la palabra de Dios.

Hoy día, el bautismo es el ritual básico del cristianismo. Los cristianos bautizan a sus hijos pocos meses después de nacer, porque se considera que así quedan purificados al tiempo que pasan a formar parte de la Iglesia. El bautismo se celebra con una gran fiesta a la que acuden familiares, amigos y vecinos.

ANEXO 3: Los cuatro evangelistas

Tradicionalmente a cada uno de los cuatro evangelistas se lo representa e identifica con un símbolo diferente. En la página de este códice antiguo tenemos a los cuatro representados con sus símbolos:

- San Juan: un águila. Lo podemos ver en la esquina superior derecha.

- San Lucas: un toro alado. Esquina inferior derecha.

- San Marcos: un león. Esquina inferior izquierda.

- San Mateo: un ángel. Esquina superior izquierda.

ANEXO 4: La muerte de Jesús

Según cuentan los evangelios, la muerte de Jesús obedecía a una serie de profecías registradas en la Biblia. Cuando supo que iba a morir, Jesús reunió a sus discípulos más cercanos y cenó con ellos, repartiendo partes iguales de un pan que todos comieron, y sorbos de una copa de vino de la que todos bebieron. Anunció que el pan se había convertido en su cuerpo, y el vino en su sangre, y que quienes comieran de él y bebiesen ella vivirían para siempre. Este episodio es conocido como la Última Cena y en él se basa el sacramento de la comunión.

Más tarde esa misma noche, los soldados lo detuvieron mientras rezaba en un huerto y lo llevaron preso ante el sanedrín, fue torturado y juzgado como enemigo de la religión judaica y condenado a muerte. Pero Israel estaba bajo dominio del Imperio Romano en aquella época, y la ley ordenaba que sólo el más alto cargo militar de Roma en Israel, Poncio Pilato, podía autorizar la muerte de los presos. Poncio Pilato se entrevistó con Jesús y concluyó que no era culpable, pero ante la presión del sanedrín autorizó su muerte, lavándose las manos en público para indicar que él no tenía nada que ver con ello.

El castigo aplicado por la ley romana a los esclavos que desobedecían a sus dueños era la crucifixión: se clavaban las manos y los pies del esclavo rebelde a una alta cruz de madera y se le dejaba morir; aparte del dolor de los clavos, la posición con los brazos en alto dificultaba la entrada de aire en los pulmones, por lo que el esclavo finalmente moría de asfixia en torno a tres días después de ser crucificado. Con la expansión del imperio, los romanos aplicaron este castigo también a los ciudadanos de las regiones conquistadas que se rebelaban contra el dominio de Roma, equiparándolos de esta manera a esclavos desobedientes. Jesús fue condenado a la cruz por haberse rebelado contra el sanedrín, lo que implicaba rebelión contra la autoridad, y con ello, indirectamente, rebelión contra Roma.

Jesús cargó con la cruz en la que iba a morir desde la prisión hasta el monte Gólgota, a las afueras de Jerusalén, sufriendo el peso enorme del madero hasta el punto de caer varias veces al suelo. La gente en las calles observaba el suplicio con diferentes actitudes: los simpatizantes de Jesús lamentaban su sufrimiento; sus discípulos más cercanos se escondían; los partidarios de la tradición judaica lo insultaban y se reían.

Una vez llegado al Gólgota, los soldados romanos lo clavaron a la cruz. Los días siguientes eran festivos, y los soldados no querían permanecer vigilando hasta que Jesús se asfixiase, por lo que le clavaron una lanza para que muriese más rápido.

El proceso entero (detenido tras la Última Cena, torturado, interrogado, juzgado, cargado con su propia cruz hasta el Gólgota, crucificado, alanceado y finalmente muerto) recibe el nombre de la Pasión de Cristo.

EJERCICIOS COMPLEMENTARIOS

1. Después de leer los anexos mira las siguientes imágenes e intenta reconocer la escena que se representa en cada una de ellas. ¿Reconoces a los diferentes personajes que aparecen? Fíjate y describe la apariencia con la que se representa normalmente a Jesús.

1. Autor: Juan de Juanes

2. Autor: Vermiglio

3. Autor: El Greco

4. Autor: Velázquez

5. Autor: Verrochio

6. Autor: El Greco

7. Autor: Giorgione

1. _____
_____
2. _____
_____
3. _____
_____
4. _____
_____
5. _____
_____
6. _____
_____
7. _____
_____

2. ¿Quiénes son las cuatro figuras de la siguiente imagen? ¿Cómo lo sabes?

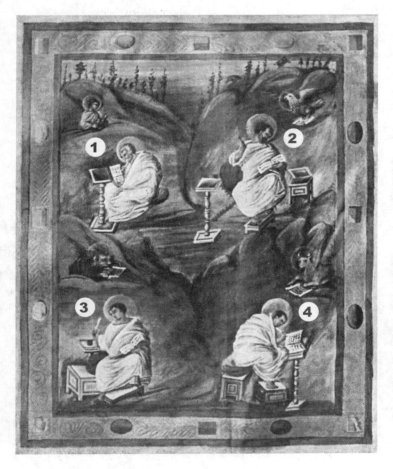

1. _____
_____
_____
_____
2. _____
_____
_____
_____
3. _____
_____
_____
_____
4. _____
_____
_____
_____

UNIDAD 9
Patrimonio artístico en España

导　读

　　西班牙被确认的"人类文化遗产"之多，位居世界第二。从公元前7世纪开始，腓尼基人、希腊人、罗马人、西哥特人、阿拉伯人都曾先后踏上伊比利亚半岛，他们的文化习俗、宗教信仰在这里碰撞、融合，为今日的西班牙留下了无数的艺术瑰宝，其中最能给人产生直观感受的，便是绘画和建筑。

　　从16世纪到20世纪，西班牙画坛诞生了无数的伟大画家，包括埃尔·格列柯、苏巴朗、委拉斯开斯、牟利罗、戈雅、达利、毕加索、胡安·米罗等等。他们的绘画作品中有色调阴沉、人物刻板的宗教题材，有明暗对比突出的宫廷肖像画，有令人眼花缭乱的巴洛克风格，有令人如梦如幻的浪漫主义风格，也有视觉冲击强烈的先锋派作品。这些画家在前辈的基础上不停地探索与追求，不断地洗练与提升，最终形成西班牙绘画艺术独特的风格，并深深地影响了整个欧洲艺术的发展。连艺术大国法国都不得不承认，在法国每个艺术发展阶段都可以看到西班牙画家的身影。西班牙人更是自豪地说：想要充分了解提香、波提切利、鲁本斯，就必须到西班牙来。

　　建筑，如同绘画，也同样经历了罗马风格、哥特风格、阿拉伯风格、新古典主义、现代主义的沿革。每一座城市都拥有其标志性的建筑物，如马德里的皇宫、普拉多博物馆、埃斯科里亚尔修道院，格拉纳达的阿尔罕伯拉宫殿，科尔多瓦的清真寺，萨拉戈萨的阿尔哈费里亚宫，瓦伦西亚的科学艺术城，圣地亚哥·德孔波斯特拉、塞维利亚和托雷多的三大教堂以及位于巴塞罗那随处可见的高迪的作品。当我们置身于这些建筑中，可以看到繁杂艳丽的色彩有序地组合，不同的几何图形构建出错落有致的空间结构，陶土、石灰、铁器等各种建材的综合使用给人带来一份朴实无华的亲切感，水、太阳、生命等元素的融入更是西班牙建筑作品崇尚自然、坚持环保的最佳明证。

1 – Arte y religión en España

Durante la historia europea el <u>arte</u> ha tenido dos grandes finalidades: la decorativa y la adoctrinadora que, a menudo, se han combinado con gran habilidad. Hablar de arte en España es, pues, hablar de la corte y de religión.

En términos religiosos, además de todo el patrimonio que los musulmanes y judíos dejaron en la península, la Iglesia se sirvió, a través del mecenazgo de artistas, del arte para adoctrinar a los fieles analfabetos en los dogmas del catolicismo. Encontramos pues grandes inversiones en edificios religiosos y en su decoración, la pintura mural de las iglesias representa las principales escenas de la Biblia, de manera que el sacerdote se servía de estos frescos para ilustrar sus discursos y "educar" a los feligreses.

Al mismo tiempo, descubrimos que el arte de la corte se basa en la intención, tanto de reyes como de nobles, de ostentar tanto su riqueza como su estatus y grandeza a través del encargo de majestuosos retratos y grandes edificios y palacios.

España es el segundo país del mundo con más Patrimonio de la Humanidad, así que en esta unidad se intentará resumir y sintetizar algunos de los elementos más significativos de este increíblemente vasto patrimonio artístico y su contexto.

2 – Iglesias, catedrales, mezquitas y sinagogas en la Edad Media

Después del gran desarrollo que suponen las reformas urbanísticas durante la romanización de Hispania, hay un periodo de recesión tanto artística como cultural durante las invasiones bárbaras. El gran cambio en todos los ámbitos llega con la ocupación musulmana de 711. Poco a poco, y paralelamente a la introducción de las novedades artísticas musulmanas, los Reinos Cristianos desarrollan <u>estilos</u> propios que acaban derivando en el <u>Románico</u> y el <u>Gótico</u>, de tendencia europea. Mientras avanza la conquista musulmana desde el sur y la Reconquista desde el norte hay mucha mezcla entre la cultura cristiana (de corte europea) y la musulmana. A raíz de este fenómeno surgen nuevos estilos: el arte mozárabe y el mudéjar.

Durante toda la Edad Media, pues, podemos comprobar que la mezcla de estilos es común. A pesar de esto se puede comprobar que en el norte de España predomina la <u>arquitectura</u> cristiana de influencia europea mientras que en el sur conviven (a causa de la más alta tolerancia del gobierno musulmán hacia otras religiones) iglesias, sinagogas judías y mezquitas.

Algunas de las construcciones más emblemáticas son:

- En el norte: destacan las construcciones de

Iglesia de San Clemente de Tahull

Minarete de la mezquita del Alcázar de Jerez de la Frontera

Sinagoga del Tránsito de Toledo, s.XIV

estilo románico de San Clemente de Tahull, San Pedro de Roda o la archifamosa Catedral de Santiago de Compostela. El gótico entra en su periodo de auge a través del Camino de Santiago y, desde éste, se expande hacia el centro y el sur de la península: prueba de ello son las catedrales de Burgos, León y Toledo.

Arcos mozárabes

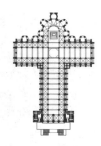

Planta de la Catedral de Santiago de Compostela en forma de cruz

- En el centro: Hay que destacar la influencia del estilo mudéjar, lo podemos encontrar en ciudades como Toledo, Ávila y Segovia.

- En el sur: La cultura de Al Ándalus ha dejado grandes perlas arquitectónicas y artísticas como la Mezquita de Córdoba, la Giralda de Sevilla o la Alhambra de Granada.

3 – De la Edad Media al Renacimiento

Hablar de Edad Media es hablar de arte románico y gótico, y es hablar mayoritariamente de arte sacro, es decir, religioso. Algunas de las características que determinan estos estilos están vinculadas directamente con la visión y el papel de la iglesia a nivel social.

Iglesia mudéjar de Santiago, en Montalbán

Las iglesias románicas son edificios de grandes muros, de aspecto rudo, carentes de ampulosas decoraciones, con ventanas y puertas pequeñas. Eso crea en su interior un ambiente de austeridad y oscuridad. Las <u>pinturas</u> y <u>esculturas</u> que se pueden encontrar dentro de la iglesia son imágenes de rostro serio, con colores fuertes y formas abruptas. Se recrea un ambiente que incita al respeto reverencial y al miedo, a menudo se representan escenas del Juicio Final, en el que Dios decide quién irá al cielo (el Paraíso) y quién irá al infierno. Estas escenas recuerdan a los creyentes de la Edad Media (guerreros y campesinos) cuál

Rincón de lengua

Arte – De la raíz indoeuropea *ar*, "colocar, ensamblar". Observa las palabras 'artificio', 'artefacto', 'artilugio', 'artículo'...

Estilo – Los romanos llamaban *stilus* al instrumento afilado que usaban para escribir. Posteriormente adoptó el sentido de "manera de hacer algo" que mantiene hoy.

Románico, **Gótico** – Observa que estos términos derivan de 'romano' y de 'godo'.

Arquitectura – Del griego *arji*, "principal", y *tekton*, "obra", viene el sustantivo 'arquitecto', persona que diseña y dirige la construcción de edificios.

Pintura – La raíz indoeuropea *pik*, "hacer marcas", dio paso al latín *pictura*, ya con el sentido de decoración con colores.

Escultura – También de raíz indoeuropea: *skel*, "cortar", que pasó al latín como el verbo *sculpere* con el sentido de "dar forma", sobre todo a piedras.

Pantocrátor de Tahull, románico.

Cristo bendiciendo de Fernando Gallego, gótico (arriba) y *El expolio* de El Greco, Renacimiento (abajo)

Pregunta al lector
¿Qué estaba pasando en España a finales del siglo XV?

es el castigo que los espera si no siguen ciegamente la doctrina católica ni hacen todo lo que ésta les exija.

Con el paso del tiempo aparece el Gótico, estilo mucho más urbano, y con éste la visión religiosa se suaviza, se vuelve más amable. La Iglesia ya no es algo a lo que temer, sino una fuente de inspiración y de bondad. Las iglesias son cada vez más altas y esbeltas, inspiradoras de belleza y con grandes ventanales por los que se filtra la luz. En la pintura se empieza a usar la perspectiva y las decoraciones, y se representan cada vez con más frecuencia imágenes de la Virgen María, la cara más amable del cristianismo: la madre protectora, que sufre y se preocupa por su hijo.

Con el siglo XV llega la Era de los Descubrimientos, por un lado el mundo se agranda, y por el otro, gracias a la invención de la imprenta (a finales del s.XV) se empieza a difundir el conocimiento al mismo tiempo que se esparce la influencia de la Reforma Protestante. La Iglesia empieza a perder peso y en oposición al teocentrismo imperante en toda la Edad Media aparecen el antropocentrismo y el Humanismo inspirado en los clásicos (autores y pensadores de la Antigua Grecia y Roma). En el mundo artístico esto se refleja en una tendencia a la experimentación y creación de nuevos formatos, técnicas, materiales y formas. El artista es también científico, técnico, intelectual… tal y como imponía la tendencia humanística de la época.

En España, a causa de la fuerte implantación de la Iglesia Católica este proceso fue más sutil que en el resto de Europa.

4 – Renacimiento: El Escorial

En el caso de España el Renacimiento es un movimiento bastante sui géneris. Debido a la fuerza unificadora y al refuerzo de la monarquía absoluta por parte de los **Reyes Católicos**, el movimiento italiano entrará adaptado y con retraso.

El primer movimiento arquitectónico destacable en España (que en muchos casos se considera un paso intermedio entre el Gótico tardío y el primer

Renacimiento español) es el Plateresco. Técnicamente mantiene la estructura de la Edad Media pero introduce en las <u>fachadas</u> de los edificios una decoración muy ostentosa. El caso más emblemático de este estilo español es la fachada de la Universidad de Salamanca.

La arquitectura herreriana es el otro estilo destacado que se sitúa cronológicamente al final del Renacimiento. El primer edificio emblema de este periodo que se construyó fue el Monasterio de San Lorenzo del Escorial a manos de Juan Bautista de Toledo y Juan de Herrera, que dio origen al nombre del estilo caracterizado por la ausencia decorativa, las líneas rectas y los volúmenes cúbicos.

El complejo de El Escorial está formado por tres edificios: la basílica, el monasterio y el palacio. El palacio fue la residencia de la Familia Real, la basílica es el lugar donde, todavía hoy, se entierran los reyes españoles, y el monasterio en el que habitaban originalmente los monjes jerónimos y que hoy en día está ocupado por la Orden de San Agustín.

El Escorial fue planificado y ordenado por Felipe II, nieto de Juana la Loca, principalmente por dos motivos: que su padre, Carlos V, solicitó en su testamento un nuevo edificio donde ser enterrado, él era un Habsburgo y no quería estar sepultado junto con los Trastámaras [1]; y en segundo lugar para conmemorar la victoria en la Batalla de San Quintín [2].

El edificio destaca por el logro multifuncional al incluir el ámbito palaciego, el fúnebre y el monástico en uno, también por la perfección de sus proporciones, la riqueza cultural en sus referentes, así como por la genialidad en la integración de las diferentes artes (arquitectura, escultura y pintura). Es un referente internacional en el ámbito artístico y

¿Sabías que...

... el nombre de Plateresco viene de los plateros? Las decoraciones tan intrincadas de las fachadas de los edificios de este estilo se parecían a las obras de los maestros plateros.

Fachada de la Universidad de Salamanca

Rincón de lengua

Fachada – Del italiano *faccia*, "cara", procede el español 'facha' con sentido de "aspecto" y también 'fachada' como el muro de un edificio que da a la calle, es decir, "la cara" del edificio, que suele tener mayor decoración.

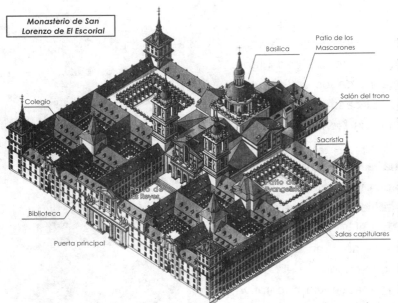

Monasterio de San Lorenzo de El Escorial

Colegio

Biblioteca

Puerta principal

Patio de los Reyes

Basílica

Patio de los Mascarones

Salón del trono

Sacristía

Patio de los Evangelistas

Salas capitulares

visitado por especialistas y gran número de turistas cada año.

5 – Pintura barroca: Velázquez

El s.XVII en España se conoce como el Siglo de Oro debido a la gran productividad y esplendor no sólo en lo artístico sino también en lo literario y cultural. A pesar del nombre que lleva, este periodo estuvo marcado por la escasez económica en toda España. La Iglesia, a la que nunca faltaron fondos económicos, tomó un papel principal de mecenazgo en la vida cultural y artística. El noventa por ciento de las pinturas que se produjeron en este periodo fueron encargadas por la Iglesia.

Hay muchos artistas y obras famosos en el Siglo de Oro, algunos de los pintores más destacados son: Zurbarán, Ribera, Murillo y Velázquez.

La pintura <u>barroca</u> destaca por encima de las demás artes. Está fuertemente influida por la escuela flamenca del norte de Europa y por el tenebrismo[3] italiano de Caravaggio. Se caracteriza por ser especialmente expresiva, por dar prioridad a los sentimientos y por crear obras de gran formato, con personajes en movimiento, colores vivos y gran contraste entre la luz y la sombra.

El pintor con más renombre internacional de esta época es, sin duda alguna, Diego Rodríguez de Silva Velázquez, más conocido como Velázquez a secas. Nació en 1599 en Sevilla, donde se encontraban algunas de las mejores escuelas de pintura, así que entró como aprendiz en el taller del maestro Pacheco. A los 18 años se convirtió en pintor independiente, y a los 24 viajó a Madrid para convertirse en pintor de la corte. Durante su vida viajó dos veces a Italia, donde estudió y aprendió de la técnica

de los grandes artistas del Renacimiento. Durante sus últimos años de vida sus intereses se centraron más en conseguir méritos en la corte que en la pintura, por lo que progresivamente se redujo su producción. Algunas de sus obras más famosas son: *El Aguador de Sevilla*, *La Venus del espejo* o *Las Meninas*.

En el campo de la escultura barroca encontramos ornamentación urbana en jardines y plazas y, sobre todo, destaca la imaginería, que consiste en la representación de imágenes religiosas en madera con las que se buscaba potenciar la devoción religiosa; muchas de ellas se usan, todavía hoy, en las procesiones de Semana Santa. La escuela andaluza y la castellana son sus principales exponentes.

Martirio de San Sebastián de Alonso Berruguete

6 – Neoclasicismo contra Romanticismo: Francisco de Goya

Con el cambio dinástico de los Habsburgo a los Borbones (a principios del s. XVIII) entran con fuerza en España las corrientes artísticas europeas, especialmente el Neoclasicismo. Éste es un estilo que, movido por la Ilustración, profesa el racionalismo y la lógica, busca perfiles y perspectivas perfectos, regularidad técnica, rigidez en las formas, e impulsa de nuevo una vuelta a los clásicos griegos y romanos. La ciudad de Madrid es un ejemplo claro de la influencia que tuvo este estilo en España y especialmente en todo lo relacionado con la corte.

Poco tiempo más tarde, a finales del s. XVIII, surgió un movimiento generado por la aversión al tecnicismo y racionalismo neoclásicos: el Romanticismo, el estilo que invita a olvidar la racionalidad y a dejarse llevar por los sentimientos, que admira las fuerzas indomables e inexplicables de la naturaleza, que mezcla realidad y sueños y tiende a romper las normas.

Capricho num.43: El sueño de la razón produce monstruos, de Goya

En este ambiente aparece la figura de Francisco de Goya y Lucientes. Goya nació en Fuendetodos (Zaragoza) en 1746, se formó como artista en las bases del Barroco tardío y del Neoclasicismo, sin embargo en 1793 sufrió una grave enfermedad y eso afectó tanto a su carácter como a su obra, que se vio influenciada en todo momento por su estado anímico y psicológico. En este momento empezó su etapa más creativa y expresiva, entró

Rincón de lengua

Barroco – Los portugueses llamaban así a un tipo de perla cuya forma no es redonda; como nombre del estilo artístico se empezó a usar en el siglo XVIII, por parte de sus detractores, como un insulto: un arte cuya forma no es artística.

Romanticismo – El adjetivo 'romántico' empezó a usarse a finales del siglo XVIII para describir paisajes extravagantes. Pronto lo emplearon los artistas románticos para definirse a sí mismos y a sus obras.

Ramón Casas y Pere Romeu en tándem de Ramón Casas (arriba) y Detalle del tejado de la *Casa Milà* de Gaudí (abajo)

poco a poco al Romanticismo. A principios del s.XIX España entró, además, en una época políticamente tortuosa que afectó directamente la obra del artista. Junto con *Los Caprichos*, grabados críticos con la Iglesia y la sociedad y de carácter satírico, aparecieron pinturas como *Los desastres de la guerra*. Con el paso de los años su obra se fue oscureciendo hasta llegar al periodo de las *Pinturas Negras*. Durante los años veinte, a causa de sus vinculaciones con liberales y sus problemas con la Inquisición, decidió trasladarse a Francia, a la ciudad de Burdeos, donde se retiró hasta 1828, fecha de su muerte.

7 – El modernismo y Gaudí

A finales del s.XIX, en un contexto urbano e industrial, irrumpe el Modernismo, una corriente que pretende introducir más elementos y referentes de la naturaleza en el arte y en la vida, y extender todo "lo artístico" a lo más cotidiano, los objetos más sencillos también pueden ser bellos. Es por este motivo que los grandes arquitectos modernistas son también interioristas y diseñadores. Es el arquitecto el que decide cómo son y dónde se colocan los muebles, la forma y color de las puertas y ventanas, etc…

La principal característica de este estilo es el uso de la línea curva y entrelazada que recuerda las ramas o las raíces de los árboles y de la naturaleza en general.

Siendo un estilo tan vinculado al fenómeno de la Revolución Industrial, no es extraño que uno de los núcleos generadores de este estilo en España sea la ciudad de Barcelona y sus alrededores, donde podemos encontrar un gran número de artistas representativos del movimiento. El lugar más emblemático del Modernismo barcelonés es, sin duda alguna, la cervecería "Els Quatre Gats", el local está instalado en los bajos de un edificio modernista donde se reunían los artistas de esta tendencia y organizaban exposiciones, tertulias, cenas y otros eventos relacionados con el movimiento artístico. Es en este contexto urbano y creativo que surge la figura de Antoni Gaudí.

Gaudí fue un arquitecto, artista y <u>artesano</u> de excepcional creatividad y concepción del espacio y del volumen. Dominaba el uso, tratamiento y manipulación de materiales como la cerámica, el vidrio, el hierro, la madera; y gracias a esto sus edificios y parques destacan por la integración de artes y oficios en el proceso constructivo, así como por la influencia de la naturaleza, la religión y su sentimiento nacionalista catalán.

Algunos de sus proyectos más famosos son: la Casa Batlló, la Casa Milà, el Parque Güell y, por supuesto, su iglesia inconclusa, la Sagrada Familia, que a pesar de que se inició en 1882 todavía sigue en construcción. Es un diseño complejo y que, debido a la tendencia que tenía Gaudí a hacer planos poco detallados, ha tenido que ser implementado y retomado por otros arquitectos que han intentado seguir el estilo del maestro.

Parte de la *Basílica de la Sagrada Familia* de Gaudí, en Barcelona

Además de la arquitectura y el interiorismo, otro de los géneros que más se populariza durante el Modernismo es el de las Artes Gráficas, a través del que se generan un sinnúmero de carteles promocionales, libros, ilustraciones, panfletos, etc.

8 – Paso del s.XIX al XX: Picasso

Pablo Ruiz Picasso nació en Málaga en 1881. Él es, sin duda alguna, uno de los artistas del s. XX más influyentes internacionalmente. Su padre era profesor de pintura e introdujo desde muy pequeño al niño Pablo al mundo artístico. Con ocho años pintó su primer óleo, y desde ese momento no dejó de pintar, convirtiéndose en un pintor extremadamente

Pablo Picasso

Rincón de lengua

Artesanía – Comparte la raíz indoeuropea de 'arte'. La diferencia entre arte y artesanía estriba en que ésta última se dedica a la elaboración de objetos útiles: herramientas, menaje, muebles...; mientras que el arte produce objetos sin utilidad práctica.

El Vanguardismo y los "Ismos"

La corriente artística llamada Vanguardismo es, en realidad, un conjunto de estilos, todos centrados en la renovación y reinvención del arte; todos estos estilos son también conocidos como los 'Ismos'.
Algunos de los más famosos son:
Impresionismo
Expresionismo
Fauvismo
Futurismo
Cubismo
Dadaísmo
Surrealismo

Pregunta al lector
¿Por qué crees que se les llamaba 'Ismos'? ¿Significa algo esta palabra?

Salvador Dalí

prolífico: se cuentan más de 2.000 obras firmadas por él. Picasso pasó toda su vida investigando y conociendo no sólo las nuevas tendencias sino también el arte más rústico y antiguo. Las influencias en su obra fueron extraordinariamente numerosas.

De niño se trasladó con su familia a Barcelona donde vio, vivió y absorbió sorprendentemente las nuevas tendencias modernistas. En sus visitas a "Els Quatre Gats" conoció a muchos artistas y entabló algunas buenas amistades. Durante su estancia en Barcelona hizo varios viajes a París, que a principios del s.XX era la capital europea del arte, el origen de las nuevas tendencias y donde convivían los artistas bohemios de toda Europa. Este periodo se conoce popularmente como su Etapa Azul, a causa del frecuente uso de este color en sus lienzos. Los temas de las pinturas acostumbraban a ser representaciones de los barrios bajos, los prostíbulos y otros espacios y personas del submundo urbano, tanto español como francés.

A partir de 1904 se mudó a París y empezó la llamada Etapa Rosa. Picasso cada vez investigó e innovó más en sus pinturas, rompiendo cada vez más con las normas técnicas y visuales como la perspectiva, el volumen y el color. Rompiendo con el naturalismo en el arte, junto con Georges Braque y Juan Gris, formuló las bases del Cubismo, madre de las nuevas <u>Vanguardias</u> que inundarían el s.XX.

A nivel político e ideológico, Picasso estuvo movido por todos los cambios sociales y hechos históricos que surgieron o influyeron en su contexto (obrerismo, anarquismo, Revolución Rusa, Guerras Mundiales, la Guerra Civil española…), y se declaró abiertamente pacifista y comunista durante toda su vida. Prueba de esto es uno de sus cuadros más famosos, el *Guernica*, en el que expresa de una manera muy visual el caos, el horror y el miedo que infundió en la población la Guerra Civil española.

9 – Surrealismo: Dalí

En este contexto de grandes cambios sociales,

ideológicos y artísticos aparecen las Vanguardias y, como mayor exponente del Surrealismo, en España aparecen Dalí y Miró.

Teatro-Museo Dalí

El Surrealismo es una corriente derivada del Dadaísmo y que pretende romper con los métodos tradicionales y trasladar al lienzo las estructuras e imágenes del pensamiento, las ideas y el mundo de los sueños, lo onírico. Tiene una fuerte influencia de figuras como Sigmund Freud, Apollinaire, y otros.

Salvador Dalí es uno de los principales representantes del Surrealismo español que extendió su fama internacionalmente tanto por la calidad de su obra como por el excentricismo del artista. Muchas de sus pinturas representan imágenes de sueños, que determinan la estética del pintor; su musa y esposa, Gala, es otra de las imágenes recurrentes en su obra junto con la imaginería religiosa. Su pintura más conocida es *La persistencia de la memoria*, también conocida como los "relojes blandos". En Figueras, provincia de Gerona, se puede visitar hoy día el Teatro-Museo Dalí.

Estación de tren de Luik-Guillemins de Calatrava

Otra de las principales figuras del Surrealismo español fue Joan Miró: pintor, escultor, ceramista, entre otras habilidades, que destacó en el campo de la escultura y de la pintura. Se caracterizó por

Escultura de hierro, típico material de Chillida

el uso de los colores y formas puras proyectadas desde un punto de vista infantil que puede relacionarse con el movimiento naíf (conocido por la ingenuidad, espontaneidad y poca lógica científica en las imágenes). Muchas de sus obras pueden contemplarse en la Fundación Miró, en Barcelona.

Durante el s.XX el arte contemporáneo ha seguido avanzando, y motivando la creación de nuevos artistas y tendencias tanto en pintura como arquitectura o escultura. En el contexto del arte contemporáneo cabría nombrar, entre muchos otros, al pintor Cristóbal Toral, al escultor Eduardo Chillida o al arquitecto e ingeniero Santiago Calatrava.

Rincón de lengua

Vanguardia – Se trata de un término militar: "la parte del ejército que va delante", de cara al enemigo; los artistas innovadores de finales del s. XIX y principios del XX adoptaron esta palabra para definir el atrevimiento y osadía de sus estilos.

Surrealismo – Del francés *surréalisme*, donde el prefijo *sur* significa "sobre": el surrealismo se define como "por encima de la realidad".

NOTAS

① Los Trastámaras

特拉斯塔马尔王朝的人。14世纪中期，卡斯蒂利亚地区君主阿方索十一世的儿子佩德罗一世继位，但是他的"残酷"暴行导致其异母兄弟特拉斯塔马尔伯爵恩里克起兵反抗。他趁英法大战之际，借助法国的力量打败了佩德罗，并最终在卡斯蒂利亚建立了特拉斯塔马尔王朝。伊萨贝尔一世，最终实现"光复战争"的天主教女王（la Católica）正是来自这个家族。

② Batalla de San Quintín

圣昆丁战役。15世纪末到16世纪中叶，西班牙与法国为争夺意大利的控制权，发动了意大利战争。战争前后共持续了60多年，其中1557年的圣昆丁战役成为西班牙打败法国军队的决定性战役，从此巩固了西班牙在米兰公国、那不勒斯王国、西西里岛和撒丁岛的统治地位。

③ Tenebrismo

暗色调主义。这是在17世纪意大利画家卡拉瓦乔（Caravaggio）的影响下形成的一种画风，其作品基调低沉，色调阴暗，通常会运用明暗对比来突出作品的主要物体。卡拉瓦乔知名的作品有《捧果篮男孩》（*Niño con un cesto de frutas*）、《纸牌作弊老手》（*Los jugadores de cartas*）、《胜利的爱神》（*El amor victorioso*）、《圣马太蒙召》（*La vocación de San Mateo*）、《圣母之死》（*La muerte de la virgen*）等等。

VOCABULARIO

mecenazgo *m.*	（巨富）对文学艺术家的赞助	
fresco *m.*	壁画	
feligrés, sa *m. f.*	堂区居民	
mozárabe *m. f.*	莫萨拉贝人（指中世纪混居在摩尔人中间的西班牙基督教徒）	
mudéjar *m. f.*	穆德哈尔人（指光复战争后仍被允许留在西班牙的伊斯兰教徒）	
pantocrátor *m.*	万能的主宰者（古罗马拜占庭艺术中上帝的形象，右手高举，左手拿着圣经）	
sui géneris	<拉>特殊的，独特的	
plateresco *m.*	复杂华丽的装饰风格	
onírico *adj.*	梦的	
naíf *m.*	素朴艺术流派	

EJERCICIOS

1. Escribe la letra de cada uno de los estilos relacionándolo con su descripción, y luego con cada artista:

A- **Románico**
B- **Gótico**
C- **Renacimiento**
D- **Barroco**
E- **Modernismo**

Artistas:
Juan de Herrera

Joan Miró

Goya

Ribera

El Greco

Velázquez

Picasso

Gaudí

Murillo

El dibujo vuelve a tomar un papel fundamental dentro de la imagen. La perspectiva y el espacio pierden importancia mientras que la temática es esencialmente costumbrista aunque se recurre a menudo a elementos y formas de la naturaleza.

Predomina el dibujo por encima del color. La luz ni la perspectiva no son tan importantes. La temática es muy evidente y siempre gira en torno a la religión y a Dios en su aspecto más duro y cruel.

La estructura y composición del cuadro es de gran importancia. Los colores se suavizan así como el dibujo. Se presta cada vez más atención al detalle (especialmente en la representación de los cuerpos y caras). La temática sigue siendo religiosa pero a menudo se recurre a la mitología griega y romana para aludir a temas morales o, incluso, religiosos.

El color va ganando espacio en las pinturas así como la perspectiva. La composición empieza a tener importancia. La temática, aunque sigue siendo mayoritariamente religiosa, se suaviza. Se muestra una faceta mucho más dulce de la religión, a menudo se representa a la Virgen María.

La luz toma una importancia vital en la imagen. Así como la composición y la expresividad de los personajes. Las formas y posiciones se complican mientras que la representación de los cuerpos se perfecciona. La temática es predominantemente religiosa, aunque se sigue recurriendo frecuentemente a la mitología para representar elementos de moral cristiana.

REFERENCIAS Y ENLACES DE INTERÉS:

- Museo del Prado

www.museodelprado.es

Página web del museo en la que podemos encontrar toda la colección de pinturas que alberga el edificio colgadas dentro de la sección 'Colección', catalogada por periodos, por artistas...

- Directorio de Museos de España

http://www.mcu.es/museos/

Dentro de la web del Ministerio de Cultura español podemos encontrar esta sección dedicada a los museos españoles. Es de especial interés la sección 'Directorio de museos' en la que aparece un buscador que nos permite encontrar cualquier museo por temática, área, localización,...

- Francisco de Goya

Siendo uno de los pintores más emblemáticos e importantes del arte español se han realizado varias películas y documentales sobre el artista, a destacar:

Saura, Carlos. (Director). (1999). Goya en Burdeos. [Película]. España: Andrés Vicente Gómez

Bigas Luna. (Director). (1999). Volavérunt. [Película]. España & Francia: Andrés Vicente Gómez

- Historia del arte español

http://www.spanisharts.com

Aquí podemos encontrar una buena síntesis ilustrada de la historia del arte español, especialmente en la sección de pintura.

- Un perro andaluz

http://www.cortometrajesonline.com/cortometraje/surrealista/un-perro-andaluz-luis-bunuel.html

Cortometraje de 17 minutos del director de cine español Luis Buñuel con guión de Salvador Dalí. Se considera un referente en el mundo del cine y en sus imágenes se puede apreciar la fuerte influencia surrealista.

ANEXO 1: La simbología de los colores

Los colores nos dicen mucho del tipo de pintura que estamos viendo. Existen los llamados colores cálidos (amarillo, naranja, rojo,...) y los colores fríos (azul, verde, violeta,...). Estos colores se usan para acercar o distanciar más al espectador de la imagen (los colores cálidos expanden la luz y eso provoca que la imagen avance hacia fuera mientras que los colores fríos absorben la luz y alejan la imagen) y para recrear la sensación o ambiente que el autor quiera expresar. Además, cada uno de los colores tiene significados diferentes y pueden darnos pistas para interpretar el mensaje de la imagen. La elección de los colores por parte del artista no es en absoluto aleatoria, es determinante tanto por su significación como por el equilibrio de la composición.

COLOR		SIGNIFICACIÓN
Negro		Misterio / Muerte / Tristeza / Impuro / Enigmático / Elegancia / Silencio
Blanco		Pureza / Infinito / Luz / Paz / Bondad / Inocencia / Virginidad / Perfección
Cálido	Amarillo	Calor / Luz / Energía / Alegría / Estímulo / Intensidad
	Rojo	Fuego y Sangre / Amor / Calor / Excitación / Pasión / Energía / Fortaleza
	Naranja	Acogedor / Cálido / Estimulante
Frío	Azul	Estabilidad / Profundidad / Confianza / Lealtad / Sabiduría / Fe / Armonía
	Verde	Esperanza / Calma / Tranquilidad / Frescor
	Violeta	Madurez / Misticismo / Melancolía / Reflexión / Resignación
Gris		Indecisión / Duda / Melancolía / Ausencia de energía
Marrón		Madurez / Masculinidad / Severo / Confortable / Equilibrio / Realista
Oro		(metal: frío) Riqueza / Opulencia
Plateado		(metal: frío) Nobleza / Distinción

ANEXO 2: Iconografía y símbolos de la mitología griega y romana

NOMBRE GRIEGO	NOMBRE ROMANO	ELEMENTO	ANIMAL
Zeus (Rey de los dioses)	Júpiter	Relámpago	Toro blanco Águila
Afrodita (El amor profano)	Venus	Manzana dorada El mar	Delfines
Atenea (La sabiduría)	Minerva	Casco y escudo	Búho
Hermes (El mensajero)	Mercurio	Zapatos con alas Sombrero Caduceo (cetro)	Gallo o tortuga
Artemisa (La caza)	Diana	Arco Lanza	Ciervo / Perro Leopardo
Apolo (La luz y el sol)	Apolo o Febo	Arco	Laurel / Serpiente
Dioniso (El vino)	Baco	Hoja de parra	Serpiente Toro
Ares (La guerra)	Marte	Armadura de bronce	Buitres
Poseidón (El mar)	Neptuno	Tridente	Pez

ANEXO 3: Iconografía cristiana

Las escenas religiosas pueden identificarse rápidamente gracias a un elemento: el halo que llevan los santos sobre su cabeza, este se representa como una pequeña aura de luz o un anillo dorado que flota encima de su cabeza.

Los santos acostumbran a representarse a través de la escena por la que se les conoce más (normalmente su martirio), y con elementos que los identifican.

A continuación hay una lista de algunas de las escenas más representadas de la Biblia:

- **Adán y Eva (o la expulsión del Paraíso):** normalmente se representa a un hombre y una mujer desnudos.

Elementos recurrentes: Dios creando el mundo; la manzana (o fruta prohibida); la serpiente; Dios o un ángel expulsándolos del Edén.

- **Sodoma y Gomorra:** representación de la ira de Dios destruyendo a los pecadores con una lluvia de azufre, y el castigo de convertirse en una estatua de sal para los judíos que lo miraran.

- **Moisés:** se le representa con barba guiando al pueblo judío, con las Tablas de la Ley en sus manos (dos grandes losas de piedra).

Elementos recurrentes: a veces lleva en la mano un cayado; en ocasiones se le representa abriendo el mar Rojo, o a través de alguna de las siete plagas que cayeron sobre el pueblo egipcio; ...

- **San Juan Bautista:** uno de los santos más representados; era primo de Jesús, y se le considera un profeta. Fue famoso por sus bautizos (inmersión de los creyentes en el agua del río para simbolizar la limpieza de sus pecados).

Elementos recurrentes: se le representa con un cayado y una oveja; también se representa la famosa escena de su muerte en la que la bella Salomé bailó la danza de los siete velos para conseguir su cabeza; se representa la cabeza de Juan Bautista encima de una bandeja de plata en manos de una mujer.

- **La Anunciación:** una mujer (María) de rodillas rezando con un manto cubriendo su cabeza y ante ella un ángel.

- **La Sagrada Familia:** José, María y en niño Jesús. Hay miles de representaciones diferentes de esta escena.

Elementos recurrentes: los Reyes Magos ofreciendo regalos a la cuna; uno o más ángeles acompañando la familia; pastores ofreciendo comida o ropas; la mula y el buey; Juan Bautista (cuando la escena no es del nacimiento y aparece Jesús con otro niño)

- **La última cena:** Jesús y sus doce apóstoles cenando juntos alrededor de una gran mesa. Jesús siempre está en el centro de la escena, normalmente hablando. En ocasiones se representa la escena en el exterior (el huerto de Getsemaní) donde después de la cena fueron a orar.

Elementos recurrentes: el pan y el vino que representan el cuerpo y la sangre de Cristo, en ocasiones el pan se representa como un objeto circular en la mano de Jesús; Judas puede estar ausente o estar girado de espaldas o con un cuchillo en la mano (símbolo de la traición).

- **Judas**: figura del traidor. "El hombre que vendió a Jesús por un puñado de monedas". Acostumbra a ser una figura sombría. A veces se le representa colgado de un árbol simbolizando el arrepentimiento del pecador, o besando a Jesús (gesto con el que traicionó a Cristo).

Elementos recurrentes: un saquito de monedas.

- **El monte Calvario**: Jesús cargando la cruz. Acostumbra a estar semidesnudo, con una corona de espinas en la cabeza, con múltiples heridas por todo el cuerpo. Carga la cruz con mucha dificultad. En la escena puede estar Jesús solo o con mucha gente a su alrededor.

Elementos recurrentes: la Verónica, una mujer con una tela blanca en sus manos; un hombre que ayuda a Jesús a cargar la cruz; soldados romanos.

- **Cristo crucificado**: Jesús colgado en la cruz. Cuerpo semidesnudo.

Elementos recurrentes: la placa INRI sobre su cabeza; la corona de espinas en su cabeza; una herida sangrando en las costillas del lado derecho (la herida luminosa); al pie de la cruz las Tres Marías, tres mujeres que lloran muy apenadas; dos hombres más, crucificados uno a cada lado.

- **Descendimiento de la cruz (las Tres Marías)**: las Tres Marías, José de Arimatea, San Juan. En ocasiones también hay algún soldado romano. Están bajando el cuerpo de Jesús muerto de la cruz, la actitud de todos los personajes en el cuadro acostumbra a ser muy apesadumbrada.

- **La Trinidad**: el Padre (Dios), el Hijo (Jesús) y el Espíritu Santo (una paloma). Esta imagen puede estar acompañada de cualquier otra imagen religiosa como la Virgen María, ángeles,...

- **Juicio Final y el purgatorio**: Dios-juez decidiendo qué almas se van a salvar y qué almas se van a condenar a ir al purgatorio. Jesús acostumbra a estar sentado al lado de Dios abogando por las almas juzgadas.

Elementos recurrentes: Dios con la mano levantada señalando con un dedo o con dos dedos estirados; escenas de torturas en el purgatorio en la parte inferior del cuadro, ángeles rodeando a Dios y acompañando a las almas salvadas.

1. Identifica cada una de las escenas y personajes que aparecen en las siguientes imágenes:

1. Autor: Salvador Viniegra

2. Autor: Diego Velázquez

3. Autor: El Greco

4. Autor: Marten de Vos

5. Autor: Alonso González de Berruguete

6. Autor: José de Ribera

7. Autor: Francisco de Goya

UNIDAD 10
Vida cultural y espectáculos

　　西班牙是图书出版业最为发达的国家之一，其总体实力位居世界第五，欧洲第三。全国人口只有4,700万，而年图书出版量却超过了1.8亿册，国内图书销售点超过4万个，平均每千人就拥有一个销售点。西班牙图书类别众多，以文学类、法律类、历史类、学术类、健康类、艺术类、青少年类为主，其中文学类图书超过总量的四分之一。文学作品中又以冒险、悬疑、纪实等题材最受欢迎。当今，传统图书出版业越来越受到电子图书的冲击，但是据调查显示，57%的西班牙人有阅读习惯，超过一半的民众更愿意到书店买书。针对这一现象，小开本、小字号、便于携带的口袋书深受西班牙人的青睐。我们在西班牙街头、车站、地铁上、咖啡店时常可看到专心阅读的人。

　　西班牙电影的历史始于1896年，先后经历了无声电影、早期有声电影、内战时期电影、佛朗哥独裁时期电影和现代电影五个时期。早期的无声电影大多改编自文学题材，如《瞎子领路人》、《圣·苏尔比西奥修女》等。随着科技的发展，不少导演远赴美国学习先进的拍摄技术，其作品向拉美国家发行，促进了当地电影业的发展，从而影响了半岛的电影发展。内战期间，国内电影企业几乎停产，大部分导演流亡国外拍片，留下的导演也大多依附人民阵线或是共和政府，拍摄人民斗争为题材的纪录片。独裁时期，电影受到审查制度的严格监控，只为宣传政府的意志服务。西班牙恢复君主议会制度后，电影业发生了翻天覆地的变化，丰富多样的形式、新颖的题材、独特的视角、演员的精彩诠释为西班牙电影在世界影坛争得一席之地。如今，西班牙已经成为欧洲第三大电影发行国，并拥有如阿莫多瓦等一批风格鲜明的世界级大导演。

　　戏剧是西班牙人日常不可缺少的生活娱乐活动。它起源于中世纪，具有浓重的宗教色彩。当代的戏剧往往以社会问题作为切入点，反映家庭伦理问题、社会弊病，采用讽刺、嘲笑、逗趣等手段展开剧情。另一种民众喜闻乐见的表演形式叫作萨尔苏委拉，属于民族轻歌剧。它不是单纯的歌剧，而是融合了故事情节、歌剧、朗诵、对白、舞蹈、音乐等多种手段的说唱剧。作为民族的精萃，西班牙设有专门的说唱剧学院，在马德里专设了说唱剧表演的剧院，许多杰出的演员也在致力于把现代表演和说唱剧有机地结合在一起，向世界推广萨尔苏委拉。

Arturo Pérez-Reverte

1 – Lectura: autores representativos de hoy y premios literarios comerciales

El mercado editorial español es uno de los más prósperos del mundo, y hoy día se expande por el resto de Europa y por toda América. España es uno de los países con mayor porcentaje de venta de <u>libros</u> del mundo, a pesar de que no muchos españoles disfrutan de ellos: las estadísticas reflejan una media de lectura de un libro al año por persona. Desde 2008, sin embargo, se ha experimentado una bajada significativa en las ventas de entre 3 y 7% anual, debida a la crisis y al elevado precio de los libros en España.

La oferta editorial que podemos encontrar en cualquier librería es amplia y variada. En los últimos años, han ganado espacio en las estanterías los libros de autoayuda y psicología, pero las <u>novelas</u> de éxito comercial siguen siendo los libros más comprados. En España tienen especial difusión las novelas de aventuras, de misterio, o de ambientación histórica, y por tanto han aparecido muchos títulos que contienen los tres elementos juntos.

Los autores de mayor éxito comercial de los últimos años son:

- Arturo Pérez-Reverte: llegó al gran público con novelas de misterio y aventuras como *El maestro de esgrima*, *La tabla de Flandes* o *El club Dumas*. Otro gran éxito internacional fue la novela sobre mafias titulada *La Reina del Sur*. El mayor prestigio se lo ha dado una serie de novelas de ambientación histórica en el Siglo de Oro, protagonizadas por un espadachín llamado Capitán Alatriste. Es miembro de la Real Academia Española.

- Javier Marías: con una larga carrera como novelista, su gran capacidad expresiva y su habilidad para analizar personajes enriquecen la fabulación en sí misma. Es miembro de la Real Academia Española y rey de Redonda. Entre sus novelas, destacan *Corazón tan blanco*, *Mañana en la batalla piensa en mí*, *Todas las almas* y *Negra espalda del tiempo*.

- Antonio Muñoz Molina: destaca por su habilidad en la descripción y en la profundi-

zación de personajes y situaciones. Vinculado desde sus comienzos a la novela negra ① y a la vida cotidiana durante la dictadura franquista, destacan sus novelas *Beltenebros*, *El jinete polaco*, *Plenilunio* y *El viento de la luna*.

- Juan Eslava Galán: marcado por un humor cínico ② y una escritura clara, alterna su faceta de novelista (*En busca del unicornio*, *Señorita*, *La mula*) con la de historiador (*Historia de España para escépticos*, *Una historia de la Guerra Civil que no va a gustar a nadie*).

- Matilde Asensi: periodista que sorprendió al público con la novela histórica de misterio *El salón de ámbar*. Desde entonces no ha parado de publicar grandes éxitos de aventura y misterio, como *Iacobus* o *El último Catón*. Especialista en cambios bruscos de argumento.

- Carlos Ruiz Zafón: dedicado durante muchos años a la literatura juvenil e infantil, su novela de misterio *La sombra del viento*, con un estilo narrativo muy atractivo, sigue siendo uno de los libros más vendidos en Europa en los últimos años; recientemente ha publicado *El juego del ángel*.

- Ildefonso Falcones: su novela histórica ambientada en Barcelona *La catedral del mar* sigue en la lista de más vendidos, con múltiples ediciones en apenas tres años.

Las editoriales convocan y otorgan premios literarios para promocionar la publicación y venta de novelas, entre los que destacan el Premio Planeta, de la Editorial Planeta, que se viene otorgando anualmente desde 1952, y el Premio Nadal, de Ediciones Destino, celebrado anualmente desde 1944.

Juan Eslava Galán

Carlos Ruiz Zafón

Rincón de lengua

Libro – Del latín *liber*, "superficie interior de la corteza del árbol". Los más antiguos romanos, antes de aprender a usar otros materiales como el papiro o la cera, escribían en la parte interior de cortezas que arrancaban a los troncos de los árboles.

Novela – Del diminutivo italiano *novella*, "noticia" y también "relato, narración breve". En el Renacimiento, designaba a relatos de poca extensión; pero a partir de la publicación de *El Quijote*, se identificó esta palabra con el concepto que tenemos hoy día: obra narrativa de larga extensión.

Pedro Almodóvar y Penélope Cruz

2 – Cine: tendencias, principales directores y actores, festivales

El cine español ha experimentado estereotipos que le han dado muy mala fama durante años: el "destape" y las películas ambientadas en la Guerra Civil. El "destape" fue una reacción al fin de la censura franquista, y se caracteriza por la exposición irrelevante de actos sexuales y lenguaje muy vulgar. Tras la represión política sufrida por izquierdistas y republicanos durante la dictadura franquista, otra reacción visible fue la producción de incontables películas inspiradas en la Guerra Civil, ensalzando al bando republicano contra el bando nacional que había impuesto sus criterios durante treinta y seis años.

A día de hoy, si bien quedan restos de dichos estereotipos, el cine español ofrece una gran variedad de temas y está cada vez mejor considerado. Algunos directores han logrado gran éxito comercial:

- Pedro Almodóvar: director muy polémico en sus comienzos debido a sus historias sórdidas y disparatadas. Miembro activo de "la movida" a comienzos de los años 80, saltó a la fama con la película *Pepi, Luci, Bom y otras chicas del montón*. Tras una larga trayectoria, ganó el Óscar a la mejor película extranjera por *Todo sobre mi madre* y poco después el Óscar al mejor director por *Hable con ella*. Mezcla elementos de drama y comedia en un estilo muy colorido y luminoso que hace su trabajo inconfundible.

- Fernando Trueba: devoto seguidor de Billy Wilder, realiza comedias con crítica social y personajes universales. Ganó el Óscar a la mejor película extranjera por *Belle Epoque*. En los últimos años, ha explorado el cine musical.

- Alejandro Amenábar: siendo estudiante de cine, realizó una película como trabajo final de una asignatura: *Tesis*, una historia de suspense inspirada en las *snuff movies*, que tuvo un gran éxito de público. Muy criticado por aspectos técnicos, no ha terminado sus estudios de cine y sin embargo tiene fama mundial. Su película *Los otros* figura entre las principales películas de terror de los últimos años; el drama biográfico *Mar adentro* trata el tema de la eutanasia y resultó muy polémico dentro de España, pese a su enorme éxito internacional.

- Fernando León de Aranoa: director de perspectiva muy social que llamó la atención

¿Sabías que...

...Alejandro Amenábar no llegó a terminar sus estudios de cinematografía? A pesar de ello, se ha convertido en un director de renombre internacional que no sólo dirige sus películas sino que también es guionista y compositor de las bandas sonoras.

con su segunda película, *Barrio*, conmovedora historia acerca de adolescentes rodeados de miseria económica y moral. Fue nominado al Óscar por su siguiente película, *Los lunes al sol*, tragicomedia acerca del desempleo. Ha continuado su línea de películas inspiradas en sectores desprotegidos de la sociedad, como por ejemplo las prostitutas en *Princesas*.

Santiago Segura

- Santiago Segura: comenzó realizando cortometrajes de humor negro y terror (*Perturbado*, *Evilio*) y colaborando en programas de entretenimiento en televisión. Ha dirigido las películas más taquilleras de la historia del cine español: la saga cómica *Torrente*, sobre las aventuras de un expolicía fascista y muy sucio.

- Álex de la Iglesia: director inspirado en el mundo del cómic, ha desarrollado una carrera repleta de títulos muy variados, con el componente común de argumentos muy imaginativos y toques de comedia negra. Entre sus obras destacan: *Mirindas asesinas*, *Acción mutante*, *El día de la bestia*, *Perdita Durango*, *La comunidad*...

Jaume Balagueró

- Jaume Balagueró: indiscutiblemente el rey del cine de terror, es el director español de este género que mayor repercusión comercial ha tenido en el extranjero. El éxito lo ha perseguido desde el estreno de su primera película, *Los sin nombre*, que ejemplifica las características de su cine: historias cercanas al espectador (basadas en aspectos rutinarios de la vida), intriga caracterizada por un misterio imposible de entender, y final desesperanzador. Sus últimos éxitos han sido las dos partes de la saga *Rec*.

Rincón de lengua

Cine – Esta palabra tiene su origen en el griego *kinó*, "mover", dado que, desde su origen a finales del siglo XIX, el cine ofrece imágenes en movimiento.

Película – En su origen latino, esta palabra es un diminutivo de 'piel' y designa capas finas que cubren alguna superficie. Al desarrollarse el cine, se llamó 'película' a la cinta de fino material donde quedan grabadas las imágenes, y con el paso del tiempo pasó a designar también a la obra grabada en dicha cinta.

Drama – En griego clásico significaba "actuación" y designaba a todo lo relacionado con el teatro. Con el transcurso de los siglos, su significado ha evolucionado hacia el de obra de teatro o de cine en el que abundan situaciones tensas y apasionadas.

Comedia – Del griego *komos*, fiesta en honor del dios del vino en la que se hacían cantos burlescos y satíricos. Aún durante la Antigüedad, los cantantes de estas fiestas empezaron a tomar parte en pequeñas obras de teatro de tema humorístico, y de ahí surgió su sentido actual de representación humorística.

Terror – Del latín *terror*, resultado de la acción del verbo *terrere*, "hacer temblar".

Julio Médem

¿Sabías que...

...Javier Bardem viene de una familia dedicada al mundo del espectáculo? Su madre también es actriz y miembro destacado durante mucho tiempo de la Academia de las Artes y las Ciencias, sus abuelos también eran actores, así como su hermano. En el discurso de recogida del Óscar dedicó un emotivo agradecimiento a toda su familia de actores.

Luis García Berlanga, director de referencia del cine español, recogiendo un Premio Goya

- Julio Médem: saltó a la fama a nivel internacional con su película *Los amantes del Círculo Polar*. Director y guionista, transmite en sus películas algunas de las experiencias vitales que más le han afectado. Otros largometrajes suyos son: *Lucía y el sexo*, *Tierra*, o el documental sobre nacionalismo y terrorismo en el País Vasco *La pelota vasca. La piel contra la piedra*.

La calidad de actuación de los <u>actores</u> españoles es francamente elevada. Hay numerosos actores muy buenos pero poco conocidos fuera de España. Sin embargo, el mundo entero conoce a:

- Antonio Banderas: saltó a la fama de la mano de Pedro Almodóvar. En la década de los 90 comenzó a trabajar en Hollywood, donde se le ha encasillado en el papel de *sex-symbol*, por lo que se limita a participar en cine comercial con personajes que dicen muy poco sobre su capacidad de actuación.

- Javier Bardem: actor de larga trayectoria y múltiple registro, siempre ha destacado por su fuerza dramática y la energía de su actuación. Ha realizado grandes papeles sobre personajes extremos (*Días contados*, *Mar adentro*, *Antes de que anochezca*), y fue el primer actor español en recibir un Óscar.

- Penélope Cruz: actriz de belleza muy característica, ha recibido el Óscar por su participación en la película *Vicky Cristina Barcelona*.

La entidad más importante para el cine español es la Academia de las Artes y las Ciencias Cinematográficas de España. Es una entidad privada formada por un gran número de profesionales del ramo que se dedican a popularizar e impulsar el cine en España. La Academia cada año hace entrega de los Premios Goya [3], que reconocen tanto los aspectos técnicos como los artísticos.

Aparte de los Premios Goya existen muchos otros certámenes dedicados al cine. Los más populares son: el Festival Internacional de San Sebastián, de gran renombre, con el que se ha entrado a la Categoría A de festivales cinematográficos; el Festival de Málaga de Cine Español, que pretende promocionar el cine nacional al mundo; o el Festival de Internacional de Cine Fantástico de Sitges, que cada año recoge cientos de películas tanto de animación, como de terror o de fantasía.

3 – Música

La <u>música</u> en España tiene gran difusión y son cientos los canales de radio que se dedican exclusivamente a la retransmisión musical, desde música <u>clásica</u> hasta músicas "de raíz" (folklore de los países más insospechados), pasando por supuesto por el gran motor musical de la sociedad, que es la música pop.

Baile por bulerías de José García Ramos. El flamenco tiene gran influencia en la música folklórica.

En los últimos años se ha generalizado el gusto por música ligera de tinte caribeño y por el género de la canción <u>melódica</u>. Menos difusión ha tenido el rap o hip-hop, que sin embargo cuenta con una presencia artística muy amplia.

Hay tal cantidad de músicos de todo tipo en España que sería imposible hacer una selección de los más representativos. El mayor éxito comercial ha correspondido a:

- Joaquín Sabina: cantautor caracterizado por la alta calidad literaria de sus <u>canciones</u>, que tratan tanto temas cotidianos como universales del sentimiento.

- David Bisbal: cantante de estilo ligero caribeño que saltó a la fama gracias al programa de televisión *Operación Triunfo*. Ha ganado premios en Latinoamérica y EEUU.

Joaquín Sabina

- Enrique Iglesias: hijo de Julio Iglesias, destacó desde muy joven por sus composiciones melódicas y románticas. Es probablemente el cantante español más conocido por los jóve-

Rincón de lengua

Actor – En latín clásico, esta profesión es la relacionada con *actus*, "representación dramática" pero también "sendero, camino estrecho".

Música – Según la mitología griega, existían nueve musas: deidades que inspiraban a los artistas en diferentes ámbitos; había una musa del canto, otra de la poesía, otra de la danza, etc. Del adjetivo griego *musikós*, "relativo a las musas", los romanos derivaron el sustantivo *musica*, con el significado que mantiene hoy.

Clásico – Observa que este adjetivo deriva del sustantivo 'clase'. En latín tenía el sentido de "modelo digno de ser imitado", vinculado a clase superior; de dicho sentido proceden los que tiene en español actual: "en plenitud cultural", "de tradición culta", etc.

Melodía – Del griego *melos*, "música", y *aidó*, "cantar"; se refiere al equilibrio armónico que debe haber entre voz e instrumentos.

Canción – De la raíz indoeuropea *kan*, "cantar", que ha dado lugar también a las palabras 'acento', 'encanto', e incluso 'chantaje'.

Alaska y Nacho Canut, componentes del grupo Fangoria

Actor en escena, representando una obra de teatro infantil

Pepe Rubianes, monologuista

nes de todo el mundo.

- Alejandro Sanz: otra estrella de canción melódica, con una larga trayectoria a sus espaldas. Su éxito en América ha determinado que resida y trabaje en Miami.

Por géneros, existen grupos y solistas con gran éxito dentro y fuera de España:

- Rock: Fito y Fitipaldis, Extremoduro, Mago de Oz;

- Pop: Amaral, El canto del loco, La Oreja de Van Gogh;

- Hip-hop: Mala Rodríguez, Violadores del Verso, CPV;

- Música electrónica: Fangoria, Camela;

- Punk: Siniestro Total, Airbag, Sin Dios;

- Cantautores: Bebe, Ismael Serrano, Pedro Guerra;

- Indie: Astrud, Love of Lesbian, Vetusta Morla.

La música clásica es promocionada por medio de un canal específico de Radio Nacional de España, y a través de las numerosas orquestas sinfónicas a nivel nacional, regional y local. La Orquesta Nacional de España, la Orquesta Ciudad de Granada, el Orfeón Catalán y la Orquesta Sinfónica de Galicia son algunas de las organizaciones difusoras de música clásica representativas en España.

4 – Teatro y danza

El teatro es un género muy explotado dentro del mundo del entretenimiento en España. En todas las ciudades y pueblos acostumbra a haber uno o más teatros, a pesar de que en la actualidad algunos han sido reformados para convertirse en cines.

Sin embargo todavía es mucha la gente que asiste al teatro para divertirse. El drama y la comedia son los géneros más comunes, aunque en los últimos años han irrumpido con fuerza los monólogos, especialmente cómicos y críticos que usan el sarcasmo y la ironía como método de actuación, éstos requieren muy poca inversión y por lo tanto son mucho más rentables. Hay muchos teatros en los que podemos admirar obras de teatro de corte tradicional, con grandes decorados y vestuario, donde se cuenta una historia y los actores representan personajes. Podemos encontrar gran número de actuaciones teatrales tanto dentro del campo profesional como amateur, que tiene un importante ámbito de acción en ferias y concursos de teatro locales.

Hay muchos festivales, muestras y certámenes de teatro, el más famoso probablemente sea el Festival de Teatro Clásico de Mérida que escenifica grandes clásicos y otras obras en el antiguo teatro romano. La *Fira de Tàrrega* de teatro en la calle explota y explora nuevos espacios y formas escénicas: *clown*, acrobacia…

La <u>danza</u> también tiene un radio de acción destacado dentro del mundo escénico, se pueden ver actuaciones de ballet clásico o contemporáneo y de otros estilos de corte más nacional. En este campo se encuentra la compañía de Ballet Nacional de España, fundada por el bailarín Antonio Gades, que tiene la finalidad de popularizar tanto el flamenco como otras danzas nacionales. Otra de las grandes compañías es la Compañía Nacional de Danza de España que en los últimos años, desde la entrada en la dirección del bailarín y coreógrafo Nacho Duato, ha apostado por una combinación de danza clásica y contemporánea.

El bailaor y coreógrafo Antonio Gades de joven

5 – El flamenco

El <u>flamenco</u> es con toda probabilidad el género español más conocido internacionalmente. A pesar de ello son pocos los artistas capaces de interpretarlo apropiadamente. Se trata de un género surgido de la mezcla cultural andaluza y se puede aplicar tanto a la mú-

Rincón de lengua

Teatro – Del griego *thea*, "visión", y *tron*, "recinto", es decir, "recinto donde se ve" a los actores representar la obra; pero muy pronto adquirió el sentido amplio de composición literaria, arte de actuación, representación ante el público, etc. que mantiene hoy.

Monólogo – Del griego *mono* y *logos*, "palabra"; designamos monólogo a la representación de un único actor que habla al público, sin que se produzca conversación o diálogo (del griego *dia*, "entre").

Danza – De la raíz germánica *dintjan*, "agitarse", que pasó al latín vulgar medieval como *dansare* y de ahí al castellano 'danzar'.

Flamenco – Se discute el origen de este término; con certeza, a partir del siglo XVII se empleó para designar a los maleantes y criminales, y se asoció a los ambientes nocturnos y a la vida bohemia; en el siglo XIX, los viajeros románticos empezaron a usarlo como nombre de la vestimenta, la música, el cante y el baile de dichos ambientes, y en el siglo XX se popularizaron estas expresiones artísticas hasta adquirir la importancia actual y su aceptación como seña de identidad de los españoles.

Pintura que representa a Camarón de la Isla (cantaor) y a Paco de Lucía (guitarrista) actuando juntos. Pintura de Aguijarro.

Representación de un dúo en una zarzuela

sica, al canto o al baile, como a los tres juntos.

Una de las formas más populares del flamenco desde sus orígenes eran los Cafés Cantantes: pequeños locales donde uno podía tomarse una copa mientras alguien interpretaba flamenco en directo. Muchos cantaores (y guitarristas) del flamenco se hicieron famosos a través de este tipo de local. Con el paso del tiempo, junto con el crecimiento turístico y la atracción que genera, ha aumentado el número de locales que dicen tener actuaciones de flamenco en directo, aunque muchos de ellos ofrezcan sesiones de baja calidad para turistas.

Desde la década de los setenta, con figuras como Paco de Lucía o Camarón de la Isla, se empezó a experimentar y desde entonces han aparecido muchas formas de flamenco-fusión: es decir, mezcla de flamenco con otros géneros musicales como el jazz, el rock, la música electrónica, la brasileña, la árabe…

Algunos de los bailaores más famosos hoy día son: Antonio Gades, Joaquín Cortés y Sara Baras.

6 – La zarzuela

La zarzuela es un género típicamente español que mezcla el teatro y la ópera. El nombre tiene origen en el Palacio de la Zarzuela donde originalmente empezaron a escenificarse este tipo de obras. Al mezclar diálogo y música, es un género mucho más popular que la ópera debido a que los diálogos entre personajes ayudan a seguir la trama argumental y la parte musical la convierten en un espectáculo más ameno que el teatro. En muchas de estas composiciones aparecen los "dúos", parejas que se introducen cantando alguna discusión o conversación amorosa.

Originalmente las zarzuelas eran obras de gran formato y larga duración, sin embargo con la crisis económica de finales del s.XIX se decidió reducir el tiempo de las obras para abaratar el gasto y surgieron las "zarzuelas de género chico" o "zarzuelitas", de una hora de duración y de un solo acto.

La zarzuela es un género que se popularizó especialmente en Madrid, donde todavía hoy existen teatros en los que se puede asistir a estos espectáculos. Algunas de las zarzuelas más famosas son *Doña Francisquita*, *La verbena de la paloma* y *La leyenda del beso*.

NOTAS

① La novela negra

　　黑色小说，被认为是侦探小说的一类，最早出现于20世纪四五十年代。冠以"黑色"之名是因为此类小说首先以连载的形式出现在美国"黑色面具"杂志上；另一种说法是法国伽利玛出版社曾出版了名为《黑色系列》的侦探小说集。与传统的侦探小说不同，黑色小说更加注重表现社会阴暗冷酷的一面、主人公的癫狂与堕落，小说情节也多诡异恐怖。

② Un humor cínico

　　犬儒主义风格。犬儒主义起源于古希腊犬儒学派的哲学思想，主张人应当摒弃一切物欲，提倡对道德的无限追求。当代的犬儒主义往往成了愤世嫉俗的同义词，是一种对他人行为和诚信都不信任的态度。

③ Premios Goya

　　戈雅奖，被誉为西班牙的"奥斯卡"，由西班牙艺术与电影科学学院颁发，为了表彰在电影行业各个领域中有杰出贡献的电影人。戈雅奖设立于1987年，每年的一月底或二月初在马德里举行颁奖仪式。在获奖者的名单中，有西班牙知名导演费尔南多·特鲁埃瓦（1989）、阿莱克斯·德拉·伊格莱西亚（1995）、费尔南多·莱昂·德·阿拉诺亚（1998）、亚列杭德罗·阿曼纳巴（2001）；知名演员哈维尔·巴登分别于1995年、2004年和2010年先后三次获得最佳男主角，佩内洛普·克鲁兹分别于1998年和2006年两次荣膺最佳女主角；在最佳电影的名单中也有中国观众十分熟悉的《精神崩溃边缘的女性》（1988）、《阳光下的星期一》（2002）、《深海长眠》（2004）、《回归》（2006）等。

VOCABULARIO

espadachín *m.*	好剑手，好勇斗狠者
destape *m.*	（表演中的）裸体镜头
sórdido, da *adj.*	肮脏的，淫秽的
eutanasia *f.*	安乐死
saga *f.*	系列剧
Orquesta Sinfónica de Galicia	加利西亚交响乐团
coreógrafo, fa *m. f.*	舞蹈编导，舞美
zarzuela *f.*	西班牙小型轻歌剧

1. Relaciona los siguientes nombres con su ámbito:

Pedro Almodóvar

Paco de Lucía

Arturo Pérez-Reverte   Música

Bebe

Fernando León de Aranoa

Joaquín Cortés   Danza

Antonio Gades

Joaquín Sabina

Javier Marías   Flamenco

Premios Goya

Mala Rodríguez

Premio Planeta   Literatura

Airbag

Carlos Ruiz Zafón

Alejandro Amenábar   Cine

Nacho Duato

Enrique Iglesias

Javier Bardem

Jaume Balagueró

Antonio Muñoz Molina

Fangoria

Penélope Cruz

Sara Baras

Fernando Trueba

2. Relaciona cada una de las definiciones extraídas de la RAE con las siguientes palabras:

Ópera	Cortometraje	Flamenco	Zarzuela
Cine	Teatro	Danza	Monólogo

.... - Obra dramática y musical en que alternativamente se declama y se canta.

.... - Obra teatral cuyo texto se canta con acompañamiento de orquesta.

.... - Baile (acción de bailar).

.... - Género literario al que pertenecen las obras destinadas a la representación escénica, cuyo argumento se desarrolla de modo exclusivo mediante la acción y el lenguaje directo de los personajes, por lo común dialogado.

.... - Especie de obra dramática en que habla un solo personaje.

.... - Se dice de ciertas manifestaciones socioculturales asociadas generalmente al pueblo gitano, con especial arraigo en Andalucía.

.... - Local o sala donde como espectáculo se exhiben las películas cinematográficas.

.... - Película de corta e imprecisa duración.

REFERENCIAS Y ENLACES DE INTERÉS:

- La Casa del Libro

http://www.casadellibro.com

Tienda de libros en línea donde se puede consultar la actualidad literaria en España: qué libros se venden más, cuáles tienen más éxito, géneros, libros por autores,...

- La zarzuela

http://www.zarzuela.net

Página en la que se puede consultar información, historia, libretos y cualquier cosa relacionada con la zarzuela.

- Actualidad musical

http://www.los40.com/musica/listas/

Listas actualizadas semanalmente de la música comercial más escuchada en España.

- Catálogo de cine español

http://catalogocine.mcu.es/index.html

Acceso a un catálogo completo de películas españolas recopilado por el Ministerio de Cultura.

- Blog de cine español

http://www.elblogdecineespanol.com/

Blog de cine en el que se comentan las novedades y muchos otros aspectos relacionados con el mundo del cine español.

- Joaquín Cortés y Sara Baras

http://v.youku.com/v_show/id_XMzMzMTA5NTY=.html
http://v.youku.com/v_show/id_XMzMzMjYxMjA=.html

Vídeos de actuaciones de dos de los grandes del flamenco, Joaquín Cortés en el primero y Sara Baras en el segundo. En ambos fragmentos podemos apreciar no sólo el baile de los artistas sino también todo el acompañamiento musical que llevan.

- Compañía Nacional de Danza de España

http://cndanza.mcu.es/esp/compania/compania.htm

En este espacio se pueden ver algunos vídeos de representaciones puntuales de la Compañía de Nacho Duato.

ANEXO 1: La RAE

La Real Academia Española fue fundada en 1713 y un año más tarde amparada por el rey Felipe V; partiendo de los principios ilustrados característicos de la época, se propuso "fijar" las palabras del español en su manera más apropiada, elegante y pura, de ahí que su lema sea *Limpia, fija y da esplendor*. Define como su principal misión cuidar que los cambios lingüísticos debidos a la adaptación a nuevos tiempos no rompan la unidad del idioma.

La Real Academia Española está integrada por académicos de diferentes denominaciones, principalmente: académicos de número, académicos correspondientes, y académicos honorarios.

Se considera académicos de número a los ocupantes de *sillones académicos*: cuarenta y seis sillones a día de hoy, llamado cada uno con el nombre de una letra (mayúscula o minúscula). Estos sillones son otorgados en condición vitalicia a personas cuya labor lingüística y literaria, ya sea creativa o académica, ha convertido en las mayores autoridades del momento en lo que a idioma español se refiere. Aparte de los ya mencionados en el texto de la unidad, académicos de número representativos son: lingüistas como Manuel Seco o Ignacio Bosque, críticos literarios como Francisco Rico, novelistas como Ana María Matute, Luis Goytisolo o Mario Vargas Llosa, poetas como Pere Gimferrer, periodistas como Luis María Ansón, e incluso autoridades procedentes de otros campos, como el dibujante Antonio Mingote.

Los académicos correspondientes son investigadores de la lengua y la literatura españolas que, por la calidad e importancia de sus trabajos, se han convertido en referencias indispensables: Manuel Alvar Ezquerra, Gonzalo Sobejano, o Alberto Blecua, entre otros.

Son académicos honorarios aquellas personalidades eminentes en el cultivo de la lengua española, sean españoles o no, como Jorge Guillén, José Manuel Blecua o el príncipe Bernardo de los Países Bajos.

Las publicaciones de la Real Academia Española establecen la normativa de los diferentes aspectos del idioma sobre los que tratan: la más consultada es sin duda el diccionario (DRAE: *Diccionario de la Real Academia Española*), publicado por primera vez en 1780 y actualizado repetidas veces ante la aparición de nuevas palabras y de cambios de significado, en 2013 se publicará su 23ª edición. Se critica con frecuencia que las palabras nuevas tardan mucho tiempo en ser admitidas por el DRAE, pero esta lentitud se debe a la prudencia de su autoridad, ya que ninguna palabra puede aparecer en el DRAE hasta que su uso quede adoptado, definido y regularizado por la sociedad, lo cual no es producto fortuito.

La Gramática de la Real Academia se publicó por primera vez en 1771; ha tenido diferentes reformas y ediciones, y desde 2009 han aparecido progresivamente los tres volúmenes de su *Nueva gramática de la lengua española* junto con dos ediciones resumidas: *el Manual y la Gramática básica*.

ANEXO 2: La SGAE

A finales del siglo XIX, diversos autores musicales y de teatro crearon la Sociedad de Autores para protegerse de los abusos de propietarios de salas e intermediarios, que se quedaban con la mayor parte del beneficio producido por la publicación de las obras (conciertos, representaciones teatrales, zarzuelas, etc.) mientras que los creadores de las mismas recibían escasa remuneración. En 1941 se transformó en la Sociedad General de Autores de España (SGAE), que en 1995 cambió su nombre a Sociedad General de Autores y Editores.

Dedicada a la defensa y gestión de los derechos de propiedad intelectual de creadores y editores tanto en España como fuera del país (tiene oficinas en Nueva York, México D.F., La Habana, Río de Janeiro y Shanghái), la SGAE reparte entre los autores asociados a ella los beneficios obtenidos del uso de sus obras. Es decir, creadores y editores pagan una cuota a la SGAE, y a cambio ella protege sus obras de la copia ilegal y de la piratería. Esta protección consiste en el cobro de cánones (concepto similar a 'impuestos') a los usuarios de las obras, es decir, el público.

Desde hace años, existe una fuerte polémica social y artística en torno a estos cánones, que han aumentado (con el apoyo de leyes parlamentarias) hasta el punto de encarecer tanto el precio de las obras, que el público no puede acceder a ellas. Es decir: el precio de un disco de música, una película en DVD o una novela es tan alto, a causa de los cánones que cobra la SGAE, que mucha gente no puede comprar tantos discos, películas o libros como quisiera.

Entre los cánones cobrados por la SGAE destacan:

- la impresión de libros (incluidos libros de texto para la escuela), la grabación de música y de imágenes, y la impresión de fotografías: imprentas, empresas discográficas y cinematográficas, periódicos y revistas, han de pagar a la SGAE;

- emisión pública (pagando entrada o no) y privada de música o de material audiovisual: salas de conciertos, discotecas, cines, canales de televisión, emisoras de radio, comunidades de vecinos, lugares donde se emite música ambiental (centros comerciales, centros de consulta médica, etc.), bares con televisor o radio... todos han de pagar a la SGAE, aunque lo que se emita por radio o televisión sea partidos de fútbol o noticiarios;

- fabricación de aparatos de reproducción audiovisual: fábricas de televisores, equipos de música, reproductores de DVD, ordenadores, teléfonos móviles, tabletas, fotocopiadoras, escáneres... también han de pagar a la SGAE;

- uso público de máquinas de copia: los establecimientos que ofrecen fotocopias, escáneres, impresión de documentos, etc. también han de pagar a la SGAE.

El resultado es encarecimiento no sólo de los productos artísticos, sino también de los aparatos necesarios para usarlos, y de los servicios relacionados con su posible uso. Esto ha dado lugar al dilema siguiente: ¿es la SGAE un obstáculo entre la cultura y el pueblo? La mayoría de españoles encuentran limitado su acceso a la cultura y al arte a causa de las imposiciones económicas de la SGAE.

Por otro lado, la reducción de consumo empobrece a los autores, y al mismo tiempo disminuye la promoción y difusión de su trabajo. A esto se añade el hecho de que sólo reciben reparto del beneficio derivado del cobro de cánones los artistas asociados a la SGAE (que ya pagan una cuota muy elevada por asociarse), mientras que el público paga cánones por todos los artistas cuyas obras consumen.

La queja de consumidores ha dado lugar a diversas acciones jurídicas contra la SGAE por monopolio. En el verano de 2011, las autoridades españolas detuvieron al presidente y a ocho miembros de la cúpula directiva de la SGAE a raíz de la investigación sobre la apropiación indebida de unos 400 millones de euros, a partir de denuncias de la Asociación de Internautas, la Asociación de Empresas de Informática y Nuevas Tecnologías, y la Asociación de Hosteleros Víctimas del Canon, entre otras organizaciones.

Anuncio de denuncia a la SGAE

ANEXO 3: La Movida

Durante los años de la Transición, se fue gestando entre las ciudades de Madrid y Vigo un ambiente cultural muy relacionado con las actividades nocturnas, la música y el arte callejero, con influencia de la reacción postfranquista y de movimientos internacionales como el *punk*, el *glam* y el *pop art*. De él surgió en 1981 *la Movida*, que a modo de revolución artística y cultural definió el nuevo modo de ver la vida y la sociedad de muchos jóvenes españoles de entonces. *La Movida* tuvo repercusiones tanto en televisión como en cine, radio y prensa, y se reflejó sobre todo en la música.

De la Movida proceden muchos artistas de relevancia posterior como Alaska, Pedro Almodóvar, Nacho Canut, Santiago Auserón, Ágata Ruiz de la Prada, Jaime Urrutia, Loquillo, Javier Gurruchaga, Julián Hernández, Pablo Carbonell y Pedro Reyes... entre tantos otros.

Enrique Sierra, uno de los miembros de Radio Futura durante un concierto a principios de los 80

EJERCICIOS COMPLEMENTARIOS

1. Lee los siguientes fragmentos de canciones de grupos representativos de la Movida e intenta identificar algunas de sus características principales:

Tú hablas de la luz y yo hablo de la noche
cuando los monstruos tienen nombre de mujer.
David Bowie lo sabe y tu mami también
hay cosas en la noche que es mejor no ver.

Radio Futura – Divina

Dicen que es la bruja
con tacón de aguja
aliada de Lucifer,
cuentan que era estrella
pero la botella acabó con ella
hasta hacerla enloquecer.
Stop, mi hada, estrella invitada
víctima del desamor
sube al coche, reina de la noche
y olvida tu malhumor.

Tino Casal – Embrujada

Sí, voy a ser mamá,
voy a tener un bebé
para jugar con él,
para explotarlo bien.
Voy a ser mamá,
voy a tener un bebé,
lo vestiré de mujer,
lo incrustaré en la pared,
le llamaré Lucifer,
le enseñaré a criticar,
le enseñaré a vivir de la prostitución,
le enseñaré a matar.
Sí, voy a ser mamá.

McNamara y Almodóvar - Voy a ser mamá

El amanecer me sorprenderá
dormido, borracho en el Cadillac,
junto a las palmeras luce solitario.
Y dice la gente que ahora eres formal,
y yo aquí borracho en el Cadillac
bajo las palmeras luce solitario.

Loquillo y los Trogloditas - Cadillac solitario

Bailando.
Me paso el día bailando.
Y los vecinos mientras tanto
no paran de molestar.
Bebiendo.
Me paso el día bebiendo.
La coctelera agitando.

Alaska y Dinarama – Bailando

UNIDAD 11
Cultura popular

　　"弗拉明戈舞"已经成为西班牙的一张名片，但是当地的传统舞蹈并非仅此一种，不同的自治区都拥有具代表性的舞蹈。例如，加利西亚地区的穆涅伊拉舞、巴斯克地区的欧瑞斯库舞、北部纳瓦拉地区和阿拉贡地区的霍塔舞、加泰罗尼亚地区的萨达纳舞、西班牙中部地区流行的塞吉迪亚舞和安达卢西亚地区的塞维利亚舞。柔和的手部动作、优美的扭胯摇摆、炫目的脚步踢踏以及欢快的跳跃，使得西班牙舞蹈独具风格，不仅在本国受到民众的喜爱，在其他欧美国家，乃至中国的舞蹈学校都有专门教授西班牙舞蹈的课程。

　　西班牙三面沿海，素以海鲜盛名。在当地可以尝到金枪鱼、比目鱼、大龙虾、磷虾、各种贝类，其中最出名的是加利西亚烤章鱼、巴斯克烩鳕鱼、炸海鲜大拼盆，在安达卢西亚地区还可以吃到生鱼片。内陆地区则以各色肉类为主，其中首推牛肉。西班牙的牛肉鲜而嫩，可以制成烤牛排，也可以用生牛肉拌以蔬菜制成冷盆。除了牛肉外，猪肉也是主要肉类之一。西班牙人善于烹调烤猪排、烟熏猪排，还喜欢用猪排包裹火腿文火煎至熟香，塞戈维亚的烤乳猪更是闻名世界。更多的时候，猪肉被制作成各种肉肠，其种类竟有上百种之多。另外，火腿是西班牙人菜单中必不可少的。它用猪的后腿，经过特殊工艺腌制、烘干而成，专供生吃。有些饭店和酒吧会在天花板挂满火腿来装饰店铺。

　　除了舞蹈、美食之外，西班牙人生活中还有一样不可缺少的东西，那就是体育运动，尤其是足球。每当有重要的足球赛事，街道上几乎看不到行人，大家或是邀上好友呆在家中，或是挤在酒吧中观看电视转播。在全民对足球的热情之下，西班牙球坛培养了如弗朗西斯科·根托、路易斯·苏阿雷斯、劳尔·冈萨雷斯、大卫·比利亚等一大批球星，也涌现出如皇马、巴萨等多支世界级的足球强队。除了足球世界，在网球、篮球、自行车、F1等领域，西班牙同样成绩斐然。

1 – Danzas regionales y sus vestimentas

La riqueza geográfica e histórica de España queda constatada en la variedad de su folklore. Desde el punto de vista musical, cabe destacar:

- Muiñeira: es el género musical más representativo de Galicia, pero también está presente en Asturias y Castilla-León. El instrumento apropiado para su ejecución es la gaita. De ritmo binario con subdivisión ternaria (6/8) rápido y vivo, se distinguen dos tipos: *muiñeira nova* (nueva), que marca el primer paso del compás, y *muiñeira vella* (vieja), que marca el segundo; existen diferentes variantes a partir de estos dos tipos. Se baila generalmente en parejas de distinto sexo, cara a cara con los brazos en alto

Bailando muiñeira

o sosteniendo panderetas; el hombre realiza pasos complejos y la mujer lo sigue; ambos visten blusa blanca de manga ancha y chaleco oscuro ajustado al cuerpo, pero la mujer lleva falda larga a juego con el chaleco mientras el hombre conjunta con pantalón y sombrero.

- Aurresku: se trata de un rito vasco de honor que se emplea en actos solemnes y homenajes, al son de *txistu* (flauta de tres agujeros) y tamboril, ambos instrumentos a cargo de un mismo músico, denominado *txistulari*; la danza la realiza el *aurreskulari*. Compuesto por cuatro partes a ritmo de 5/8, sólo lo bailan hombres (en la tradición vasca las mujeres no bailan; dado que el baile es un acto de homenaje y respeto, los hombres bailan para homenajear a las mujeres). Cuando se trata de un solo bailarín, suele ir vestido de blanco con faja roja ajustada a la cintura y boina. Emplea fundamentalmente la cadera y las piernas, alternando pasos y saltos con alzamiento elevado de pierna y movimiento en círculo del pie. Se ejecuta tanto en actos oficiales como en bodas o fiestas locales, siempre con el carácter honorífico que lo caracteriza.

Un gaitero asturiano

- Jota: con numerosísimas variantes, este baile está presente en el folklore de toda la Cornisa Cantábrica, el Pirineo, Levante [1] y la Meseta. Son más conocidas la jota aragonesa, la riojana, la navarra, la valenciana, la gallega, la extremeña y la castellana, quedando la variante de Aragón como más representativa entre todas.

La jota aragonesa está caracterizada por compás ternario y canto acompañado de guitarra, bandurria, pandereta y castañuelas; dicho canto es una copla de cuatro versos y contenido habitualmente jocoso. La danza consta de tres partes (inicio, baile y final), no es tan rápida como la muiñei-

Aurreskulari

ra, y normalmente se baila en pareja de distinto sexo, aunque no es raro que se baile en grupos de un mismo sexo. La vestimenta suele ser: falda con delantal la mujer, calzón y faja el hombre, y ambos llevan blusa, chaleco, pañuelo en la cabeza y calzan alpargatas.

- Sardana: música interpretada por una orquesta denominada *cobla*, entre cuyos instrumentos destacan el *flabiol* (una flauta de pequeño tamaño) y el *tamborí* (tambor pequeño), ambos a cargo de un mismo músico, denominado *flabiolaire*. Su ritmo puede ser binario o ternario según variantes y se baila en grupo, tomados de las manos formando un círculo; se trata de un baile abierto al que los bailarines pueden unirse una vez empezado o abandonarlo antes de que acabe, por lo que el tamaño y composición del círculo varían en todo momento; lo habitual es que los bailarines se ordenen alternando hombre y mujer, de modo que una mujer tiene a cada lado un hombre y viceversa. Calzados con *espardenyes* (similares a alpargatas), la mujer viste falda, blusa y lleva el cabello recogido con una red, mientras el hombre lleva pantalón, faja, camisa, chaqueta y *barretina*[2], típico gorro catalán.

- Seguidilla: música de ritmo ternario originaria del centro peninsular pero presente también en las Islas Canarias, destacando su variante manchega como principal entre todas. Sus instrumentos representativos son los mismos que se emplean para la jota, más la botella de anís; baile animado, en parejas de distinto sexo situados cara a cara, basado en pasos laterales en repetitivo vaivén alternados con cruces frontales marcados por el cambio de tiempo. El atuendo es también muy semejante al de la jota.

- Sevillanas: música de ritmo ternario interpretada normalmente con guitarra, pandereta y castañuelas y cantada

La jota, de Sorolla

Representación de una sardana (arriba) y de una seguidilla (abajo)

Rincón de lengua

Guitarra – del griego *kithara* (un tipo de instrumento de cuerda similar a un arpa) proceden los nombres españoles de dos instrumentos diferentes: la cítara, y la guitarra. 'Cítara' llegó al castellano desde el griego a través del latín, mientras que 'guitarra' es la evolución de *kithara* a través del árabe *qitara*. Hay muchos casos de palabras latinas o griegas que han dado lugar a dos palabras castellanas diferentes.

Mujer con traje de gitana, bailando durante una de las típicas ferias andaluzas

tanto en solitario como en coro, derivada del flamenco y de la seguidilla, que en las últimas décadas se ha erigido como danza folklórica representativa de Andalucía, siendo la más bailada y conocida fuera de España. Se baila en parejas de distinto sexo, con pasos de aproximación y alejamiento alternados con cruces y giros; la mujer acompaña sus pasos con movimientos de brazos y manos que prestan una belleza característica a este baile. Consta de cuatro tiempos, en los que se repite la melodía; el canto, que puede tratar de aspectos cotidianos o de temas trascendentales, también se estructura en cuatro partes. La mujer viste traje de gitana (larga falda con volantes, escote y hombros cubiertos por mantón, pelo recogido y adornado con una flor) y el hombre traje corto (sombrero cordobés, blusa blanca, chaleco oscuro, pantalón largo y botas de caña larga).

2 – Gastronomía típica

a) Desayuno:

Los desayunos más típicos consisten en pan y café. Las variedades de pan en España son innumerables y cada localidad cuenta con su propia especialidad (con frecuencia, más de una), si bien hay dos formas comunes a todo el país: la barra de pan (pan blanco a cuya masa se dota de forma alargada antes de ser horneada; su corteza es crujiente) y el pan cateto (pieza grande de masa densa a la que se da forma redonda y que suele obrarse en horno de leña; su corteza es dura).

Un "solo" (café solo) y pan

Pa amb tomàquet, también conocido como "catalana" o "pantumaca"

La 'cafetera italiana' es un instrumento que podemos encontrar en casi cualquier cocina española

Cada región tiene su propia manera original de emplear el pan en el desayuno, pero todas se han generalizado a lo largo del país, y es posible encontrarlas en cualquier lugar. Para desayunar, es habitual cortar el pan en forma de rebanadas y tostar éstas antes de comerlas, de modo que el pan esté caliente y crujiente.

Pan con aceite: rebanada de pan empapada en aceite virgen extra. Suele añadírsele sal, no sólo porque potencia el sabor, sino también porque ayuda a absorber el aceite. Además, a voluntad individual del consumidor, puede añadírsele jamón, o queso, o embutidos.

Pan con ajo: rebanada de pan sobre la que se restriega ajo antes de empaparse en aceite. Dado que el ajo activa la circulación sanguínea, este desayuno proporciona calor y tiene su origen en zonas de clima frío.

Ensalada de atún

Pan con tomate: original de Cataluña (donde se denomina *pa amb tomàquet*), ha conquistado el corazón del resto de españoles. Se trata de restregar el interior de medio tomate sobre una rebanada de pan antes de añadirle sal y aceite. El *pa amb tomàquet* combina muy bien con jamón, por lo que es muy frecuente añadírselo.

Café solo: infusión resultante de filtrar agua hirviendo entre café molido. Puede añadírsele azúcar o no, según el gusto del consumidor. Para prepararlo, se prefiere cafetera de estilo italiano, que condensa el sabor.

Café con leche: se añade al café ya filtrado una cantidad indeterminada de leche, caliente o no; tanto la temperatura como la proporción, como la adición de azúcar, dependen del gusto del consumidor.

Carajillo: café solo al que se añade licor. Tradicionalmente se hace con coñac o con anís, pero en las últimas décadas se ha empezado a emplear también whisky y crema irlandesa, que otorga al carajillo un sabor dulce.

El café se puede consumir a cualquier hora del día, y es un recurso habitual para pausas en el trabajo o para reuniones entre amigos. Invitar a café a un desconocido, o a un cliente, o a un compañero de trabajo, es un gesto de acercamiento personal.

b) Almuerzo y cena:

El canon popular establece que estas dos comidas consistan en dos platos y postre. De primero se prefieren platos de elaboración fácil y ligeros, tales como sopas y cremas (frías o calientes) y ensaladas. De segundo, se da cabida a platos más consistentes y elaborados.

Ensalada: combinación de verduras y hortalizas, crudas o no, con presencia predominante de la lechuga y el tomate. Se aliña con aceite virgen extra, vinagre y sal. No es raro que la ensalada contenga atún, o queso, o pasta, o incluso carne.

Rincón de lengua

Pan – observa que 'pan' es la raíz de 'compañero'; 'compañía' es la persona o personas con las que se comparte pan.

Café – este nombre se formó a partir del turco *kahveh*, y éste procede del árabe *kahwa*, que significa "estimulante".

Sal – observa que esta palabra es raíz de otras también relacionadas con la alimentación: 'ensalada', 'salmorejo'... o 'salsa', como ya vimos en la Unidad 2.

Almuerzo – del latín *admordium*, "mordisco". Probablemente, durante la ocupación árabe se generalizó la mezcla con el artículo árabe *al-* en lugar del prefijo latino *ad-*.

Paella valenciana

Gazpacho y salmorejo: cremas frías a partir de una base de tomate, ajo y pimiento triturados con aceite, vinagre y sal; suele añadirse agua en el caso del gazpacho, para que sea más líquido, o pan en el caso del salmorejo, para que sea más denso. Ambos admiten una infinidad de ingredientes complementarios, según variantes regionales.

Cremas de verduras: verduras hervidas antes de ser trituradas; se puede añadir otros ingredientes durante la trituración, tales como aceite, o nata, o queso.

Arroces: en España se consume mucho arroz, cocinado de muy variadas maneras. Al arroz blanco hervido en agua se lo denomina en muchas partes "arroz a la cubana", y suele ir acompañado de salsa de tomate triturado o huevos fritos. Con más frecuencia se prepara el arroz sin hervir, sino cocinado a fuego lento en sartén u olla con otros elementos; la base de estos platos es un sofrito: picadura de varios ingredientes sobre la que se elaborará el resto del plato. Los componentes más comunes del sofrito son: ajo, cebolla, pimiento, sal y aceite; a éstos pueden sumarse tomate, apio, puerro, y otras especias. Una vez que el sofrito está preparado, sobre él se cocina carne o verdura, y al final se añade arroz, que se cuece en el caldo resultante de los otros ingredientes, adquiriendo su sabor. La paella es un ejemplo de arroz cocinado en sofrito.

Pisto: plato de verduras (berenjena, calabacín y tomate, básicamente) cocinadas en olla a fuego lento hasta que no pueden distinguirse entre sí.

Pucheros, potajes, cocidos [3]: platos de lenta elaboración en olla y digestión pesada en el estómago, muy indicados para el invierno y el frío; consisten en un sofrito al que se añade agua y, cuando ésta hierve, se cuecen en ella legumbres, a las que posteriormente se añade carne o embutidos.

Carnes: al horno, a la brasa, a la plancha o cocidas, existen centenares de platos basados en carne. Las más consumidas en España son: pollo, cerdo, ternera y cordero.

c) Merienda y picoteo:

Hay una gran variedad de alimentos usados de manera convencional para saciar el hambre entre comidas.

Bocadillos: media barra de pan (o bollo de tamaño equivalente) cortada transversalmente y rellena de lo que se desee. Lo más común es el uso de jamón, queso o embutidos, pero el mundo del bocadillo no conoce reglas y no es raro encontrar especialidades como el bocadillo de tortilla de patatas, el de calamares, o incluso bocadillo de alcachofa. Es muy popular el bocadillo al estilo catalán, con aceite, tomate, sal y jamón.

Bocadillo de jamón ibérico

Bocadillo de tortilla de patatas

Pastelería y bollería tradicionales: magdalenas, sobaos, tortas, cocas... casi cada localidad tiene sus dulces característicos. Una constante en todo el país es que los dulces se elaboran a partir de almendra, huevo y azúcar.

Tapas: pequeñas raciones de cualquier plato, suelen consumirse en bares, acompañadas de refrescos, cerveza o vino, como aperitivo o como sustitución del almuerzo o cena. Aparte de tapas, en estos lugares se consumen también frutos secos y encurtidos (aceitunas, pepinillos y cebolletas aliñados).

3 – Vida nocturna

La noche da lugar a diferentes tipos de actividades. En España predominan fundamentalmente dos alternativas: ver la tele o salir a la calle.

Las calles españolas se caracterizan por una acentuada vida nocturna: bares, restaurantes, cines, teatros, discotecas, e incluso tiendas y centros comerciales tienen actividad hasta bien entrada la madrugada.

Salir a beber, a cenar o a tapear con amigos o compañeros es la manera más común de hacer vida social en España. En estas ocasiones, es costumbre consumir en más de un establecimiento, por lo que estos establecimientos suelen estar agrupados en el mismo barrio. Los barrios donde hay presencia significativa de locales nocturnos (bares y discotecas, principalmente) reciben el nombre de "zonas de marcha": se suele llamar "marcha" a la actividad nocturna de socialización y entretenimiento en bares y discotecas, y por ello se usa la expresión "ir de marcha" a salir por la noche. Hay distintos

Rincón de lengua

Gazpacho – parece ser que su origen está en la voz ibérica 'caspa', en sentido de "residuo", "resto"; observa que el tomate no existía en Europa y por tanto no se pudo emplear hasta después del descubrimiento de América; antes de incorporar el tomate, las gentes más pobres juntaban restos de pan, cebolla, ajo, aceite y vinagre, y lo tomaban sin calentar: el gazpacho es una comida exquisita pero de origen muy humilde.

Arroz – Como sucede con 'guitarra', es ésta una palabra de origen griego (*oryza*) que ha llegado al castellano a través del árabe (*arruz*).

Ambiente en un bar musical nocturno

Pregunta al lector

¿Conoces algún equipo de fútbol español? ¿Cuál? ¿Sabes a qué localidad pertenece?

"la Roja"

A nivel internacional España está representada por la selección española, formada por un conjunto de deportistas de equipos de primera división. Desde el verano de 2010, cuando el equipo consiguió ganar la copa del Mundial de Fútbol en Sudáfrica, se la conoce también como 'la Roja' por el color del uniforme de los jugadores.

ambientes de marcha, en los que distintos tipos de personas se reúnen según edad, gustos musicales, clase social, u orientación sexual; es normal que las personas a las que interese un ambiente concreto frecuenten una zona y nunca, o rara vez, acudan a otra.

Dado que la marcha se prolonga hasta muy tarde e implica cansancio (baile, consumo de alcohol), se concentra sobre todo en las noches de viernes y sábado, puesto que generalmente no se trabaja al día siguiente. Entre estudiantes universitarios, sin embargo, es normal ir de marcha el jueves por la noche.

Desde la década de los 90, un fenómeno asociado a la marcha que plantea problemas al orden público es el botellón: reunión de jóvenes en una plaza o un parque para beber hasta la madrugada.

4 – El fútbol

Popularmente referido como "el deporte rey", el fútbol ocupa una parte importante de la atención de los españoles. Prácticamente todas las localidades españolas tienen al menos un **equipo de fútbol**, independientemente del número de habitantes y de la categoría en la que dicho equipo esté clasificado.

Como cualquier actividad que atraiga la atención de las masas, el potencial económico del fútbol en España es enorme, y podría decirse que constituye en sí mismo una industria de la que dependen en mayor o menor medida sectores como la publicidad y los medios de comunicación.

A nivel de competición nacional, hay cuatro categorías:

- Primera división: constituida por los veinte equipos mejor cualificados, que juegan la llamada "Liga de las Estrellas" (desde 2008, Liga BBVA). Al terminar esta liga, los tres equipos que quedan en último lugar descienden a segunda división.

- Segunda división: formada por veintidós equipos; de éstos, los tres que quedan primeros al acabar la liga de segunda división (Liga Adelante) pasan a primera división.

- Segunda B: ochenta equipos entre los que los cuatro mejores ascienden a segunda división.

- Tercera división: en torno a trescientos sesenta equipos.

Los partidos de primera división se retransmiten por televisión en directo. Cada equipo cuenta con un club de socios: amantes del fútbol que pagan cada año una cuota para gozar de ventajas relativas a la adquisición de entradas para ver los partidos en el estadio. Cada equipo de primera división dispone de su propio estadio o campo de fútbol, donde realiza los entrenamientos y juega contra equipos visitantes.

Estos partidos de primera suelen jugarse en miércoles y domingo. Aparte de acudir al campo de fútbol o ver el partido desde casa, existe la modalidad de reunirse en bares con televisor, donde el ambiente es más intenso y divertido.

A parte de la Liga BBVA, otras competiciones futbolísticas en España son:

- la Copa del Rey, en la que participan en torno a ochenta equipos;

- la Supercopa, en la que se enfrentan el campeón de la Liga BBVA y el campeón de la Copa del Rey.

Muchos equipos destacan por la calidad de su juego y por el entusiasmo de sus seguidores, también denominados "forofos". Entre todos, cabe mencionar:

- Real Madrid Club de Fútbol, con uniforme blanco, ganador de 31 trofeos de Liga, 18 Copas del Rey y 8 Supercopas, además de 18 competiciones internacionales.

- Fútbol Club Barcelona, con uniforme *blau-grana* (azul y granate), vencedor de la Liga en 21 ocasiones, de 25 Copas del Rey y 10 Supercopas,

Cromo de uno de los jugadores de la selección española durante el Mundial de Fútbol celebrado en España en 1982. En la imagen, José Antonio Camacho que más tarde fue entrenador de la selección española y de la china, entre otros equipos.

¿Sabías que...

...los forofos de algunos de los equipos tienen apodos? Por ejemplo, a los seguidores del Atlético de Madrid los llaman 'colchoneros'; a los del "Barça" (Fútbol Club Barcelona) los apodan 'culés'; a los del Real Madrid, 'merengues'; 'leones' a los del Athletic de Bilbao y 'periquitos' a los del Real Club Deportivo Español;...

Rincón de lengua

Deporte – derivado del verbo 'deportar', que a su vez tiene la raíz en 'puerto'. El sentido original de este verbo en latín es "sacar del puerto", de donde el sentido actual castellano de "expulsar de un país". Pero ya en tiempo de los romanos adquirió otro sentido coloquial de "salir al campo", que es el significado del que procede 'deporte' como "actividad física", "ejercicio" y "diversión".

junto con 22 trofeos internacionales.

- Real Betis Balompié, con uniforme verde y blanco; equipo sevillano con siete peñas de seguidores en el extranjero.

- Real Club Deportivo La Coruña, con uniforme blanco y azul y 25 peñas de forofos en el extranjero.

- Real Sociedad de Fútbol, equipo vasco de uniforme azul y blanco con el récord de partidos consecutivos ganados: 38, entre las Ligas de 1979 y 1980.

- Atlético de Madrid, con uniforme blanco y rojo, ganador de 9 Ligas, 9 Copas del Rey y 1 Supercopa.

5 – Otros deportes con seguimiento popular

El ciclismo mantiene un gran número de forofos en España. La competición más representativa es la Vuelta Ciclista a España, que se celebra durante tres semanas cada verano desde 1941 (aunque se celebró por primera vez en 1935), con participación de ciclistas tanto españoles como extranjeros. Tiene lugar en carreteras de España, cubriéndose cada día una distancia determinada a la que se denomina "etapa". La mayor proporción de vencedores de esta competición corresponde a ciclistas españoles, seguidos por Francia y Bélgica en segundo y tercer lugar respectivamente.

Perico Delgado

La Vuelta Ciclista cuenta con amplia cobertura en televisión y prensa, lo que la convierte en el centro de atención deportiva del país mientras tiene lugar (primavera); otras competiciones seguidas por el público español son el Giro de Italia y el Tour de Francia. Grandes ciclistas españoles son, por ejemplo, Perico Delgado, Miguel Induráin y Abraham Olano.

Con una veintena de torneos relevantes en suelo nacional y muchos tenistas reconocidos a nivel internacional, el tenis cuenta con una amplia cobertura en los medios de comunicación a lo largo de todo el año. Las principales competiciones de tenis en España son la Copa del Rey de Tenis (en Huelva, desde 1912), el Trofeo Conde de Godó (en Barcelona, desde 1953), y el Masters de Madrid (desde 2002). Grandes tenistas españoles a nivel internacional han sido, entre otros, Manolo Santana, Arancha Sánchez Vicario y, actualmente, Rafael Nadal.

Rafael Nadal

El baloncesto cobró popularidad con la celebración del Campeonato Mundial de Baloncesto de 1986 en España, en el que la selección española de baloncesto llegó a semifinales, acaparando con ello gran atención del público. Aparte de esto, desde la década de los 50 hasta los 80 existió una Liga Nacional de baloncesto, que a partir de 1983 tomó el nombre de Liga ACB.

NOTAS

① Levante

　　莱万特地区，指西班牙东南部沿地中海地区，包括加泰罗尼亚、瓦伦西亚、穆尔西亚三个自治区，巴利阿里群岛，阿尔梅利亚省，格拉纳达、卡斯蒂利亚·拉曼查以及阿拉贡的部分地区。这个名称最早出现在大航海时代。当时，西班牙南部地区成为欧洲经济贸易的中心，而阿尔梅利亚和穆尔西亚省位于整个南部经济区的最东面，即最早见到太阳升起的地方，因此用"莱万特"来命名，意为"太阳升起"。

② Barretina

　　加泰罗尼亚地区的传统帽子。它无檐无舌，羊毛材质，常为红色，并镶以黑色边。早期大多是水手或者犹太人使用这款帽子。1789年法国大革命后，它成为了共和党人的服饰标志，并迅速在整个欧洲流行起来，还传播至美洲。如今，人们在日常生活中已经较少佩戴它，不过在跳加泰罗尼亚的萨达纳舞时，它是表演者的必备行头。另外，我们所熟悉的艺术大师萨尔瓦多·达利就十分喜欢戴这样的帽子。

③ Pucheros, potajes, cocidos

　　西班牙炖菜，它起源于安达卢西亚地区，当地的农民为了避免浪费，把前一晚的剩菜倒入一个大汤锅中，加水及其它配料重新烹饪，作为第二天的主食。如今，它已成为西班牙冬日的特色菜。尽管各地区的作法略有不同，名称也各异，但都是选用上好的猪肉、牛肉、鸡肉、汤骨和肉肠，鹰嘴豆、胡萝卜，以及大蒜、洋葱、甜菜等配料在大汤锅中共同熬制。食用时，浓汤作为第一道菜，有时还可以在其中加入米饭或面条；鹰嘴豆和肉单独盛放，作为第二道菜。

VOCABULARIO

gaita *f.*	风笛
pandereta *f.*	小手鼓
txistu *m.*	（巴斯克）笛子
tamboril *m.*	长鼓
faja *f.*	束腰带
bandurria *f.*	十二弦琴
atuendo *m.*	豪华，服饰
triturado, da *p.p.*	磨成粉末的
sofrito *m.*	煸炒的佐料
forofo, fa *m.f.*	体育的狂热爱好者

EJERCICIOS

1. Relaciona las palabras de la columna de la izquierda con sus definiciones extraídas del DRAE:

Fútbol	- Juego entre dos equipos de cinco jugadores cada uno, que consiste en introducir el balón en la cesta o canasta del contrario, situada a una altura determinada.
Natación	- Juego entre dos equipos de once jugadores cada uno, cuya finalidad es hacer entrar un balón por una portería conforme a reglas determinadas, de las que la más característica es que no puede ser tocado con las manos ni con los brazos.
Baloncesto	- Deporte de los aficionados a la bicicleta o al velocípedo.
Atletismo	- Juego practicado por dos personas o dos parejas, que se lanzan alternativamente una pelota, utilizando raquetas, por encima de una red, con el propósito de que la otra parte no acierte a devolverla.
Gimnasia	- Conjunto de actividades y normas deportivas que comprenden las pruebas de velocidad, saltos y lanzamiento.
Esquí	- Práctica y deporte consistentes en nadar.
Equitación	- Arte de montar y manejar bien el caballo.
Hockey	- Arte de desarrollar, fortalecer y dar flexibilidad al cuerpo por medio de ciertos ejercicios.
Ciclismo	- Deporte practicado sobre un patín muy largo, de madera o de otro material ligero y elástico, que se usa para deslizarse sobre la nieve, el agua u otra superficie.
Tenis	- Juego entre dos equipos, consistente en introducir en la portería contraria una pelota o un disco impulsado por un bastón curvo en su parte inferior, y que se practica en un campo de hierba o con patines en una pista de hielo u otra superficie dura.

2. Relaciona cada una de las ideas de una columna con la más adecuada de la otra:

Pa amb tomàquet	Tenis
Muiñeira	Bocadillo
Paella	Vida nocturna
Café con pan	Músico vasco
La jota	Arroz
Aurreskulari	Bailarín vasco
Discoteca	Danza típica de Galicia
Sobaos	Fútbol
Mundial del 82	Baile típico de Aragón
Perico Delgado	Baloncesto
Traje de gitana	Sardana
Liga ACB	Instrumento de cuerda
La cobla	Seguidilla
Guitarra	Instrumento del noroeste de la península
Gaita	Café con licor
Masters de Madrid	Forofo
Carajillo	Sevillana
Txistulari	Desayuno
Colchonero	Bollería
Botella de anís	Ciclismo

3. Lee la siguiente receta e intenta averiguar de cuál de los platos que aparecen en el tema se trata:

Ingredientes para 4 personas

6 tomates maduros grandes y carnosos
2 pimientos verdes
1 pimiento rojo
1 pepino
1 corazón de cebolla grande, 1 diente de ajo (opcional)
2 rebanadas de pan del día anterior sin la corteza

sal, aceite de oliva virgen extra, vinagre

Tiempo de realización: 20 minutos

Preparación
1. Poner a remojo las rebanadas de pan.
2. Pelar y trocear los tomates, los pimientos, el pepino, la cebolla y el ajo. A los pimientos se les quitan las semillas. Mezcle todos los ingredientes.
3. En la batidora eléctrica, coloque la mezcla de ingredientes (en una tanda o en varias tandas), añada un poco de agua y triture hasta conseguir una crema. Se añade el pan con el agua, el vinagre y se bate nuevamente hasta conseguir que todo esté bien triturado y emulsionado.
4. Añadir agua fría y mezclar bien. Comprobar el punto de sal y vinagre. Introducirlo en la nevera hasta conseguir la temperatura deseada.

Fuente: www.sabormediterraneo.com

REFERENCIAS Y ENLACES DE INTERÉS:

- Sabor Mediterráneo

www.sabormediterraneo.com

Se trata de una revista digital de gastronomía mediterránea. Contiene tanto recetas de platos típicos como artículos sobre diferentes aspectos relacionados con el mundo de la comida mediterránea.

- Terra Deportes

www.terra.es/deportes/

Resúmenes en forma de artículos de la actualidad deportiva, no sólo de fútbol sino también de los demás deportes tanto de España como de Europa.

ANEXO 1: Los cafés

Cartel promocional del Café Central de Málaga en el que se ilustran algunas de las diferentes medidas de café y sus nombres correspondientes.

En España el café es un mundo. Cada persona tiene sus preferencias a la hora de tomarlo y existen múltiples combinaciones a la hora de mezclar el café y la leche. No es lo mismo un 'cortado' que un 'manchado' o un 'café con leche' a pesar de que todos tienen exactamente los mismos ingredientes y preparación, todo depende de la cantidad de café y de leche que se ponga. Otro aspecto a tener en cuenta a la hora de preparar un café al gusto del consumidor es el tipo de leche, que puede ser entera, semi-desnatada o desnatada; o también el tipo y cantidad de azúcar (hay personas que prefieren tomarlo con sacarina). En este caso normalmente en España se acompaña la taza de café de un sobre de azúcar para que cada uno ponga la cantidad que necesite.

El tamaño del recipiente también varía. El café puede servirse en vaso muy pequeño o tacita (café solo o cortado), o en vaso o taza grande (café con leche).

Puede tomarse con hielo, especialmente en verano. O con otros elementos como chocolate, leche condensada, licores,...

Así que, cuando uno entra en un bar español y pide un café tiene que saber cómo lo quiere, si sólo pide "un café" lo más probable es que le sirvan un café solo.

ANEXO 2: Hitos del flamenco reciente

Antes de la década de 1950, se había percibido el flamenco desde una óptica muy negativa: los intelectuales regeneracionistas de principios del siglo XX lo consideraban, junto con la tauromaquia, un símbolo de atraso con respecto al desarrollo industrial de los países del norte de Europa. En los años siguientes, en cambio, surgieron defensores (los hermanos Antonio y Manuel Machado, Federico García Lorca, Manuel de Falla...) que reivindicaron el valor artístico del flamenco y su originalidad característica como forma de expresión definitoria de España. Como resultado dialéctico de ambos extremos, el lugar que ocuparía el flamenco durante la segunda mitad del siglo XX fue el merecido: expresión artística de gran valor cultural, pero restringida a sus ambientes concretos. Sin embargo, el interés que despertó como atracción turística a

Kiko Veneno

partir de la década de 1960 le hizo gozar de extraordinaria difusión frente a otras expresiones artísticas españolas, que quedaron en un segundo plano.

A partir de 1970, el flamenco ha estado marcado por dos tendencias opuestas: el purismo y la fusión. El flamenco-fusión ha permitido una mayor popularización de esta expresión artística y su expansión a ambientes más variados que los tradicionales. Comenzó a desarrollarse de la mano de artistas jóvenes, criados en la tradición flamenca pero abiertos a estilos extranjeros de gran influencia en el siglo XX como el jazz, el rock, o la bossa-nova. Los primeros representantes de la fusión del flamenco fueron Camarón de la Isla y Paco de Lucía, pero es necesario tener en cuenta a otros artistas cuyo trabajo ha sido determinante para el flamenco actual:

- Kiko Veneno: guitarrista, compositor y cantante, colaboró con Camarón en la creación del disco *La leyenda del tiempo* (1979), obra clave del flamenco-fusión; además de ser autor de 4 de las 10 canciones que conforman el disco, tomó la iniciativa de usar poemas de Lorca como textos para el cante (5 de las 10 canciones incluyendo la que da nombre al disco, emplean versos de Lorca; bello homenaje a este poeta defensor del flamenco). Junto con los hermanos Rafael y Raimundo Amador formó el grupo Veneno, que

Raimundo Amador

siguió desarrollando y explorando nuevas formas de fusión; ha trabajado también en solitario y compuesto para otros muchos artistas.

- Juan Peña "el Lebrijano": cantaor de larga carrera que ha fusionado el flamenco con la música *andalusí* (hispanoárabe) y norteafricana y ha llevado el flamenco a la universidad, por medio de ciclos de conferencias y otras actividades didácticas durante la década de 1990.

- Raimundo Amador: guitarrista y cantante, ha sido el mejor exponente de la fusión entre flamenco y blues, en colaboración con artistas extranjeros.

- Antonio Carmona: granadino, descendiente de una familia de larga tradición flamenca cuyos límites ortodoxos atravesó siendo líder del grupo Ketama, muy criticado por los puristas pero con gran éxito entre el público.

- Martirio: colaboradora de Kiko Veneno y Raimundo Amador que abrió el flamenco al humor y a la crítica social, con textos muy bien recibidos por el público; ha fusionado con estilos tan dispares como el bolero y el tango.

ANEXO 3: Deportistas que han hecho historia

Además de grandes deportistas reconocidos internacionalmente en la actualidad, España ha contado a lo largo del siglo XX e inicios del XXI con figuras que han hecho historia en el deporte español. A continuación mencionamos a algunos de los más relevantes:

- Federico Martín Bahamontes, nacido en 1928, ganó setenta y cuatro competiciones de ciclismo entre las décadas de 1950 y 1960, convirtiéndose en la primera figura del ciclismo español.

- Manolo Santana, tenista nacido en 1938, ganó fama mundial durante la década de 1960 al vencer en diversas competiciones internacionales. Después fundó su propia escuela de tenistas en Marbella (Málaga).

- Ángel Nieto, motorista nacido en 1947, considerado el pionero del motociclismo en España, fue número 1 mundial en diversas categorías entre 1969 y 1984.

- Paquito Fernández Ochoa (1950-2006) destacó como esquiador en juegos olímpicos de invierno y campeonatos mundiales durante la década de 1970.

- Severiano Ballesteros (1957-2011) fue la primera figura del golf español, ganando campeonatos internacionales durante las décadas de 1970 y 1980.

- Carlos Sáinz, nacido en 1962, piloto de rally en activo desde 1980, obtuvo su primera victoria internacional en 1990 (Rally Acrópolis) y la más reciente en 2010 (Rally Ruta de la Seda).

- Miguel Induráin, ciclista nacido en 1964, fue la gran figura del ciclismo mundial durante la década de 1990, ganando consecutivamente cinco Tours de Francia, aparte de muchos otros campeonatos internacionales.

- Arantxa Sánchez Vicario, nacida en 1971, tenista, ganó ocho competiciones internacionales durante la década de 1990, además de destacar en los juegos olímpicos de 1992 y 1996.

- Joane Somarriba, nacida en 1972, es una ciclista ganadora de nueve campeonatos internacionales entre 1994 y 2003.

- Isabel Fernández, también nacida en 1972, ganó la medalla de oro de judo en los Juegos Olímpicos de Sidney (2000), además de otros campeonatos mundiales y europeos.

- Jesús Carballo, nacido en 1976, ha sido el gimnasta español más destacado, campeón de cuatro competiciones internacionales durante la década de 1990, entre ellas el Campeonato Mundial de Tianjin en China (1999).

EJERCICIOS COMPLEMENTARIOS

1. Identifica cada una de las siguientes imágenes con el deportista del Anexo 3 que corresponda:

A. ¿Quién soy?

B. Me gustan los coches.
¿Quién soy?

C. Jugaba al tenis.
¿Quién soy?

D. A mí me encantan las motos.
¿Quién soy?

E. Yo gané cinco veces el Tour.
¿Quién soy?

F. Mi deporte es de invierno.
¿Quién soy?

UNIDAD 12
Festividades

导　读

    据统计，西班牙全年大大小小的节庆活动大约有200个。这些节日可以按性质分为宗教性节日，如三王节、圣周、圣体节、圣母无沾成胎节、圣诞节等，以及非宗教性节日，如国庆节、宪法日、西语日等等。如果按照规模，则可以分为全国性的节日，比如上述提到的，和地方性的节日。西班牙政体中各个自治区享有较高的自治权，因此，对许多西班牙人来说，地方性的节日具有同样的重要性，其庆祝规模一点也不亚于全国性节日，比如潘普洛纳的奔牛节、瓦伦西亚的火把节、布尔尼奥小镇的西红柿节、南部地区的四月节等等。每当这些节日来临的时候，不仅是西班牙人，来自世界各地的游客也会蜂拥而来，欣赏各式各样的游行表演，或是直接报名参与奔牛和番茄大战。当表演活动结束后，狂欢才真正开始。认识的、或不认识的朋友、游客相约涌入当地的特色酒吧饭店，吃饭、聊天、唱歌、跳舞，一直到第二日清晨才散去。由于游客实在太多，当地的旅店客房供不应求，有经验的游客会随身带上一条毛毯，直接露宿街头。

    尽管有如此之多的节日，但并非每一个节日都可以休假。西班牙国家劳动与移民部规定，全国性法定节假日总共是8个，分别是三王节、圣周五、劳动节、国庆节、万圣节、宪法日、圣母受孕节、圣诞节。如果这些节日正好遇到双休日，一般则不会再补休一天。除此之外，每年的圣周和八月份都是西班牙人休长假的日子。在休假来临之前，到处都涌动着购物的人潮，有为家里添置食品衣物的、有采购礼物馈赠亲朋的、也有购买家纺用品重新扮靓住所的。商家也借机大肆宣传，抛出诱人的价格吸引顾客。节日期间，大部分人会停止工作，举家出行，或是去海边度假，或是去位于乡村的祖父母家合家团聚。这期间，整个西班牙所有的公路上汽车大排长龙，机场、车站、码头人满为患，饭店商铺关门歇业，全国几乎陷入一片"瘫痪"之中。

Calendario de días festivos en España

1 de enero
Año Nuevo

6 de enero
Día de Reyes

Marzo o abril
Semana Santa

1 de mayo
Día del trabajador

15 de agosto
Asunción de la Virgen

12 de octubre
Día de la Hispanidad

1 de noviembre
Día de Todos los Santos

6 de diciembre
Día de la Constitución

8 de diciembre
Día de la Inmaculada Concepción

25 de diciembre
Navidad

Otras fiestas en días laborables

14 de febrero
San Valentín

8 de marzo
Día de la mujer trabajadora

19 de marzo
Día del padre

Primer domingo de mayo
Día de la madre

23 de abril
Día del libro

28 de diciembre
Día de los Santos Inocentes

1 – Festividades religiosas y no religiosas

Como hemos visto anteriormente, importantes festividades que se <u>celebran</u> en España (Navidad y Semana Santa, por ejemplo) tienen origen y componentes religiosos pero, conforme la sociedad española ha perdido progresivamente atención por la iglesia, dichas festividades han ido adquiriendo un carácter cada vez más laico.

En muchos casos, es difícil distinguir lo religioso de lo no religioso en las manifestaciones populares durante festejos, y ambos aspectos se confunden.

Sin embargo, existe una serie de <u>fiestas</u> de origen claramente laico en las que no se reconoce ningún elemento religioso. Tales festividades suelen tener origen social (el Primero de Mayo o Día del trabajador, por ejemplo, que se celebra en muchos países) o político (el Día de la Constitución); algunas festividades, como el Dos de Mayo en Madrid [1] o la *Diada* en Cataluña [2], conmemoran graves sucesos sangrientos de la historia.

2 – Fiestas nacionales: la Hispanidad y el Día de la Constitución

El Día de la Hispanidad, celebrado cada 12 de octubre, tiene un doble origen: religioso, por tratarse del día consagrado a la Virgen del Pilar, Patrona de Zaragoza, e histórico, por conmemorar la fecha del primer desembarco de Colón en América. Es muy representativo de este día el desfile de las Fuerzas Armadas ante el rey, las autoridades del gobierno y los representantes diplomáticos de naciones extranjeras, en Madrid. Este desfile despierta pasiones encontradas, sin embargo: mientras que se trata de un evento destacado para los entusiastas del espíritu hispánico, otros lo interpretan como una exhibición de belicismo, e incluso un resto anticuado del nacionalismo franquista.

Hay que tener en cuenta que se trata de una fecha celebrada no sólo en España sino igualmente en América, en algunos de cuyos países se denomina también "Día de la Raza".

El Día de la Constitución, 6 de diciembre, está considerado como "la fiesta de la democracia" por celebrarse en conmemoración de la fecha en que la Constitución de 1978 quedó ratificada por el pueblo español mediante referéndum. El rey y las autoridades del gobierno suelen presidir actos públicos en honor de la Carta Magna; al igual que sucede con la celebración de la Hispanidad, hay entusiastas de la Constitución para los que este día es motivo de alegría y respeto, mientras que para los detractores de la Constitución se trata de una jornada nefasta, y constituye motivo de protestas para los nacionalistas que interpretan la Constitución como una limitación de sus libertades.

Papeleta de aceptación de la Constitución de 1978 en el referéndum popular, que sacó un 87% de los votos a favor.
En realidad el texto definitivo fue previamente aprobado por el Parlamento y el Senado el 31 de octubre. Sin embargo es el día de la consulta popular, el 6 de diciembre, cuando se celebra el Día de la Constitución.

Sin embargo, esta festividad siempre es bienvenida por los trabajadores y los estudiantes, ya que el 8 de diciembre es también festivo (Día de la Inmaculada Concepción, importante fiesta de origen religioso que celebra el embarazo de la Virgen María) y suele producirse el fenómeno vacacional denominado "puente": el día laboral que queda atrapado entre los dos festivos se declara festivo también, lo que permite varios días de descanso, especialmente los años en que uno de los dos festivos caiga en miércoles: en este caso se obtienen cinco días seguidos de vacaciones. Popularmente, los españoles se refieren a estos días como "Puente de la Constitución" o "Puente de la Inmaculada".

3 – Nochevieja y Año Nuevo

Se ha convertido en una tradición celebrar la Nochevieja (última noche del año) con una cena copiosa entre familiares o entre amigos y esperar hasta la medianoche para comer las doce uvas, siguiendo las doce campanadas del <u>reloj</u> situado en la Puerta del Sol de Madrid. Dado que la mayoría de los españoles no pueden acudir personalmente a la Puerta del Sol, las campanadas de medianoche se retransmiten por televisión y radio; antes de las

Reloj de la Real Casa de Correos desde el que se siguen las campanadas de fin de año

Rincón de lengua

Celebrar – Verbo formado a partir del adjetivo latino *celeber* ("transitado, frecuentado"), opuesto a *desertus*; una celebración implica la participación de mucha gente.
Fiesta – La raíz latina (*festa*) de esta palabra tiene un significado original vinculado a la religión: para los romanos sólo eran festivos los días indicados por los sacerdotes.
Reloj – También esta palabra tiene origen religioso: procede del griego *horologion*, "cuenta de las horas", libro que determinaba los ritos que correspondían a cada hora del día según el cristianismo ortodoxo.

En fin de año acostumbra a comerse la uva verde.

Cartel publicitario de una corrida de toros

campanadas, los distintos canales televisivos emiten programas de entretenimiento, humor y espectáculos, con la participación de las estrellas mediáticas del momento, y la publicidad emitida durante estos programas está especialmente diseñada para captar la atención de los muchos millones de españoles que están viendo la tele aquella noche; un dato significativo es que el primer anuncio del año, emitido justo después de las campanadas, es el más costoso.

No se sabe con certeza cuál es el origen de esta costumbre, pero queda registrada por prensa desde la última década del siglo XIX. Las doce uvas coinciden con el número de campanadas del reloj a medianoche y con el número de meses del año; se asegura que comer cada uva a la vez que suena cada campanada trae buena suerte para el nuevo año. Hay quien mantiene la pierna izquierda alzada mientras las campanadas suenan, por la superstición de entrar en el año "con el pie derecho".

Tras comer las uvas la fiesta perdura, ya sea en casa o en la calle; mucha gente acude a fiestas multitudinarias organizadas por restaurantes, discotecas, o clubes sociales.

4 – Fiestas taurinas

Diferentes culturas mediterráneas de la Antigüedad se enfrentaban a toros en rituales de valentía que también tenían función de espectáculo; mientras que en otros lugares desaparecieron tales actividades, en España se han mantenido y desarrollado hasta nuestros días. Bajo el nombre de tauromaquia se agrupan distintas formas de enfrentamiento entre el hombre y el toro:

- Corrida: la más conocida fuera de España; se efectúa dentro de una plaza de toros y consiste en torear a un toro de lidia siguiendo un esquema de procedimientos, hasta que finalmente se da muerte al toro.

El toro de lidia es una raza autóctona española con características que lo diferencian de otros miembros de su especie: color negro, ímpetu combativo, y velocidad para la carrera.

En una corrida se torean normalmente seis toros de lidia, uno detrás de otro, y participan tres matadores, que se alternan para lidiar con dos toros cada uno.

Cada matador cuenta con un equipo de toreros que lo ayudan. De este equipo, destacan los banderilleros, que clavan al toro unos pinchos llamados "banderillas" para enfurecerlo y que siga luchando con afán, y el picador, que montado a caballo clava al toro la punta de una lanza o "pica" para enfurecerlo y al mismo tiempo debilitarlo.

El matador debe cumplir con unas fases de la corrida, llamadas "tercios" y "suertes", tras las que da muerte al toro con el "estoque", una espada diseñada para atravesar los órganos vitales del animal.

- Rejoneo: en lugar de un equipo de toreros, se enfrenta al toro un solo hombre, a caballo. Recibe su nombre por el "rejón", el instrumento que usa el rejoneador para matar al toro de lidia.

Toro con banderillas clavadas (arriba) y picador (abajo)

Esta forma de tauromaquia cuenta con gran belleza y espectáculo, dado que el rejoneador muestra sus dotes de jinete además de torero. El caballo, por supuesto, ha de ser de pura raza española.

- Encierros y recortes: variedades populares en las que se puede participar sin ser un profesional de la tauromaquia, pero no por ello exentas de riesgo. Un encierro consiste en trasladar a los toros de lidia desde un lugar determinado hasta la plaza de toros; dicho transporte consiste en provocar a los toros y correr ante ellos para así asegurar que llegan a la plaza sin extraviarse por las calles. Los recortes consisten en saltar y esquivar a los toros, una vez que ya están encerrados en la plaza.

La tauromaquia se celebra en las muy numerosas plazas de toros españolas durante todo el año, pero hay fiestas taurinas de especial relevancia que marcan hitos anuales para los amantes de esta actividad:

Torero

- La Goyesca de Ronda: tiene lugar anualmente en la Plaza de Toros de Ronda (provincia de Málaga) desde finales de la década de 1950. Su mayor peculiaridad es el atuendo de los participantes, que se remonta a la moda de finales del siglo XVIII y principios del XIX reflejada en los cuadros de Goya; de ahí el nombre de este evento.

- Feria de San Isidro: serie de corridas que tienen lugar en primavera en la Plaza de Toros de Las Ventas, en Madrid (también

Monumental de Las Ventas, en Madrid. Lugar donde se celebra la Feria de San Isidro.

Rincón de lengua

Espectáculo – Del latín *spectaculum*, formado a partir del verbo *spectare*, "contemplar una acción sin participar en ella". De la raíz indoeuropea *spek* proceden también las palabras 'espejo' y 'espía'.

Tauromaquia – Del griego *tavros*, "toro", y *maji*, "combate".

llamada "la Monumental"); los mejores toreros a nivel nacional se enfrentan a toros de las mejores ganaderías españolas, para regocijo de críticos taurinos y espectadores tanto veteranos como casuales.

- Ciclo taurino de la Real Maestranza de Sevilla: con motivo de la Feria de Abril, que veremos en detalle más adelante, tiene lugar esta serie de corridas en las que también se dan cita los matadores de mayor prestigio y las ganaderías de mayor renombre.

5 – Fiestas locales

Denominada de diferentes maneras según la localidad (feria, fiesta mayor, fiesta patronal) y de distinta duración según intereses locales (desde tres días hasta una semana completa), cada localidad española cuenta con su propia festividad, que suele abarcar entre sus jornadas el día del santo o virgen al que la localidad esté consagrada.

Sería imposible enumerar las muchas fiestas locales españolas cuya importancia trasciende los límites regionales, por lo que nos limitamos a mencionar las más representativas:

- Sanfermines (Pamplona, Navarra). En honor de San Fermín, patrón de la ciudad, cuyo día es el 7 de julio, estas fiestas tienen fama mundial debida a sus espectaculares

encierros, en los que participan personas de toda edad y procedencia, aunque principalmente hombres. Tradicionalmente, los participantes visten de blanco con pañuelo rojo al cuello, y llevan en la mano un periódico enrollado con el que provocan a los toros para que éstos los persigan.

La tradición de los encierros en Pamplona se remonta a la Edad Media, cuando se empleaba esta técnica para trasladar a los toros desde las afueras de la ciudad hasta la plaza central, donde se ponían a la venta. La curiosidad que despiertan internacionalmente los sanfermines ha llevado a que se imiten en geografías tan opuestas y distintas como Japón y Estados Unidos.

Imágenes de los Sanfermines, del encierro

- Fallas de Valencia: con motivo del día de San José (19 de marzo), patrón de los carpinteros, surgió a principios del siglo XVIII la costumbre de que los carpinteros quemasen figuras realizadas con los restos de madera que no servían para hacer muebles. Tomando la hoguera en el sentido de "purificación mediante el fuego", la costumbre derivó en que dichas figuras representasen los aspectos negativos del año anterior, con la esperanza de que se corrigiesen o que al menos no volviesen a suceder.

Se dio el nombre de *ninots* a estas figuras, que al principio eran de pequeño tamaño; pero con el paso de los años, el tamaño de las fallas ha aumentado hasta el punto de que

Imágenes del ambiente por las calles

hoy día pueden alcanzar la altura de un edificio de varias plantas. En la actualidad, los *ninots* se muestran al público en la calle desde el día 15 de marzo, y se les prende fuego en la noche del 19, en un ambiente espectacular de altas llamaradas.

Se mantiene la tradición de que los *ninots* representen lo malo del año anterior, lo que da lugar a un sinfín de temas a la hora de crear las figuras: políticos cuya gestión no ha sido correcta; crímenes que hayan preocupado a la sociedad; un mal resultado de tal o cual equipo de fútbol durante la liga; etc. Generalmente, se adopta una perspectiva cómica en el aspecto de los *ninots*.

Aparte de la quema de figuras, hay otras actividades típicas durante los días que duran las fallas, destacando los espectáculos pirotécnicos (muy característicos de la región en toda festividad, sea pública o privada) y la elección de la "Fallera Mayor", suerte de concurso en el que se escoge a una joven que represente la belleza y elegancia de los atuendos tradicionales valencianos: el peinado de tres moños con peineta; el vestido de valenciana, de estilo dieciochesco y lujo notable, elaborado con tejidos de alta calidad y bordado excelente; y los zapatos, forrados con el mismo tejido del que está hecho el vestido.

- Feria de Abril: desde mediados del siglo XIX se viene celebrando anualmente esta festividad que está considerada como típica expresión del folklore andaluz. Se originó como feria ganadera, es decir, como evento anual de mercado para vender ganado; ganaderos de la región se reunían en Sevilla durante unos días de abril para hacer negocios, y

Cada año se celebran concursos y se dan galardones y premios a los mejores *ninots*.

Candidatas a Fallera Mayor

Rincón de lengua

Feria – De la misma raíz que 'fiesta', su significado latino original es el de "día en el que se celebra la fiesta". Durante la Edad Media se empleó para designar a mercados que durante determinados días del año podían hacerse en determinadas localidades.
Falla – Evolución fonética del latín *facula*, "antorcha".

Feria de Abril de Sevilla

Cuevas donde cree haberse visto la aparición de la Virgen acostumbran a ser destinos comunes de los peregrinos

cerraban sus acuerdos comerciales con cenas y fiestas en las que los participantes bailaban y cantaban... con el paso del tiempo, el carácter festivo suplantó al comercial, y actualmente la Feria de Sevilla es una larga fiesta de una semana de duración.

Tradicionalmente se inaugura el lunes por la noche con el *alumbrao*: se encienden las farolas del recinto ferial y de la inmensa puerta por la que se accede a él; el recinto está lleno de casetas, salas cerradas en las que los miembros con derecho a entrada disfrutan de comida, bebida, música y baile. A lo largo de la semana hay diversas actividades, tanto dentro como fuera del recinto ferial (por ejemplo, en la Maestranza tienen lugar las corridas de toros). El domingo por la noche, un espectáculo pirotécnico a orillas del río Guadalquivir da final a la feria.

6 – Romerías y peregrinaciones

Desde la más remota antigüedad, la humanidad ha atribuido características espirituales a ciertos sitios, de modo que en todas las civilizaciones y geografías del planeta existen lugares "sagrados" a los que acuden muchas personas, y cada religión cuenta con su propio repertorio de lugares santos.

Cuando el cristianismo se impuso en España, muchos de estos lugares a los que los habitantes de Hispania atribuían importancia religiosa fueron incorporados a la práctica cristiana; quedaron consagrados a algún santo o alguna virgen y se convirtieron en destino de peregrinaciones o de romerías: viajes a un santuario o lugar sagrado, motivados por devoción religiosa. Con el paso de los siglos, algunos de estos viajes han dado lugar a manifestaciones folklóricas.

- El Camino de Santiago: se sabe que ya en tiempos de los celtas era costumbre seguir la Vía Láctea de oriente a occidente desde el centro y norte de Europa hasta Finisterre, en las costas gallegas, lugar considerado como final del mundo hasta que el descubrimiento de América lo desmintió.

En el siglo IV, un sacerdote gallego llamado Prisciliano, que lideraba a un numeroso grupo de cristianos en el norte de España, fue enterrado en Compostela y sus seguidores establecieron allí un centro de peregrinación; ya en la Edad Media, para atraer a más peregrinos, la Iglesia declaró que la tumba de Compostela correspondía al apóstol Santiago, uno de los doce seguidores directos elegidos por Jesús según los evangelios. Durante los siglos siguientes, Santiago de Compostela se erigió como uno de los tres principales centros de peregrinación del cristianismo, junto con Roma y Jerusalén, lo que convirtió al Camino de Santiago en un importante recurso económico y en un foco de intercambio cultural que permitió la transmisión de los conocimientos avanzados de los árabes a los pueblos del centro y norte de Europa.

Hoy día, el Camino de Santiago sigue manteniendo su dimensión espiritual, recibiendo la visita de millones de creyentes de todo el mundo; pero además, por su condición de referente cultural y por las características tanto naturales como artísticas de su paisaje, cada año hay un elevado número de personas que lo recorren por deporte o por turismo.

Con más de diez rutas establecidas, la más seguida parte de Francia (por lo que recibe el apelativo de "Camino Francés") para entrar en España por Roncesvalles y atravesar la Cornisa Cantábrica hasta Compostela, con una longitud total de 749 km.

Los años en los que el día de Santiago (25 de julio) cae en domingo, son declarados *Año Xacobeo* ("Año de Santiago", en gallego) y acude mayor cantidad de peregrinos, que a lo largo de las distintas rutas

Indicación del Camino de Santiago en el País Vasco

Moneda de 2000 pesetas en conmemoración del Año Xacobeo 1999

Rincón de lengua

Peregrinación – La voz latina *peregrinus* (formada a partir de la preposición *per*, "a través", y del sustantivo *agros*, "campos") se usaba para designar a la persona extranjera, en el sentido de "quien está de paso"; a partir de ahí se formó el sustantivo *peregrinatio* como "viaje al extranjero", con el sentido de que es un viaje del que se regresará. En su sentido religioso, tiene la noción de que el destino al que se peregrina está muy lejos.

Romería – En la Edad Media se empleó la palabra 'romero' para designar al peregrino que acudía a Roma, capital del cristianismo en Europa. Sin embargo, en castellano ha acabado usándose para designar al que acude a un lugar sagrado que está cerca de donde vive, y 'romería' a la actividad o reunión de los romeros.

del Camino encuentran albergues a su disposición.

Muchos peregrinos, tras llegar a Compostela, continúan el Camino hasta Finisterre, donde es costumbre quemar la ropa con la que se ha hecho la peregrinación, como símbolo de inicio de una nueva etapa de la vida.

- El Rocío: romería que se realiza cada año a finales de primavera hasta la localidad del mismo nombre, consagrada a la Virgen del Rocío, en la provincia de Huelva. Acuden a rendirle devoción romeros desde diferentes puntos de España, a pie o a caballo o en carros engalanados que portan unos estandartes llamados "simpecado", que reproducen el rostro de esta virgen.

Aparte de su dimensión religiosa, esta romería ha alcanzado un enorme valor como manifestación folklórica por los festejos de estilo flamenco que se dan en torno a ella.

Romera de camino al Rocío

7 – Procesiones penitenciales de Semana Santa

De origen eminentemente religioso, con el paso del tiempo estas manifestaciones han acabado por convertirse en objeto de atención no sólo espiritual, sino sobre todo artístico y cultural.

Las procesiones son desfiles de nazarenos [3] (generalmente cubiertos por una capucha y portadores de cruces, estandartes o cirios) que acompañan a un "paso" o escultura que representa alguna de las últimas escenas de la vida de Jesús según las registran los Evangelios Canónicos. A la procesión se suman los porteadores (las personas que sostienen el paso, cuya denominación varía según regiones y localidades) y una banda de músicos que marcan el paso con marchas de tono fúnebre y dramático. Con frecuencia, cuerpos del ejército consagrados a personajes evangélicos que aparecen en los pasos desfilan al principio o al final de la procesión, dando con su presencia un efecto de gravedad marcial que, como sucede en el Día de la Hispanidad, entusiasma a unos y espanta a otros.

Nazarenos en una procesión de Semana Santa en Málaga

Pregunta al lector
¿En qué época del año es la Semana Santa?

Hoy día, aparte de su importancia para los creyentes, las procesiones de Semana Santa constituyen una atracción turística y un patrimonio cultural de gran valor en muchas ciudades españolas, contando con pasos cuyas figuras se remontan hasta el Barroco.

Por su espectacularidad y por la afluencia de observadores que generan cada año, destacan las procesiones de **Semana Santa** de Cartagena, Málaga, Sevilla y Valladolid.

NOTAS

① *Dos de Mayo en Madrid*

　　"5月2日马德里起义"，1808年，法国从西班牙借道进攻葡萄牙，并趁机率军占领了西班牙各个战略要点，包括首都马德里。拿破仑将西班牙国王卡洛斯四世骗至法国拘禁，要求其让位给自己的兄弟约瑟夫·波拿巴。消息传回国内后，民众无法接受法军入侵、国王被俘的侮辱，5月2日一早马德里人民在皇宫前的广场发动起义。起义军立刻遭到了法军的镇压，并被残忍地枪杀。尽管马德里的起义以失败告终，但起义的浪潮很快遍布到全国。在政府权力真空期间，西班牙各地自发组织反法起义，揭开了西班牙"独立战争"的序幕。

② *Diada en Cataluña*

　　加泰罗尼亚民族日，也被称为"九月十一日节"，是加泰罗尼亚地方性的节日。该节日是为了纪念1714年西班牙王位争夺战中，巴塞罗那人民奋勇抵抗波旁家族军队的英雄事迹。1980年，加泰罗尼亚地区议会成立后的第一条政令，即宣布每年的9月11日是"加泰罗尼亚民族日"。在这一天，不仅是巴塞罗那的居民，加泰罗尼亚其他地区的民众，都会前往当地的拉法埃尔·卡萨诺瓦纪念碑和约瑟夫·莫拉吉斯纪念碑敬献鲜花，表达哀思。

③ *Desfiles de nazarenos*

　　游行是圣周庆祝活动中最为重要的项目。参加圣周游行表演的教友会成员都穿着长袍和高耸的尖顶连衣风帽，这一特色服饰起源于15世纪。当时被宗教裁判所定罪的囚犯必须身着长袍遮盖前胸与后背，并戴上硬板纸制成的尖顶高帽游街示众。后来在圣周中也开始使用这种服饰，表达教徒对耶稣受难的悲痛之情。有所不同的是，尖帽与上身衣物相连，严严实实地遮住面部，仅露出眼睛。

VOCABULARIO

encontrado, da *adj.*	相反的，对立的
belicismo *m.*	黩武主义
detractor, ra *adj. s.*	诽谤的（人）
nefasto, ta *adj.*	不吉利的
Día de la Inmaculada Concepción	圣母无沾成胎节
veterano, na *adj.*	经验丰富的，老练的
galardón *m.*	奖赏，报酬
pirotécnico, ca *adj.*	烟花的，焰火信号的
santuario *m.*	神庙，避难所
cirio *m.*	（教堂用的）大蜡烛

1. Indica cuáles de las siguientes fiestas y efemérides tienen origen religioso y cuáles no. Después describe brevemente el motivo de la fiesta:

a) Navidad - (Religioso / ~~No religioso~~): *Nacimiento de Jesús.*

b) Año Xacobeo - (Religioso / No religioso): _____

c) Día de la Hispanidad - (Religioso / No religioso): _____

d) Nochevieja - (Religioso / No religioso): _____

e) Nochebuena - (Religioso / No religioso): _____

f) Día de la madre - (Religioso / No religioso): _____

g) Feria de San Isidro - (Religioso / No religioso): _____

h) Día de la Constitución - (Religioso / No religioso): _____

i) Día del trabajador - (Religioso / No religioso): _____

j) Semana Santa - (Religioso / No religioso): _____

k) Feria de Abril - (Religioso / No religioso): _____

l) Sanfermines - (Religioso / No religioso): _____

m) Día de Reyes - (Religioso / No religioso): _____

n) Día de la Inmaculada Concepción - (Religioso / No religioso): _____

o) Día del padre - (Religioso / No religioso): _____

p) Día de los Santos Inocentes - (Religioso / No religioso): _____

q) El Rocío - (Religioso / No religioso): _____

2. Ahora numera del 1 al 17 los eventos y fiestas del ejercicio anterior por orden cronológico.

3. Muchas de las fiestas tradicionales españolas son iguales o tienen muchos elementos parecidos a las fiestas tradicionales chinas. ¿Podrías encontrar algún equivalente chino para las siguientes celebraciones y explicar cuáles son los elementos en común y cuáles las diferencian? Discútelo con tus compañeros.

Día de la Hispanidad:

Navidad:

¿Se te ocurren más paralelismos? Ahora haz tu propuesta:

REFERENCIAS Y ENLACES DE INTERÉS:

- Fiestas populares - Recursos

http://www.educateca.com/A4801.asp

En esta página podemos encontrar una base de datos de la gran mayoría de fiestas españolas, con los enlaces a sus webs oficiales o a más información.

- Radiografía del toreo en España

http://www.elmundo.es/elmundo/2010/07/28/toros/1280334040.html

Artículo del periódico El Mundo en el que se detalla la actividad taurina más destacada en cada una de las CCAA y su situación actual.

- Mundotoro

http://www.mundotoro.com

Aquí puedes encontrar la actualidad del toreo no sólo de España sino también de América Latina.

- Semana Santa en Sevilla

http://fotografias-sevilla.com/semana-santa/

Página web generosa en imágenes que nos ilustra cómo es la Semana Santa en Sevilla, cada una de sus procesiones y pasos.

- Así cambia la fecha de la Semana Santa

http://www.elmundo.es/elmundo/2011/04/18/ciencia/1303136126.html

En este artículo del El Mundo se nos explica cómo y por qué cambia cada año la fecha de la Semana Santa.

- Sanfermines

http://www.sanfermin.com/

Web de las fiestas de sanfermines, con ilustraciones del famoso diseñador navarro Kukutxumusu, y vídeos e imágenes de las fiestas.

- Fallas de Valencia

http://www.fallas.com/

Aquí podemos encontrar la actualidad del evento fallero anual. Con imágenes, vídeos y artículos sobre diferentes aspectos relacionados con las Fallas.

ANEXO 1: Festividades importantes de origen cristiano

Días del padre (19 de marzo) **y de la madre** (primer domingo de mayo).

Se celebran en honor de San José, padre putativo de Jesús, y de la Virgen María. La familia se reúne, se entregan regalos al padre o a la madre, según corresponda, y se come un banquete.

Noche de Difuntos y **Día de Todos los Santos**, 1 de noviembre.

Se celebra desde el siglo IX en la Iglesia Católica, en honor de los santos que no tienen un día específico para ellos y de los posibles santos "anónimos", es decir, personas que hayan alcanzado la santidad sin que la Iglesia lo sepa.

Es costumbre en España que las familias acudan al cementerio este día, para visitar a sus difuntos más recientes y depositar flores en su tumba; además, los practicantes acuden a misa, que en este día está dedicada a los difuntos y a los santos anónimos. También es típico consumir "huesos de santo", dulces de forma cilíndrica elaborados con mazapán (masa de almendras, azúcar y yema de huevo); como es la época de las castañas, en muchos lugares se consumen dulces elaborados a partir de ellas.

Día de los Inocentes, 28 de diciembre.

Según los evangelios, el rey Herodes de los judíos (en los inicios de la Era Cristiana) mandó asesinar a todos los niños menores de dos años de su país, al enterarse de que había nacido Jesús, porque las profecías anunciaban que Jesús sería el próximo rey de los judíos. La Iglesia Católica celebra esta festividad en conmemoración de la masacre, dedicando la misa del día a las almas de los inocentes niños que murieron a causa del miedo de Herodes a perder su trono.

Es costumbre en España hacer bromas a familiares, amigos, conocidos y compañeros de trabajo; una burla frecuente consiste en pegar a la espalda de otras personas "monigotes", figuras de papel que representan una cabeza redonda, dos brazos extendidos y dos piernas rectas.

Incluso en prensa, radio y televisión se emite alguna noticia falsa, de carácter absurdo, como broma por parte de los medios de comunicación.

Matrimonio de María y José de El Greco

Típica imagen de la castañera, mujer que vende castañas asadas en su puestecillo callejero cuando llega el otoño

Matanza de los inocentes de Duccio, en esta pintura se puede ver a Herodes y a sus servidores matando a los bebés recién nacidos.

Adoración de los Reyes Magos de Velázquez. Es típico representar a los tres reyes o sabios con características raciales distintas: Melchor, el rey "blanco" tiene barba blanca y tiende a ser muy pálido; Gaspar, el rey "rubio" no parece tan viejo como Melchor y lleva barba rubia tirando a castaña, a veces incluso pelirroja; Baltasar es el rey "negro", sin barba y de piel y rasgos claramente africanos.

Noche de Reyes, del 5 al 6 de enero.

En conmemoración de la visita de los Reyes Magos a Jesús recién nacido en el portal, durante la tarde y noche del 5 de enero los ayuntamientos organizan la "cabalgata", un desfile multitudinario de carros espectacularmente decorados desde los que personas disfrazadas de Melchor, Gaspar y Baltasar (cada uno de los tres Reyes Magos) lanzan caramelos a los niños. Suele disfrazarse de Baltasar alguna persona importante, artista o político o personalidad relevante local, por lo que representar a Baltasar en la cabalgata se ha convertido en un gran honor.

Las tiendas están abiertas hasta la medianoche, porque es costumbre hacer regalos a la mañana siguiente y siempre hay compradores "de última hora"; el evento tiene una enorme importancia económica.

Tradicionalmente, son los niños quienes más atención reciben en la Noche de Reyes. Creen que durante la noche los Reyes Magos van de casa en casa, dejando regalos a cada niño; estos regalos los depositan junto a los zapatos, que los niños han de dejar junto a la puerta de la casa. Como cortesía, los niños dejan junto a la puerta también dulces o pasteles y algunas copas de vino o licor, para solaz de los Reyes Magos en una noche tan ajetreada. Los niños han de ir a dormir temprano; en algún momento de la madrugada, los padres (que han escondido los regalos durante días en la casa) se levantan, sacan los regalos, los dejan junto a los zapatos, y se comen y beben lo que los niños han dejado para los Reyes Magos.

Al despertar por la mañana, los niños corren a la puerta y encuentran junto a sus zapatos un montón de regalos, y junto al plato y las copas vacías, una nota de agradecimiento de los Reyes, que aseguran que volverán a traer regalos el siguiente año.

Anuncio promocional de una peluquería el Día de los Enamorados "Conquista a tu enamorado con un nuevo peinado"

Día de los Enamorados, 14 de febrero.

Aunque coincide con el día de San Valentín, no existe ninguna vinculación entre este santo y el contenido de la fiesta. Al igual que sucede con la Noche de Reyes, este evento tiene una importante relevancia comercial, ya que es costumbre que las parejas se hagan regalos entre sí: maridos a esposas y viceversa, novios a novias y viceversa.

Día del Libro, 23 de abril.

Dada la consideración tradicional de que dos de los grandes genios de la literatura universal, Cervantes y Shakespeare, murieron en esta fecha, en todo el país se celebran eventos relacionados con la lectura. Se trata de un día de gran interés económico para librerías y editoriales. Entre las costumbres más representativas, destacan la lectura pública de *El Quijote*, y la celebración de ferias del libro en muchas ciudades, presentando novedades editoriales y ofertas especiales; es tradicional que los autores firmen ejemplares de sus obras a petición de sus lectores.

Cabe mencionar la importancia de este día en Cataluña, puesto que coincide con el Día de *Sant Jordi* (San Jorge), patrón de los catalanes, y es costumbre regalar libros y rosas; las Ramblas se llenan de puestos de venta de libros y el ambiente de las calles es espectacular.

La *Rambla de les Flors*, en Barcelona el día 23 de Abril. Todas las librerías y otros colectivos colocan estantes en la calle para vender libros.

Efigie de Miguel de Cervantes

EJERCICIOS COMPLEMENTARIOS

1. Identifica cada una de las siguientes imágenes con las fiestas que se han explicado en el Anexo 1 y 2:

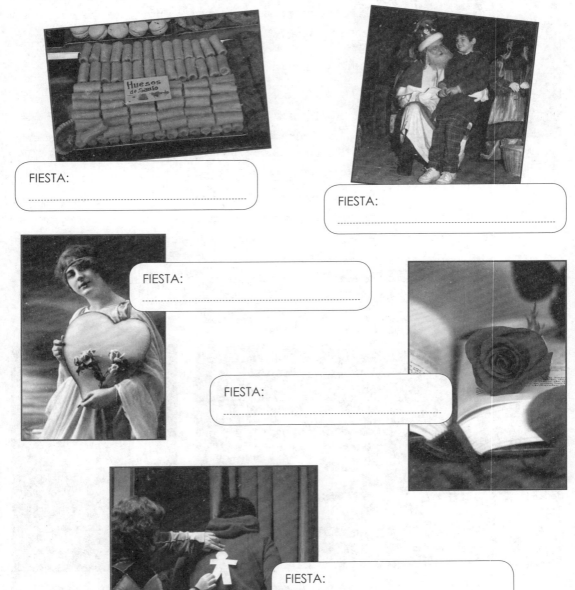

FIESTA:
_____

FIESTA:
_____

FIESTA:
_____

FIESTA:
_____

FIESTA:
_____

UNIDAD 13
Sociedad

　　2011年12月，西班牙新当选的首相拉霍伊（Mariano Rajoy）在发表首次演讲时表示，政府将会采取一系列的改革措施，如增加养老金的购买力度，将退休年龄延长至67岁；增加失业人群进入劳动力市场的机会，尤其要增加青年的就业比例；降低政府财政赤字；改革金融体系，确保银行的偿付能力等等。这些改革内容涉及养老金、劳动制度、财政赤字、金融、税收、医疗、教育、能源、公共管理、移民等诸多方面，同时也展现了西班牙当前的社会现状。

　　2008年受"金融危机"的冲击，西班牙房地产泡沫破灭，失业率从当年的13%一直激增至2011年的21.2%。作为维持社会稳定的重要手段之一，政府必须不断投入来承担失业救济，扶植中小企业，鼓励它们吸收失业人口。这势必造成政府财政赤字比重上升。为增加财政收入，一方面政府需要提高税收，另一方面则必须削减开支，如2010年6月食品类的增值税从16%提高到18%，公务员收入削减5%到15%，结果引起了全国范围内学校、铁路交通、邮政等各个行业的大罢工。西班牙实行全民免费医疗和6-16岁的义务制教育，但从2011年起，政府取消了新生儿一次性2500欧元的补贴和老人生活补助；降低免费医疗的药品开支和义务教育的财政投入；延迟退休年龄来扩充养老金。部分贫困家庭的子女因无法负担昂贵的高等教育学费而停止继续深造，只得步入社会就业。但由于他们无法找到工作，不得不由父母来负担其生活。后者为增加家庭收入，工作时间加长，可能会导致家中的老人不能实现居家养老，转而社会公共养老。由于财政投入的减少，养老机构出现萎缩，使得老年人的生活越发困苦。

　　上述提到的两大免费政策也吸引了大批的拉美及非洲的移民定居西班牙。这些合法的移民享有与西班牙公民同等的医疗和教育权利，但给政府财政加上了沉重的包袱。同时，移民任劳任怨的精神还迅速抢占劳动力市场，使得西班牙本国人口的失业率居高不下。西班牙需要移民参与到正常的社会活动中，因为它已经是一个老龄化严重的国家，需要新生力量；但同时，没有有效的移民安置政策意味着高犯罪率，因此就需要警察、移民部等政府公务部门通力合作，让移民给西班牙带来最大的利益。那么，公务员减薪肯定无法激发这些部门积极工作的态度。

　　综上所述，西班牙的这些主要社会问题如一根牢不可破的锁链，一环紧扣一环，无法孤立解决。2012年，曾经在上世纪末本世纪初领导西班牙经济迅猛发展的人民党重新上台，如何解决西班牙当前的欧债危机、失业危机、教育危机是新政府面临的重大社会问题。

Datos generales

Población total
47 millones (aprox.)
Apellido más común: GARCÍA
Nombre propio más usado en
recién nacidos: Daniel y Lucía
Mujeres: 49,3%
Hombres: 50,7%

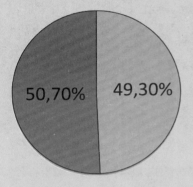

50,70%   49,30%

Edades:
De 0 a 19 - 9.240.000
De 20 a 39 - 14.330.000
De 40 a 59 - 13.043.000
De 60 a 79 - 8.105.000
Más de 80 - 2.303.000

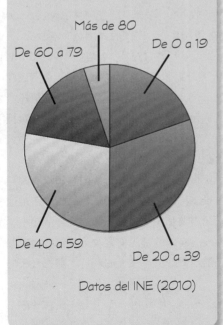

Más de 80
De 60 a 79
De 0 a 19
De 40 a 59
De 20 a 39

Datos del INE (2010)

1 – Diferencias de género

La población de España ronda los 47 millones de habitantes, el 50,7% de los cuales son <u>hombres</u> y el 49,3% mujeres.

A lo largo de la historia, la sociedad española ha atribuido distinto valor y diferentes funciones a sus miembros según el sexo de éstos, convirtiendo así el <u>género</u> masculino o femenino de las personas en marcas discriminatorias que validaban o invalidaban a los individuos para el desempeño de numerosas actividades, al mismo tiempo que determinaban el reconocimiento social y el trato recibido.

Retrospectivamente, en España el hombre ha contado con una valoración social superior en muchos aspectos a la que ha recibido la mujer, garantizándosele con ello una serie de ventajas que creaban una situación de desigualdad entre sexos. Hoy día aún se perciben comportamientos y puntos de vista generalmente más favorables para el hombre que para la mujer, y se sigue experimentando discriminación en muchos campos de la sociedad (algunos de ellos alarmantemente elementales como, por ejemplo, el hogar y el trabajo) aunque se entiende que dicha discriminación es injusta, se proponen medidas para evitarla, y se hacen campañas de concienciación.

La lucha por la igualdad no es tarea fácil: los factores culturales que han determinado la discriminación están directamente relacionados con sistemas económicos y modelos de producción heredados de los pueblos en los que se basa la civilización occidental. En la actualidad, tales modelos están cambiando y ello está dando lugar a transformaciones en el comportamiento social y la percepción de los géneros; pero no podemos saber si tales cambios y transformaciones económico-sociales darán lugar a un equilibrio efectivo de igualdad entre géneros.

2 – Familia, matrimonio y hogar

El concepto de <u>familia</u> que se tiene en España,

y la relevancia de la misma, derivan de la naturaleza humana por un lado y de la herencia cultural romana, presente en los valores morales católicos, por otro.

La familia, como estructura social, tiene en España un papel de máxima importancia, directamente heredado del modelo social romano [1], según el cual la familia es la unidad básica de la sociedad y como tal responde a una serie de funciones sociales determinantes, entre las que destacan:

- Protección: la alimentación y los cuidados básicos para el desarrollo de la persona quedan a cargo de su familia.

- Instrucción: la familia transmite a la persona pautas de comportamiento precisas para la convivencia social.

- Integración: a través de las normas y la estructura familiares, la persona adquiere la comprensión de su papel en la sociedad, y la capacidad de desenvolverse en ella.

Debido a los elementos señalados, tradicionalmente la familia española ha estado caracterizada por relaciones muy cercanas y estrechas entre sus miembros independientemente de su grado de parentesco, lo que ampliaba su número de manera consecuente. Tíos, primos, padrinos, primos de primos e incluso amistades muy cercanas podían formar parte del núcleo familiar, que solía contar además con varios hijos.

Paso del concepto de 'gran familia' al de 'familia nuclear'

Arriba, *Familia de Carlos IV* de Francisco de Goya. Abajo, la familia de Juan Carlos I.

Rincón de lengua

Hombre – Del sustantivo latino *hominem*, cuya raíz está emparentada con la de *humus*, "suelo": como muchos otros pueblos, los romanos creían que el ser humano había sido creado a partir del barro.

Género – Observa la raíz 'gen' ("crear"), presente también en 'genitales', que son precisamente los órganos que distinguen físicamente al hombre de la mujer.

Familia – La raíz de esta palabra es el sustantivo latino *famulus*, "esclavo". En su origen más remoto, 'familia' designaba al grupo de personas que eran propiedad de un hombre.

¿Sabías que...

...en España el matrimonio homosexual es legal desde el año 2005?

Celebración de la legalización del matrimonio homosexual durante el Día del Orgullo Gay

Pregunta al lector

¿Crees que esta desigualdad está motivada por una cuestión legal o social?

Sin embargo, los factores económicos y políticos que alteran la estructura y las características de la sociedad afectan igualmente a la estructura y las características de la familia. A continuación, veremos algunos datos que reflejan dichos cambios.

En la actualidad, el índice de maternidad es de 1,4 hijos por familia. La edad media de las madres al dar a luz es de 30,9 años: 33 años en universitarias, 28 años en mujeres con estudios medios.

El 19% de las españolas en edad fértil no quiere tener hijos, lo que se contradice totalmente con el concepto social tradicional de la mujer, cuya misión primordial, según se ha entendido desde muy antiguo, era ser madre.

Para el 60% de las españolas, la maternidad supone un obstáculo para su carrera profesional, lo que las obliga a rechazar el desarrollo profesional a cambio de formar familia o viceversa. Se trata de un caso de discriminación laboral por género que, con origen natural (sólo las mujeres gestan y dan a luz), tiene sin embargo un fuerte componente social, porque muchos empresarios dan por hecho que cuando contratan a una mujer, ésta tendrá que dedicarse a su familia tarde o temprano, por lo que ya desde el principio las destinan a puestos de trabajo con menores perspectivas de proyección profesional. Se buscan, desde hace unos años, modelos alternativos que permitan la conciliación de vida familiar y laboral, de modo que las mujeres con deseo de desarrollar plenamente tanto su maternidad como su carrera puedan cumplir con ambas facetas; pero de momento *no hay resultados prácticos significativos*.

Los factores que conducen a los datos antes expuestos sobre la maternidad en España son muy numerosos, pero podemos destacar:

- las duras condiciones del mercado laboral en España;
- el encarecimiento de la vida y la incertidumbre sobre el futuro;

- el retraso en la edad de contraer <u>matrimonio</u> (aunque 1 de cada 3 niños nace de madre soltera, por lo que la edad a la que los padres se casan sólo afecta al 66% de los nacimientos).

La edad media al contraer matrimonio es de 32 años en los hombres y 30 años en las mujeres. La tasa de matrimonio en España es de 4,2 por mil al año, y la tasa de divorcio es de 2,55 por mil. La duración media de los matrimonios que se rompen es de 15 años. La tasa de matrimonio entre homosexuales es del 2,1% del total.

Existen numerosas *parejas de hecho* ②: parejas que conviven sin casarse, generalmente por principios ideológicos contrarios al matrimonio. Hay que tener en cuenta que los hijos nacidos de estas parejas quedan registrados como hijos de madre soltera, aunque viven con ambos padres.

Llamamos *familia monoparental* a aquélla en la que sólo hay uno de los padres, sea por defunción o abandono de uno de ellos, o por deseo explícito del otro de criar a los hijos en soledad. En España el 4,1% de las familias son monoparentales (568.100 familias), de las que el 87,1% (494.600 familias) tienen como cabeza de familia a una mujer.

Las mujeres dedican una media de 5 horas y 58 minutos por día a las labores <u>domésticas</u> y cuidado de los hijos, mientras que los hombres dedican una media de 2 horas y 20 minutos. Éste es un dato ejemplar de discriminación por género en el ámbito del hogar, que tiene origen cultural: en España, tradicionalmente, a la mujer correspondía la realización de las tareas caseras, de la limpieza, y de la cocina, y se daba por hecho que el hombre acudía a la casa únicamente para descansar. Se han reivindicado sin resultado durante los últimos años los derechos del ama de casa, tales como cobertura de la Seguridad Social, vacaciones remuneradas y jubilación.

¿Sabías que...
...en España hay un número aproximado de 13 millones de familias?

Rincón de lengua

Madre – De origen proto-indoeuropeo, esta palabra es común a casi todos los idiomas de Europa (observa el inglés *mother* o el alemán *mutter*) y tan antigua como las primeras civilizaciones humanas.

Hijo – Evolución fonética del latín *filius*, derivado de *felare*, "mamar, tomar la leche de la madre", cuya raíz comparten las palabras 'fértil', 'femenino' y 'feliz': fertilidad es la capacidad de crear vida o alimento, *femina* ("mujer" en latín) es el humano capaz de crear vida o alimento; el significado original de 'feliz' es "fecundo".

Matrimonio – del latín *mater* (madre) y *monium*, "función"; para los romanos, casarse tenía esta finalidad concreta: producir hijos.

Doméstico – Adjetivo derivado del latín *domus*, "casa". A partir de *domus* se formó el sustantivo *dominus* ("propietario de la casa"), que evolucionó en español a 'dueño' y a las formas de tratamiento 'don' y 'doña'.

En cualquier caso, cada vez hay menos amas de casa, y la incorporación generalizada de la mujer al mundo laboral exige dedicación de los hombres a las tareas domésticas. Pese a tratarse de una realidad cuyas consecuencias son aceptadas y comprendidas por la mayor parte de la sociedad, la **discriminación en el hogar** sigue siendo un hecho. Se están dirigiendo esfuerzos a que las próximas generaciones, por medio de una educación más acertada en este sentido, alcancen la igualdad en el hogar.

3 – Educación

En torno a 9.815.000 españoles (21,35% del total de la población) son estudiantes. De ellos, el 51,3% son de sexo femenino: teniendo en cuenta que en la población hay menos mujeres (49,3%) que hombres (50,7%), la inversión de porcentajes en el ámbito académico constituye un dato muy representativo acerca las diferencias de interés o capacidad académicos entre hombres y mujeres.

El 16,74% de los estudiantes están en el ciclo de Educación Infantil (de 3 a 6 años de edad); el 45,5% están cursando los ciclos de enseñanzas obligatorias (de 6 a 16 años de edad); el 11,53% están realizando estudios postobligatorios (a partir de 16 años de edad), y el 14,9% están en la universidad (a partir de 18 años de edad). De los estudiantes universitarios españoles, el 54,2% son mujeres.

De acuerdo a los últimos datos publicados (2009), el índice de fracaso escolar (abandono de las enseñanzas obligatorias sin llegar a terminarlas) oscila entre el 31 y el 32%, tratándose de uno de los más altos de la Unión Europea, cuya media (14%) supera por más del doble. Durante la década de 2000 el porcentaje de fracaso se ha incrementado en dos puntos; expertos asocian el aumento del fracaso escolar al efecto de la **burbuja inmobiliaria**, que provocó que muchos jóvenes abandonasen los estudios para trabajar en la construcción.

El índice de superación de la Selectividad

Alumnos de instituto

El sistema educativo acepta ya en algunos casos a alumnos a partir de un año en el ciclo llamado P1 y P2.

Pregunta al lector

¿Existe este fenómeno también en China? ¿Sabes cuál es la media de horas que invierten en los quehaceres domésticos las mujeres y hombres chinos?

Pregunta al lector

¿Recuerdas qué es el fenómeno de la 'burbuja inmobiliaria'?

(examen de acceso a la universidad) es de 82% de los alumnos que se examinan. Los estudiantes universitarios optan principalmente por carreras de Ciencias Sociales (33,1%), seguidas de Ciencias de la Salud (26%) y por último de la rama Científico-técnica (21,8%).

En cuanto a uso de internet, España queda por debajo de la media europea. En edades comprendidas entre los 16 y 74 años, el 58% de los hombres y el 49% de las mujeres son usuarios de internet.

4 – Seguridad Social

La Seguridad Social es al mismo tiempo un concepto y una institución: como concepto, se refiere al conjunto de medidas con las que el Estado protege a los ciudadanos en situaciones de enfermedad, invalidez o pobreza; como institución, se trata del organismo público encargado de administrar dichas medidas.

En España hubo ensayos de instauración de Seguridad Social desde finales del siglo XIX; durante la Segunda República se creó un sistema organizado a nivel estatal, aunque no llegó a verse realizado; durante la Dictadura de Franco adoptó la forma actual y la Constitución de 1978 la ampara y regula.

La razón de ser de la Seguridad Social es garantizar prestaciones sanitarias, económicas, y servicios sociales a todo ciudadano que las necesite, y para ello se gestiona con los impuestos. Su existencia ha caracterizado a España como país desarrollado, ya que la Seguridad Social es elemento indicativo de la sociedad de bienestar. Sin embargo, el excesivo endeudamiento estatal y el enorme gasto público que supone la actividad política nacional y autonómica amenazan su pervivencia.

Edificio de la Tesorería de la Seguridad Social en Málaga

El sistema sanitario y la educación son los primeros en sufrir las consecuencias en los recortes presupuestarios de la Seguridad Social.

5 – Empleo

El <u>trabajo</u> se cataloga en España según el tipo de contrato existente entre el trabajador y la empresa. En primer lugar, se diferencia entre contrato laboral, en el que la empresa se hace cargo de abonar al Estado las cuotas de Seguridad Social destinadas a cubrir al trabajador en caso necesario, y contrato mercantil, mediante el que el trabajador se hace cargo de abonar sus cuotas de Seguridad Social, junto con otros impuestos derivados de la actividad laboral.

Existen además distintos tipos de contrato laboral, de los que destacan dos: temporal (el contrato especifica una fecha final; suelen ser contratos de tres meses o de seis meses de duración) e indefinido (no se establece una fecha final, y si la empresa no necesita al trabajador en el futuro, ha de pagarle una indemnización equivalente al sueldo de 33 días por cada año trabajado).

El sistema laboral español es muy débil y en las últimas décadas se ha caracterizado por su progresiva precariedad. Cada gobierno ha realizado reformas que no han logrado aportar estabilidad al sistema: España tiene la tasa de paro (21,2% en 2011) **más alta de la Unión Europea**, entre cuyos países apreciamos una media de 10% de desempleo.

Los datos comparativos con otros países demuestran que no se puede culpar de la inestabilidad del sistema laboral español a la crisis económica internacional. La filosofía laboral y empresarial de España necesita cambiar, dado que en una población activa de 23 millones de habitantes (según datos de octubre de 2011):

- Algo más del 21% (casi 5 millones) están desempleados, lo cual supera a la proporción de 1/5: de cada cinco personas que pueden trabajar, una no tiene trabajo.

- Casi el 20% (en torno a 4 millones y medio) tienen contrato temporal, es decir, uno de cada cinco trabajadores no tiene perspectivas de futuro ni de desarrollo en su empleo.

- Se producen en torno a 925.000 accidentes laborales por año, lo que se traduce en retraso en el cumplimiento de las tareas y gasto por cobertura del trabajador accidentado, aparte de las repercusiones personales y familiares.

El salario medio bruto anual de los trabajadores con contrato temporal es de 15.053,7 euros, y 21.949,7 euros con contrato indefinido. Como hemos señalado antes, en el ámbito laboral se percibe tanto como en el doméstico la discriminación de género: por término medio, las mujeres cobran menos que los hombres por desempeñar el mismo trabajo; en un mismo puesto de trabajo, con las mismas horas y jornadas laborales, una mujer suele cobrar en torno al 15% menos que un hombre.

De este modo, el salario medio anual de una mujer con contrato temporal es 13.224 euros (12% menos que un hombre), y 17.867 euros con contrato indefinido (18% menos que un hombre).

El sueldo medio neto mensual es de 1.213 euros en hombres y 1.040 euros en mujeres (14% de diferencia).

6 – Vivienda

A pesar de tratarse de una necesidad primaria de la sociedad, de constituir un derecho fundamental y de estar expresamente definida en la Constitución la responsabilidad del Estado en cuanto a su protección, la vivienda se ha convertido en uno de los peores problemas de la sociedad española, a causa de la especulación sobre su precio y la pos-

Bibiana Aído fue la primera Ministra de Igualdad de la historia de España.

Rincón de lengua

Trabajo – Evolución fonética del sustantivo latino *tripalium*, instrumento compuesto de tres palos que se empleaba para castigar o torturar; con el tiempo se asoció a sufrimientos y esfuerzos, con lo que en español medieval encontramos 'trabajo' como sinónimo de 'parto'; posteriormente adquirió el uso actual.

Salario – Observa que la raíz de esta palabra es 'sal'; los antiguos romanos tenían costumbre de recompensar a esclavos con cantidades de sal que éstos podían usar o vender según su propio interés; dicha cantidad de sal era denominada *salarium*.

terior deflación.

Entre 1996 y 2006, el precio de la vivienda en España se duplicó, experimentando una subida del 117%. Esto supuso un incremento masivo de la inversión necesaria: en el año 2000, el comprador destinaba una media de 617 euros mensuales (50,86% del sueldo medio) a la compra de su vivienda; en 2007, la media mensual destinada a la compra de la vivienda era ya de 1117 euros (92% del sueldo medio).

El resultado evidente fue un nivel de endeudamiento privado insostenible, agravado por la pérdida masiva de empleo desde 2007.

A partir de la explosión de la burbuja inmobiliaria, el precio de la vivienda bajó una media de 30% entre 2007 y 2011. Es decir, una casa que valiese 100.000 euros en 2007 habría perdido, cuatro años más tarde, casi la tercera parte de su valor; su comprador no puede recuperar la inversión si se ve en la necesidad de venderla. Al mismo tiempo, si pidió préstamo bancario para adquirirla, se verá obligado a pagar, durante décadas, el importe recibido más intereses.

¿Sabías que...

...en España, a diferencia de otros países, cuando un comprador no puede pagar la hipoteca al banco, aparte de perder la casa tiene la obligación de seguir pagando la diferencia del dinero prestado?

Es decir, por ejemplo, Pepe quiere comprar una casa por un valor de 10 en 2006. Pide un préstamo al banco (hipoteca) que se lo concede a un interés del 10%. Es decir, el comprador tiene la obligación de devolverle al banco 11 (10 de la casa y 1 de intereses).
En 2011, sin trabajo, Pepe no puede seguir pagando, así que el banco expropia su casa. Ésta se ha devaluado un 30%, así que ahora cuesta 7. Al perder la casa Pepe sigue debiendo la hipoteca de la casa (menos 7, el precio de la casa en 2011).
Es decir, que después de haber perdido la casa por la que pidió el préstamo, Pepe sigue endeudado y con la obligación de pagar 4 (11 menos 7) por algo que ya no tiene.

7 – Salud

En España hay 208.098 <u>médicos</u> (un médico por cada 217 habitantes) y otros 397.095 profesionales de la salud (enfermeros, farmacéuticos, etc.)

Cada ciudadano inscrito en la Seguridad Social (y los familiares a su cargo) tienen asignado, en el centro de atención sanitaria de su distrito, a un médico de familia: especialista en medicina general que posee el historial médico y atiende las consultas; cuando el enfermo necesita atención de alguna especialidad concreta, el médico de familia lo remite al especialista oportuno.

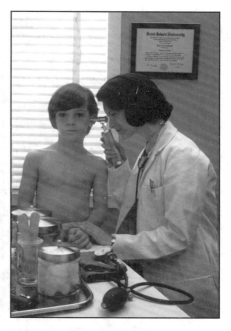

Pediatra examinando a un niño

La esperanza de vida al nacer es de 77,8 años en hombres y 84,1 en mujeres. El índice de mortalidad es de 8,43‰ y el de mortalidad infantil es de 0,35%. El índice de suicidios es de 0,004%. La estancia media de hospitalización anual es de 7 días por persona.

El 40,4% de la población española hace ejercicio físico o deporte, dedicando una media diaria de 1 hora y 57 minutos.

Hay 3.528.222 (7,64%) discapacitados y 1.086.837 (2,35%) minusválidos.

Dado que casi todas las Comunidades Autónomas cuentan con competencia en Salud, hay gobiernos autonómicos que están desarrollando políticas sanitarias diferentes al resto de CCAA. Por ejemplo, ante la crisis y la deuda pública, los gobiernos autonómicos de Cataluña y de Castilla-La Mancha han tomado decisiones polémicas basadas en recorte de gastos que afectan tanto a los enfermos como a los profesionales de la salud.

8 – Pobreza y delincuencia

El umbral de la pobreza está estipulado en España en 450 euros por mes: personas (o familias enteras) que han de subsistir con ingresos equivalentes o inferiores a esta cantidad son, oficialmente, <u>pobres</u>. De un total de 13.280.600 familias españolas, en torno a 438.300 (3,3%) tienen ingresos inferiores a 400 euros por mes.

Rincón de lengua

Médico – Nombre formado en latín a partir del verbo *medior*, "cuidar"; observa que de la misma raíz procede el sustantivo 'remedio'.

Pobre – En latín, el sentido original de *paupere* era opuesto a 'fértil' y se aplicaba a terrenos que daban escaso rendimiento agrícola; después se aplicó a la gente con pocos recursos. Observa que comparte raíz con el adverbio 'poco'.

Pósters de concienciación contra la violencia de género

21.900 personas en España (11.341 españoles y 10.559 extranjeros) no tienen techo. De éstos, 9.087 son drogadictos y 2.205 son alcohólicos. 1.438 no tienen estudios, 14.002 tienen estudios medios y 2.853 tienen estudios universitarios. 8.218 pernoctan en la calle, el resto se aloja en centros de acogida.

La población reclusa en España es de 54.746 personas (7,5% de ellas son mujeres). Los delitos más comunes por los que cumplen condena son: homicidio (5,33%), agresión (4,74%), agresión sexual (6,24%), robo (43,16%) y tráfico de drogas (27,72%).

Un problema muy grande es la violencia doméstica. Cada año se denuncian en torno a 140.000 agresiones en el hogar, cuyas víctimas son hombres en el 14,68% de los casos (23,72% agredidos por la esposa, 23,15% por la ex esposa, 1,73% por la novia y 4,07% por la ex novia) y mujeres en el 85,32% (33,78% agredidas por el marido, 9,66% por el ex marido, 3,27% por el novio, 3,75% por el ex novio).

9 – Inmigración

Con un censo de más de 5.730.000 inmigrantes, durante la década de 2000 España fue el país con mayor afluencia de extranjeros de la Unión Europea, debido a varios factores:

- Situación geográfica: representa la "puerta de Europa" desde África y América.

- Clima y modo de vida: muchos ciudadanos europeos abandonan sus países por las duras condiciones climáticas de los mismos, que limitan las actividades al aire libre.

- Señas de identidad: por idioma y cultura, a muchos latinoamericanos les resulta más ventajoso emigrar a España que a otros países.

- Situación económica y Seguridad Social: desde mediados de la década de los 90, la facilidad para encontrar empleo y la posibilidad de disfrutar de las ventajas y prestaciones del sistema social atrajeron especialmente a los inmigrantes.

Como consecuencia lógica de la crisis, desde 2010 la afluencia de inmigrantes ha disminuido.

Es preciso distinguir entre inmigración regular (controlada por las autoridades, con posesión de permiso de residencia, estudios o trabajo) e inmigración ilegal. La pobreza extrema de muchos países africanos provoca la entrada frecuente de inmigrantes ilegales a través del Estrecho de Gibraltar y del Archipiélago Canario.

Entre los inmigrantes regulares, por nacionalidades encontramos el siguiente orden, según cantidad: Rumanía (Europa) y Marruecos (África) en primer lugar, con más de 1 millón y medio entre ambos; a continuación, Reino Unido como más presente entre los países europeos (más de 390.000 residentes en España); Ecuador y Colombia (América), superando entre ambos el medio millón de inmigrantes censados; y, desde Asia, China con más de 150.000.

Por edad, más del 30% de los inmigrantes tienen entre 25 y 40 años; un dato significativo es que más del 15% de inmigrantes procedentes de otros países de Europa tienen más de 65 años: tras la jubilación, abandonan sus países y acuden a España.

Las provincias con mayor afluencia de inmigrantes en edad de trabajar son Madrid y Barcelona; los inmigrantes jubilados se concentran en Alicante, Málaga, y las Islas Canarias y Baleares.

¿Sabías que...

...a los inmigrantes ilegales se los conoce comúnmente como "sin papeles", ya que no disponen de los documentos necesarios para conseguir la estancia legal?

Población extranjera en España -Extranjeros censados

1981 - 198.042
1986 - 241.971
1991 - 360.655
1996 - 542.314
1998 - 637.085
2000 - 923.879
2001 - 1.370.657
2002 - 1.977.946
2003 - 2.664.168
2004 - 3.034.326
2005 - 3.730.610
2006 - 4.144.166
2007 - 4.519.554
2008 - 5.220.600
2009 - 5.598.691
2010 - 5.747.734
2011 - 5.730.667

NOTAS

① El modelo social romano

　　古罗马帝国是以氏族家庭为社会单位的。每个氏族拥有一个姓，其中贵族阶层的大氏族选派代表，组成长老院，共同治理国家事务。

　　古罗马家庭是典型的父权、夫权家庭。女子在家时，必须一切听从父亲，出嫁后，听从丈夫，丈夫甚至有权处死妻子。虽然古罗马实行严格的一夫一妻制度，但是，男子婚后可以公开拥有情人，尤其是当妻子无法生育的时候。同姓氏的家庭成员住在一起，因此规模往往很庞大，尤其是上层的贵族家庭。男孩被安排跟随家族中学识渊博的长者在家学习罗马法律、历史、哲学等各方面知识，女孩则跟随母亲学习女红。随着古罗马帝国社会的发展，男孩子和少数的女孩子可进入学校，家庭式的教育模式逐渐被取代。

　　当伊比利亚半岛被纳入罗马帝国版图后，大家庭模式、男尊女卑的思想也传入了西班牙，并留下了深深的烙印。在今天的西班牙，家庭的凝聚力依然占据十分重要的位置。家人可以散居在西班牙各地，但是每逢节假日，必定赶去父母家或（外）祖父母中，与长辈、兄弟姐妹团聚。

② Parejas de hecho

　　同居夫妻。西班牙允许合法的同居关系。一般地，当事人必须年满18周岁，且共同生活了一段较为稳定的时间，即可在公证部门注册其同居关系。但是，法律并没有明文规定究竟多久才能被看作一段稳定的时间，通常以两年为标准。同居夫妻与合法夫妻一样，都必须履行抚养子女的义务，其子女也受到同样的法律保护。如果同居夫妻感情破裂而分手，受伤害的一方还可以委托律师向另一方要求经济赔偿。2005年，西班牙承认同性恋者的婚姻合法，因此也承认同性同居，且享有同样的权益。

VOCABULARIO

defunción *f.*	死亡，丧事
precariedad *f.*	拮据；不稳定，不牢靠
plusvalía *f.*	增值，增值税
recluso, sa *p.p* de recluir	被幽禁的
m.f.	囚犯；隐居者

EJERCICIOS

1. Según los datos ofrecidos en el epígrafe número 7- *Inmigración* **analiza por qué motivos hay tantos inmigrantes de las siguientes nacionalidades:**

- Marruecos:

....
....
....

- Ecuador:

....
....
....

- Colombia:

....
....
....

- Reino Unido:

....
....
....

- China:

....
....
....

2. Busca la información sobre los datos de España dentro del tema y luego busca en internet (u otras fuentes) los mismos datos de China.

ESPAÑA

- Tasa de paro: _____
- Porcentaje entre hombres y mujeres: _____
- Datos sobre inmigración: _____
- Fracaso escolar: _____
- Salario mínimo: _____
- Precio de una vivienda: _____

CHINA

- Tasa de paro: _____
- Porcentaje entre hombres y mujeres: _____
- Datos sobre inmigración en China: _____
- Fracaso escolar: _____
- Salario mínimo: _____
- Precio de una vivienda (en la ciudad/ en el campo): _____

¿Cuáles son las principales diferencias y puntos en común entre ambos países?

_____
_____
_____
_____
_____
_____
_____
_____
_____
_____
_____
_____
_____
_____
_____

REFERENCIAS Y ENLACES DE INTERÉS:

- Instituto Nacional de Estadística

http://www.ine.es

Institución que depende del gobierno y que publica los datos estadísticos de España.

- Instituto de la mujer

http://www.inmujer.gob.es

El Instituto de la Mujer es un organismo autónomo adscrito al Ministerio de Sanidad, Política Social e Igualdad. Tiene como función la promoción y el fomento de las condiciones que posibiliten la igualdad social de ambos sexos.

- Consejo por la no discriminación racial

http://www.igualdadynodiscriminacion.org/home.do

Página web del Consejo para la Promoción de la Igualdad de Trato y la No discriminación de las Personas por su Origen Racial o Étnico.

- Consejo de la Juventud de España

http://www.cje.org

Página del Consejo de la Juventud de España donde se puede leer la actualidad sobre los planes contra el paro y otros problemas sociales que afectan a la gente joven.

- Federación de la Planificación Familiar Estatal

http://www.fpfe.org/

Web de la FPFE. Federación de ámbito privado que se ocupa de los derechos sexuales y reproductivos de la población.

ANEXO 1: El drama de las pateras

'Patera' designa a una embarcación pequeña de fondo plano (DRAE); se trata de barcas de bajo coste, utilizadas fundamentalmente para la pesca de bajura cerca de la costa o para el transporte de mercancías ligeras entre barcos, ya que, por su poca resistencia, no se adentran en alta mar.

Patera

En las últimas décadas, sin embargo, la palabra 'patera' está trágicamente asociada a la inmigración ilegal procedente de África. Ciudadanos del África Subsahariana (por debajo del Desierto del Sáhara, es decir, banda central del continente) que, por un motivo u otro, aspiran a mejores condiciones de vida, ven en España la puerta a una Europa repleta de posibilidades y comodidades de las que carecen sus países. Existen grupos criminales organizados que aseguran a estos ciudadanos el transporte hasta la Península Ibérica o las Islas Canarias, a cambio de una deuda que los inmigrantes pagarán cuando hayan llegado a España y encontrado trabajo.

Comienza entonces un largo viaje: caravana de soñadores en busca de mejor vida a través de selvas y desierto, cruzando a escondidas las fronteras de varios países, hasta llegar a las costas del Sáhara Occidental (si el destino es Canarias) o de Marruecos (si el destino es la Península). Algunos mueren por el camino, o son capturados por la policía de alguno de los países de tránsito, o por mercaderes de esclavos; las mujeres suelen ser violadas o forzadas a mantener relaciones como adelanto del pago de su deuda.

Llegados a la costa, viene la fase más peligrosa: cruzar el mar, bien por el Estrecho de Gibraltar o por el Océano Atlántico; para este periplo marino son depositados en pateras, masificados (se han dado casos de pateras cargadas con hasta 80 personas), y abandonados a su suerte. Se les hace zarpar de noche o cuando el mar está agitado, porque así es más fácil burlar la vigilancia. Muchas pateras se pierden y sus tripulantes mueren de sed, o ahogados al intentar llegar a la costa nadando; otras son interceptadas por los guardacostas españoles. Los que consiguen llegar a las costas españolas, tarde o temprano acaban en manos de las autoridades, puesto que carecen de permiso para estar en España y no pueden trabajar ni residir de manera legal, lo que obliga a algunos a delinquir para subsistir.

Estos inmigrantes llegan a España sin documentación original, que queda en posesión de los grupos criminales que organizan su viaje: las autoridades españolas no pueden, por tanto, devolverlos a sus países, ya que no tienen manera de asegurar cuál es la procedencia de cada uno de ellos. Muchos están enfermos por el largo viaje y

Evolución, en términos absolutos, de los inmigrantes nacidos en África Subsahariana empadronados en España, entre 1998 y 2010

Fuente: INE. Padrón Municipal 2010. Gráfico: elaboración propia (M M)

necesitan atención hospitalaria; muchas de las mujeres han quedado embarazadas por el camino, y necesitan ayuda médica, al igual que sus bebés.

El alojamiento, la manutención y la salud de estas personas suponen un gasto elevado para el Estado español, pero por motivos de humanidad no se las puede abandonar a su suerte; cada ciudad española cuenta con asociaciones de acogida que hacen cuanto les es posible por ayudarlos, integrarlos, e incluso enseñarles el idioma y las costumbres sociales de España, o completar la educación de aquellos inmigrantes que aún están en edad escolar, pero no logran dar abasto: por exponer las cifras de los últimos años, en 2007 llegaron a las costas españolas 5.680 inmigrantes ilegales en pateras; 7.165 en 2008; 7.285 en 2009. En 2010 se sintió una caída del 50% con respecto al año anterior (3.632), pero la llegada de pateras sigue siendo constante.

ANEXO 2: La inmigración en España en cifras

	2001	2011	Crecimiento
Rumania	31.641	864.278	+2.632%
Marruecos	233.415	769.920	+230%
Reino Unido	107.326	390.880	+264%
Ecuador	139.022	359.076	+158%
Colombia	87.209	271.773	+212%
Bolivia	6.619	197.895	+2.890%
Alemania	99.217	195.842	+97%
Italia	34.689	187.847	+442%
Bulgaria	12.035	172.634	+1.334%
China	27.574	166.223	+503%
Portugal	47.064	140.706	+199%
Perú	30.574	131.886	+331%
Francia	51.582	122.385	+137%
Argentina	32.429	120.012	+270%
Brasil	17.078	106.908	+526%
República Dominicana	31.153	90.612	+191%
Paraguay	928	87.406	+9.319%
TOTAL	**1.370.657**	**5.730.657**	**+318%**

1. Identifica en el mapa los países de donde procede la mayor cantidad de inmigrantes en España según el Anexo 2:

2. Ahora haz una lista con los países de habla hispana con mayor índice de emigración a España.

UNIDAD 14
Sistema educativo

导　读

　　当西班牙的弗拉明戈舞和斗牛已闻名全球之时，也许我们还不知道，西班牙拥有与剑桥、牛津等世界名校齐名的萨拉曼卡大学，高教师资队伍中不乏西班牙皇家学院院士，如达马索·阿隆索（Dámaso Alonso）、伊格纳西奥·博斯克（Ignacio Bosque）。西班牙还拥有资金雄厚、技术先进的医科专业及欧洲顶级商学院之一——西班牙IE商学院……实际上，西班牙是一片能提供优质高等教育的热土。

　　西班牙的高等教育经历了几次重大的改革。上世纪中叶以前，大学专业十分有限，新闻、艺术、市场管理等都不属于大学专业的范畴，它们通常被认为是后中学教育。1970年颁布了《教育法》，首次把这些专业纳入大学的范畴，扩充了大学的规模。同时，规定大学教育分为两个阶段：第一阶段为期三年，以教授基础知识和技术为主，即我们所说的通识教育；第二阶段，以教授专业知识为主，为期两年，学生毕业后可获得本科文凭。完成五年学业的学生可以直接申请攻读博士学位。1978年的《宪法》延续了之前的大学教育的等级，最为重要的是，打破了自19世纪以来由中央政府统一管理的模式，授予大学更大的自主权。无形之中，使得各大学、各自治区之间就招生、教学质量、教学设施等方面展开竞争，从而推动整个教育产业的蓬勃发展。大学还可以设立官方认可学位条目之外的专业，提供学生在本科毕业之后更多的选择，激励西班牙年轻一代不断求学的精神。1983年的《大学改革法》缓和了"官方硕士"与"校方硕士"之间的冲突，规定两种学位在后续教育和招聘中应受到相同的认可。

　　进入新世纪后，"博洛尼亚计划"推动了西班牙高教的又一次深度改革。本科学制采用四年制；增加"官方硕士"的专业面，逐步取消"校方硕士"的学位。西班牙的学制与欧洲其他国家的学制相统一后，学生在修本科专业过程中、或完成本科后，通过学分转换机制，可以申请进入别国的大学继续深造；同样地，西班牙也可以顺利接受其他国家的学生。在这样的进程中，除了可以使西班牙办学更加国际化，扩大招生，更重要的是，可以利用别国的教育资源为本国培养优秀的人才，为西班牙今后的发展服务。

1 – El sistema educativo y la LOE

El sistema educativo actual en España, según la LOE (Ley Orgánica de Educación) aprobada en 2006 y que regula las enseñanzas educativas no universitarias, pretende la integración social de los españoles desde una perspectiva igualitaria.

El sistema educativo comprende diversas etapas obligatorias y gratuitas entre los 5 y los 16 años de edad, más otras etapas voluntarias (estudios superiores). Todo ciudadano tiene la libertad de elegir estudiar en centros públicos, administrados por la Comunidad Autónoma donde habita, o centros privados. Los centros públicos ofrecen la escolarización obligatoria de forma gratuita, mientras que los privados son financiados a través del pago de matrículas por parte del alumnado. Existen, también, las escuelas concertadas que, a pesar de ser gestionadas como un centro privado, tienen cierto apoyo económico por parte de la Administración Pública. Es decir, las escuelas concertadas son el eslabón intermedio entre la educación privada y la pública. En muchos casos los padres prefieren los centros privados ya que en cierto modo garantizan una atención más personalizada del alumno, o porque se ajustan a ciertos programas de valores espirituales que los padres desean para la educación de sus hijos.

España es un Estado laico y por tanto el sistema educativo también, pero debido a la gran influencia que las instituciones religiosas [1] tienen aún en la sociedad, muchos colegios privados ofrecen una educación centrada en la tradición católica. De todos modos, los centros privados de enseñanza tienen que seguir las pautas educativas que contempla la LOE: pueden enseñar más de lo que la ley exige, pero nunca menos.

2 – Educación Infantil

La Educación Infantil es también conocida como Educación Preescolar. La duración total de esta etapa es de seis cursos, para niños desde los 0 hasta los 6 años de edad. Está organizado en dos ciclos:

- El primer ciclo de 0 a 3 años, es de carácter privado aunque, poco a poco, se está intentando introducir en las escuelas públicas;

- y el segundo ciclo de 3 a 6 años que se incluye íntegramente en el ámbito público.

Cada uno de los cursos se divide en base a la edad de los niños: P1 sería el curso de 'párvulos' (P) de niños de un año, o P5 de los de cinco años.

El número máximo de alumnos por aula es 25. Al profesorado se le requiere el título de Puericultura o Jardín de Infancia para el primer ciclo y de Maestro en Educación Infantil para el segundo. El programa educativo está centrado en el *socioconstructivismo*, es decir, en la asimilación, la interacción y la atención a la diversidad, todo ello a través del juego y de talleres que motiven y estimulen al alumno. Sus objetivos se concentran en el desarrollo psicomotriz, socioafectivo, y de las habilidades verbales y no verbales.

Pregunta al lector
¿Qué es el socioconstructivismo?
Busca información. ¿Crees que se
usa en China este método?

La Educación Infantil no forma parte de las etapas obligatorias, aunque la gran mayoría de padres inicia la escolarización de sus hijos durante el segundo ciclo de esta etapa.

Rincón
temático
dentro de
un aula de
párvulos

3 – Etapas de educación básica

La Educación básica comprende dos etapas, ambas de carácter obligatorio y gratuito:

- Educación Primaria (o EP) tiene una duración total de 6 cursos, para niños entre 6 y 12 años. Está dividido en tres ciclos de dos años cada uno: el Ciclo Inicial, el Ciclo Medio y el Ciclo Superior. El objetivo es la socialización e integración de los niños y su progresiva autonomía de acción. Las asignaturas que se estudian son: Conocimiento del medio natural, social y cultural; Educación artística; Educación física; Lengua castellana y literatura y, si la hubiere, len-

---

Rincón de lengua

Educación – El verbo 'educar' se formó en latín a partir del prefijo ex ("afuera") y el verbo *ducere* ("llevar, guiar"), por lo que guarda un significado original de "sacar del camino" o "llevar afuera".

Enseñar – Este verbo se formó en latín a partir de la preposición in ("en") y el verbo *signare* ("señalar"), lo que le otorga un sentido de "marcar el camino" o "indicar". No deja de ser curiosa la paradójica oposición entre los conceptos de 'educación' y 'enseñanza'.

Infantil – Los antiguos romanos consideraban *infantia* al periodo que mediaba entre el nacimiento y la edad de acudir a la escuela, que era con siete años.

Conocimiento – Palabra formada en latín a partir de la preposición co y el verbo *gnoscere*, "conocer". Observa que esta raíz es común a las palabras 'ignorancia', 'noticia', 'nota', 'noble'...

Patio de recreo de Educación Primaria

Colegio de San Estanislao de Kostka en Málaga

gua cooficial y literatura; Lengua extranjera; Matemáticas. En el último curso se añade la asignatura de Educación para la ciudadanía y los derechos humanos. Esta etapa se realiza en las escuelas llamadas CEIP (Centros de Educación Infantil y Primaria).

- Educación Secundaria Obligatoria: más conocida por sus siglas, ESO. Tiene una duración total de 4 años, para estudiantes entre 12 y 16, y está dividida en dos ciclos de dos cursos: en el primero, se estudia una mayoría de asignaturas comunes (Lengua Castellana y Literatura, Lengua y Literatura de las CCAA, Lengua Extranjera, Matemáticas, Ciencias Sociales, Geografía e Historia, Educación Física, Ciencias de la Naturaleza, Educación Plástica y Visual, Tecnología, Música, Educación para la ciudadanía y los derechos humanos), y en el segundo, los alumnos escogen otras asignaturas optativas que van desde los llamados 'créditos de refuerzo' a cursos "variables" con diferentes contenidos. Éstos, en algunos casos, están más orientados a la profesionalización de los alumnos que no quieran seguir estudiando; en otros casos, están más centrados en la especialización académica para los que quieran proseguir su formación. Estos estudios se realizan en los IES (Institutos de Educación Secundaria), en los CEO (Centros de Enseñanza Obligatoria) o en centros privados que no utilizan ninguna de estas dos nomenclaturas.

Al acabar la ESO, los estudiantes obtienen el título de Graduado en Educación Secundaria Obligatoria (o GESO, anteriormente conocido como Graduado Escolar) y con éste tienen dos opciones: proseguir con alguna de las etapas de estudio no obligatorio, o pueden entrar en el mundo laboral. Para el caso de los estudiantes de 16 años que no consigan el GESO también existen alternativas académicas no obligatorias con finalidad profesionalizadora. Desde 1990 hasta hoy, la ESO ha demostrado ser un sistema bastante incompleto: si bien en la teoría está bien estructurado y planeado, en la práctica ha resultado en unas cifras de fracaso escolar preocupantes.

4 – Etapas de educación no obligatoria

Los estudios posteriores a la educación obligatoria son variados y con diferentes objetivos. Los podemos resumir en:

- La Formación Profesional tiene el objetivo académico de enseñar una profesión, adaptando al alumno a las exigencias del mercado laboral para ese trabajo concreto. Se divide en dos ciclos:

a) los Ciclos formativos de grado medio, a partir de los 17 años, se puede acceder a ellos después de la adquisición del GESO o, en caso de no haberlo conseguido, pasando un examen de acceso específico; la duración de estos ciclos es variable y al terminar se consigue una titulación de Técnico.

b) También existen Ciclos formativos de grado superior, que ofrecen mayor especialización en la profesión escogida, a éstos se puede acceder tanto después de superar el Bachillerato como un Ciclo formativo de grado medio, tras superar un examen de acceso. Al finalizar este ciclo se obtiene el título de Técnico Superior. Con este título se puede acceder a la universidad, aunque sólo a ciertos estudios relacionados con la especialidad del Ciclo superior finalizado.

- Bachillerato: el objetivo de estos estudios es preparar a los alumnos para la universidad. Tiene una duración de dos años, entre los 16 y los 18, y

IES (Instituto de Enseñanza Secundaria) de Huelva. En los IES también se puede cursar tanto el Bachillerato como, en algunos casos, la FP.

está dividido en cuatro modalidades según la carrera que se quiera estudiar: Ciencias de la Naturaleza y de la Salud, Ciencias Sociales y Humanidades, Tecnología, Artes. Ambos cursos se componen por un conjunto de asignaturas comunes y otras optativas que el alumno elije y que forman parte de cada una de las modalidades. Al terminar el Bachillerato, los estudiantes obtienen el título de 'bachiller' y tienen la oportunidad de participar en el examen de acceso a la universidad para estudiar la carrera que elijan, o también pueden solicitar el acceso a un Ciclo de formación superior.

Rincón de lengua

Matemáticas – Observa que esta palabra tiene su raíz en el griego *thema*, "asunto". Antiguamente, bajo el nombre de *mathematica* se estudiaba aritmética, geometría, música y astronomía.

Alumno – Del verbo latino *alere*, "hacer crecer", del que también proceden 'alto' y 'alimentar'.

Estudio – Del latín *studium*, "uso cuidadoso", "atención".

Libros de preparación para el examen de Selectividad

5 – Pruebas de Acceso a la Universidad

Las Pruebas de Acceso a la Universidad (PAU o PAAU) son más conocidas como 'la Selectividad' o "la Sele". El resultado de este examen no es la única nota que se tiene en cuenta a la hora de acceder a la carrera deseada, éste sólo cuenta un 40% al que se le suma la nota media de Bachillerato que pondera en un 60%.

El examen de Selectividad, después de la reforma de 2010, quedó dividido en dos grandes bloques. Por un lado están los 4 ejercicios o exámenes comunes a todo el alumnado (5 en el caso de las CCAA con lengua cooficial) basados en algunas de las asignaturas comunes que se han cursado durante el Bachillerato, y que son:

- Lengua extranjera (variará según la elección del alumno: inglés, francés, italiano, portugués o alemán).

- A elegir entre: Historia de España o Historia de la Filosofía.

- Lengua castellana y literatura.

- Una asignatura de la modalidad elegida que se haya cursado en segundo del bachillerato.

- Lengua cooficial (si procede).

Por otro lado las PAU contienen un segundo bloque en el que se evalúa a los alumnos de los conocimientos adquiridos sobre su modalidad de bachillerato. Esta parte es menos de la mitad de la nota del examen pero, sin embargo, los resultados pueden ayudar, en algunos casos, para aumentar la ponderación de la nota si se desea acceder a unos estudios relacionados con la modalidad cursada.

Existen dos convocatorias anuales del examen de Selectividad: la convocatoria ordinaria de junio, y la convocatoria extraordinaria de septiembre para intentar aprobar en caso de no haber pasado la ordinaria de junio o para subir nota.

La nota final del examen junto con la nota media de bachillerato es muy importante para los estudiantes que quieren acceder a la universidad. Cada año, después de hacer públicos los resultados de las PAU aparecen las llamadas "notas de corte" que especifican la nota de acceso en la que se ha marcado el límite de admisión de cada carrera en cada universidad. Esta nota puede variar de año en año según en número de plazas que oferta la universidad, la demanda, el número de universidades que disponen de una misma carrera, etc. Esta nota no está directamente relacionada con la dificultad de los estudios.

Asamblea de estudiantes en un aula universitaria española

6 – El Plan Bolonia: Grados, Másteres EEE y Doctorados

Durante el año 2007 se empezó a aplicar el denominado Plan Bolonia para los estudios universitarios. Este plan ha modificado el sistema universitario español. El sistema previo al Plan Bolonia consistía en licenciaturas de 4 o 5 años en los que durante el segundo ciclo (últimos dos años) se cursaba la especialización. Después de esto existía la posibilidad de matricularse en formación de postgrado.

Actualmente el sistema universitario español sigue la estructura homogénea del Espacio Europeo de Educación Superior (EEES), según el cual cualquier título de carácter oficial es válido en todos los países europeos que siguen esta línea con las mismas características. Es decir, facilita y agiliza

Lo oscuro representa todos los países que están incluidos en el Plan Bolonia

cualquier trámite burocrático o administrativo dentro de prácticamente todo el continente europeo, e impulsa y motiva al estudiante a aprovechar dicha homogeneidad para estudiar en diferentes universidades europeas.

En cuestión de créditos también se ha aplicado la reforma. El crédito es el equivalente

Rincón de lengua

Universidad – La voz latina *universitas* designaba a asociaciones profesionales; procede de la unión de los conceptos *unus* ("uno", "indivisible") y *versus* ("contrario"), con un fuerte sentido de la unidad y de la variedad: observa que de estos conceptos deriva también la palabra 'universo'. Durante la Edad Media, surgieron en las ciudades europeas diversas asociaciones de profesores y alumnos (*universitates magistrorum et scholarium*), centros de investigación y difusión de conocimiento, cuyo ejemplo siguen las universidades europeas en la actualidad.

Examen – En su origen, esta palabra designaba a la aguja de la balanza, que marca si el peso es correcto. Formada a partir del prefijo *ex* y el verbo *agere*, *exagmen* comparte su raíz con 'exacto' y 'exigencia'.

numérico al volumen de horas que hay que invertir en cada asignatura. Los créditos ECTS [2] (European Credit Transfer System) contabilizan no sólo las horas lectivas de los alumnos sino también las horas de trabajo autónomo o colectivo fuera del aula. Cada crédito ECTS equivale a unas 25 o 30 horas de estudio, y se considera que un alumno puede cursar (a tiempo completo) unos 60 créditos ECTS por año.

El gran cambio que ha aportado el EEES, sin embargo, ha sido en la nueva estructura de los títulos. La formación universitaria después del Plan Bolonia queda dividida en dos niveles: Grado y Posgrado (tres ciclos):

- El Grado consiste en cuatro años en los que se orienta al alumno hacia una educación generalista. Los grados se componen de 240 créditos ECTS (excepto en casos particulares como la Medicina, la Veterinaria o la Arquitectura). Cada Grado está compuesto, a su vez, por un mínimo de 60 créditos de formación básica en la que se dará la formación general más relacionada con la 'rama de conocimiento' a la que pertenezcan los estudios (Artes y Humanidades; Arquitectura e Ingeniería; Ciencias; Ciencias de la Salud; Ciencias Sociales y Jurídicas). Además, dentro de cada grado pueden existir itinerarios o "menciones" [3] hacia alguna disciplina concreta de los estudios de grado. Para ello existen las asignaturas obligatorias y optativas. Al final de los estudios hay que realizar el TFG (o Trabajo de Fin de Grado) que tiene que estar orientado a la evaluación de las competencias asociadas al título.

- El Posgrado está subdividido en dos ciclos orientados a la especialización: el Máster y el Doctorado.

a) Los estudios de Máster están enfocados a orientar la especialización del alumno hacia la investigación o la profesionalización. Éstos están, a su vez, vinculados a las mismas ramas de conocimiento que los Grados. Normalmente tienen preferencia para acceder a un Máster los alumnos que han finalizado los estudios de Grado de la misma rama. En algunos casos, si no se proviene de unos estudios de cierta rama, los coordinadores del Máster pueden exigir al alumno que complete sus conocimientos con los denominados 'Complementos de Formación'. Éstos son un reducido número de asignaturas que introducirán al alumno al ámbito general del Máster. La duración de los Másteres es flexible, van desde 60 créditos ECTS (pensados para ser cursados en un año) hasta 120 créditos ECTS. La formación de este ciclo termina con la presentación del Trabajo de Fin de Máster. La continuación natural de los estudios de Máster EEES es, por un lado, la inserción al mundo laboral (de ahí su vertiente profesionalizadora) o, por otro, la investigación, es decir: el Doctorado.

b) El título de Doctorado ofrece al estudiante una formación avanzada en el ámbito de la investigación. Para acceder a un programa de Doctorado hay que haber cursado un mínimo de 300 créditos ECTS (240 de Grado y 60 de Máster EEES). El periodo de investigación del Doctorado concluye, generalmente, tras 4 años de investigación a tiempo completo, con la presentación y defensa pública de la Tesis Doctoral. Con ésta se consigue el título de Doctor.

> **¿Sabías que...**
>
> ...en España más de un 40% de los jóvenes licenciados tienen un trabajo por debajo de su categoría profesional? Está aconteciendo el fenómeno conocido como 'éxodo o fuga de cerebros' por el que muchos titulados en grados superiores tienen que ir a otros países para poder encontrar un trabajo acorde a su formación.

A los estudiantes de Doctorado también se les conoce como 'doctorandos'. En la imagen, una doctoranda defendiendo su Tesis ante un Tribunal.

Hay que tener en cuenta que a pesar del alto índice de fracaso escolar en la educación secundaria en España, el número de estudiantes universitarios es muy elevado, dándose un fenómeno de exceso de titulados en relación con el mercado laboral. La mayoría

Rincón de lengua

Itinerario – Del latín *itinere*, "camino". El español 'camino' y sus derivados 'caminar', 'caminante', etc., proceden del celta *cam*, "paso".

Máster – Evolución al inglés del latín *magister*, que en español dio lugar a 'maestro'. Observa que esta profesión, cuya raíz es el adverbio *magis* ("más"), significa en origen lo opuesto a 'ministro', según vimos en la Unidad 5.

Doctorado – *Doctor* era en latín la forma aumentativa del adjetivo *doctus*, "sabio"; es decir, 'doctor' significa "más sabio": como título académico, se otorga a quien sabe mucho de algún tema en el que se ha especializado.

La Universidad de Deusto en Bilbao es una de la universidades privadas con más renombre.

Edificio del Rectorado de la Universidad Complutense de Madrid (UCM)

de los estudiantes universitarios jamás encuentran trabajo relacionado con sus estudios, y esto provoca frustración en muchos de ellos.

7 – Las universidades en España

Existen diferentes *rankings* que ordenan, a través de ambiguos parámetros, la calidad de estudios dentro de España, pero hay que tener en cuenta algo: la gran diferencia dentro del mundo universitario español está entre las universidades públicas y las privadas. Según la opinión popular las universidades públicas tienen mejor consideración en cuanto a la calidad de la educación que las privadas (excepto algunos casos de ciertos estudios y escuelas especialmente enfocadas a los negocios o a la economía).

Dentro del ámbito público no se considera de gran diferencia el hecho de ser graduado de una u otra universidad, ya que los criterios de elección de universidades en muchos casos se rigen por otros factores. La gran mayoría de jóvenes españoles cuando terminan sus estudios de bachillerato normalmente aspiran a entrar a alguna universidad que le convenga especialmente en términos de proximidad. Son muy raros los casos de estudiantes que acudan a otras provincias cuando cerca de su vivienda existen los mismos estudios. Hay que tener en cuenta la homogeneidad de los estudios universitarios, se exige para todas la universidades seguir un currículo académico igual y los estándares de puntuación también son parecidos. Teniendo en cuenta estos aspectos, pues, es normal que las principales diferencias entre las carreras de distintas universidades radiquen en el profesorado que imparte las clases. Algunas universidades con más caché podrán disponer de mayor número de profesores con mejor currículum o reputación. Sin embargo, los estándares requeridos para ser profesor en cualquier universidad pública son muy altos, así que dentro del aula cualquier académico ofrecerá en todos los casos una educación de alta calidad.

¿Cuáles son, pues, los elementos que se tienen en cuenta para elegir una u otra universidad española? Como hemos dicho, para un español, normalmente uno de los factores de más peso será la proximidad a su vivienda. Para un extranjero acostumbra a ser la ciudad donde está situado el centro, este es uno de los motivos por los que Madrid o Barcelona son las ciudades que acogen mayor número de estudiantes extranjeros, ya que son las dos ciudades españolas con más proyección internacional. Sin embargo, esto no implica directamente que la calidad académica de estas ciudades sea mejor que la de localidades más pequeñas. Un claro ejemplo es el prestigio a nivel mundial que tiene la Universidad de

Salamanca dentro del mundo de las letras hispáni-cas, a pesar de no estar dentro de los diez primeros centros en las clasificaciones españolas.

En el ámbito profesional español, pues, acos-tumbran a tener el mismo valor todos los títulos pro-cedentes de cualquier universidad pública. Normal-mente no importa tanto dónde se ha estudiado sino qué se ha estudiado.

Algunas de las universidades españolas con más renombre son: la Complutense de Madrid (UCM), la Autónoma de Barcelona (UAB), la Autónoma de Madrid (UAM), las Politécnicas de Madrid y de Cataluña (UPM y UPC), la Carlos III…

¿Sabías que...

...normalmente los nombres de las universidades se abrevian o se utilizan sus siglas? De esta manera no hay que llamarlas por su nombre completo que acostumbra a ser bastante largo.

Clasificaciones de universidades españolas

Fíjate en que cada uno de los *rankings* cambia mucho en el orden de las universidades, va a depender siempre del criterio que se utilice en el momento de valorar cada uno de los centros.

Shanghai JiaoTong University (2009)
Universidad de Barcelona
Universidad Autónoma de Madrid
Universidad Complutense de Madrid
Universidad de Valladolid
Universidad Autónoma de Barcelona
Universidad Politécnica de Valencia
Universidad de Granada
Universidad Pompeu Fabra
Universidad de Santiago de Compostela
Universidad de Sevilla

El Mundo
Universidad Complutense de Madrid
Universidad Autónoma de Barcelona
Universidad Politécnica de Madrid
Universidad Autónoma de Madrid
Universidad Politécnica de Cataluña
Universidad Carlos III
Universidad de Barcelona
Universidad Pompeu Fabra
Universidad de Granada
Universidad Politécnica de Valencia

CINDOC (Centro de Información y Documentación) del CSIC (Consejo Superior de Investigaciones Científicas)
Universidad Complutense de Madrid
Universidad Politécnica de Madrid
Universidad del País Vasco
Universidad de Valencia
Universidad de Barcelona
Universidad de Alicante
Universidad Politécnica de Cataluña
Universidad de Granada
Universidad Autónoma de Barcelona
Universidad de Sevilla

ARWU (Academic Ranking of World Universities)
Universidad Autónoma de Madrid
Universidad Complutense de Madrid
Universidad de Barcelona
Universidad de Valencia
Universidad Autónoma de Barcelona
Universidad Politécnica de Valencia
Universidad Pompeu Fabra
Universidad de Granada
Universidad de Santiago de Compostela
Universidad de Zaragoza

NOTAS

① Las instituciones religiosas

教会学校，由宗教团体出资兴办发展的，往往具有较长的办学历史。目前，西班牙比较出名的教会大学有马德里的科米亚斯主教大学、阿维拉天主教大学、萨拉曼卡主教大学、瓦伦西亚的埃雷拉红衣主教大学等等。

② ECTS

欧洲学分转换体系。根据这一体系，凡是加入"博罗尼亚计划"的欧洲大学，其教学计划中一个学分等于25或30小时的学习时间。举例来说，如果一门课程的学分为6，那么选修该课程的学生必须完成150或180小时的学习。这些时间包括课堂理论学习、课外实践、小组学习讨论和完成作业的时间。西班牙以前的学分体系规定，一个学分等于10小时的学习。这并不说明，加入"博罗尼亚计划"后，西班牙学生的负担加重，而是因为把课外完成作业的时间也纳入其中了，因此修满学分的弹性很大。

③ Itinerario, mención

辅修专业。西班牙大学提供各种不同类型的辅修专业，学生可以根据自己的专业发展需要选择其中的科目。在辅修课程结束时，必须通过四门与该课程相关的考试，同时提交期末论文。比如，一名英语语言文学的学生可以选择辅修西班牙语语言文学专业，但是后者的成绩可以根据不同科目的不同要求，被计入或不被计入本科总成绩中，因为辅修的目的是为了更好地充实本科专业的学习，而不是获取另一个专业的本科文凭。

VOCABULARIO

eslabón m.	（链状物的）环，节
axiológico, ca adj.	（哲学）价值论的
acervo m.	（谷物豆类等细小东西的）堆
párvulo, la adj.	幼小的，天真的
m. f.	幼儿（指三至六岁的学龄前儿童）
psicomotriz adj. (→psicomotor)	精神（性）运动的，心理驱动的
nomenclatura f.	册，录，集；术语，命名法
caché m.	优美的特性；艺术家的身价

EJERCICIOS

1. ¿Cuáles son las principales diferencias entre el sistema educativo español y el de China?

---

2. Según el texto ordena los siguientes criterios por los que un español elige una u otra universidad. Comparte tu respuesta y busca un consenso con tus compañeros.

☐ - La nota de corte
☐ - La distancia del hogar
☐ - El *ranking* de universidades
☐ - Elegir una universidad pública o privada
☐ - El profesorado
☐ - Calidad académica del centro
☐ - Las instalaciones tecnológicas
☐ - La ubicación en Barcelona o Madrid

3. ¿Cuántos años dura cada una de las siguientes etapas?

- Doctorado: _____

- Educación Infantil: _____

- Educación Secundaria Obligatoria: _____

- Ciclo Medio de Educación Primaria: _____

- Máster: _____

- Grado: _____

REFERENCIAS Y ENLACES DE INTERÉS:

- Ministerio de Educación

http://www.educacion.gob.es

Página oficial del Ministerio de Educación de España.

- Consejería de Educación en Beijing

http://www.educacion.gob.es/exterior/cn/es/home/index.shtml

En esta página se puede encontrar toda la actualidad en términos de enseñanza del español en China. La Consejería es un órgano dependiente del Ministerio de Educación español y de la Embajada de España en Beijing. A destacar: su revista *Tinta China* (versión digital en el apartado publicaciones), los Talleres de Formación y la sección de información para Visados.

- Buscador de Másteres oficiales

http://www.emagister.com/master-oficial

Emagister es un buscador no sólo de Másteres oficiales sino también de cualquier tipo de postgrado u otras variantes de estudios universitarios, desde lenguas a grados. A pesar de que contiene bastante publicidad es un buscador efectivo y que ofrece información suficiente para los interesados.

- Listado oficial de Universidades españolas

http://www.universidad.es/universidades/universidades_espanolas

Aquí se encuentra un listado con enlaces a cada una de las páginas web de las más importantes universidades públicas españolas. Especialmente interesante su sección 'Estudiar español'.

- Texto de la LOE

http://www.boe.es/boe/dias/2006/05/04/pdfs/
A17158-17207.pdf

Texto de la Ley Orgánica de Educación publicada en 2006 en el BOE (Boletín Oficial del Estado).

Portada del núm. 6 de la Revista *Tinta China*, publicada
por el Ministerio de Educación de España

ANEXO 1: Esquema del Sistema Educativo Español

Educación Infantil

de 0 a 6 años

2 ciclos:

- P1, P2 (1 y 2 años)

- P3, P4 y P5 (de 3 a 5 años)

OBLIGATORIO

Educación Básica

de 6 a 16 años

2 ETAPAS:

Educación Primaria

de 6 a 12 años

3 ciclos:

- Inicial (2 cursos)

- Medio (2 cursos)

- Superior (2 cursos)

+

Educación Secundaria Obligatoria (ESO)

de 12 a 16 años

2 ciclos:

- Primer Ciclo (2 cursos)

- Segundo Ciclo (2 cursos)

Educación No Obligatoria

a partir de los 16 años

Ciclo de Formación de

Grado Medio

(+)

Ciclo de Formación de

Grado Superior

Bachillerato (2 crusos)

Universidad

2 ETAPAS:

Grado (4 cursos)

+

Postgrado

2 ciclos:

- Máster (1 o 2 cursos)

- Doctorado (4 cursos)

ANEXO 2: La "Generación Ni-Ni" y la "Generación Perdida"

Los jóvenes que, como resultado del fracaso escolar, no han concluido la educación obligatoria tienen grandísimas dificultades para encontrar trabajo, ya que para casi todos los empleos de hoy día se exige cierta cualificación; por otra parte, no tienen posibilidad de seguir estudiando.

Esta situación ha dado lugar al fenómeno social llamado "Generación Ni-ni": jóvenes que "ni" estudian "ni" trabajan, por lo que dependen enteramente de sus padres, ya que:

a) no tienen ingresos;

b) no cotizan a la Seguridad Social y, por tanto, no pueden beneficiarse de muchas de sus prestaciones;

c) no tienen posibilidad alguna de independizarse ni autosustentarse.

Ello representa un enorme problema para el futuro: ¿quién se hará cargo de estas personas (un sector numeroso de la población que cada año está creciendo, a causa del fracaso escolar y de la crisis económica) cuando sus padres mueran? Y ¿cómo reaccionarán estas personas, desamparadas por la sociedad, cuando sus padres ya no estén?

En Londres y otras ciudades inglesas se sufrieron graves altercados durante el verano de 2011, a partir del recorte de ayudas públicas a personas que estaban en la misma situación en que los jóvenes "Ni-ni" de España se verán dentro de unos años. ¿Cómo se integrará en la sociedad a un elevado número de personas sin capacidad para trabajar ni para estudiar ni para valerse por sí mismas? Se trata de un asunto alarmante cuya solución deberían estar preparando ya los gobiernos de España.

Otro caso alarmante es la denominada "Generación Perdida": jóvenes con elevada cualificación, de grado y postgrado universitarios, con conocimiento de idiomas y experiencia laboral, a los que el sistema laboral español no ofrece trabajos a la altura de su preparación, lo que provoca que se marchen al extranjero.

Ello supone una grave pérdida para España, no sólo por la marcha de población cualificada, que empobrece cualitativamente el panorama laboral e intelectual de la nación, sino principalmente porque supone un derroche de inversión en educación y enseñanza, creando profesionales cuya productividad es aprovechada por empresas extranjeras y cuyo rendimiento económico tributa impuestos en otros países: el gobierno español invierte, de esta manera, en una costosa educación cuyo resultado no le beneficia a él sino a gobiernos extranjeros, a empresas extranjeras y a universidades extranjeras.

ANEXO 3: El fenómeno de la "titulitis"

"Valoración desmesurada de los títulos y certificados de estudios como garantía de los conocimientos de alguien" (DRAE).

La titulitis, palabra formada al añadir a 'título' el sufijo médico '-itis', denominación de enfermedades ('otitis', por ejemplo, es infección del oído, 'laringitis' de la garganta, 'gastritis' del estómago, etc.), es resultado inevitable del "Milagro Español" de los años 60 del pasado siglo, que permitió, gracias al aumento de ingresos de las familias, que más hijos tuvieran acceso a estudios superiores, ya que no urgía que empezasen a trabajar.

Para muchos padres, que carecían de formación universitaria, se convirtió en un honor ver a sus hijos poseedores de título universitario; esta tendencia, completamente razonable, degeneró sin embargo en una devaluación de los títulos académicos: cuanto mayor es el número de titulados, menos extraordinario es el título en sí mismo, con lo que luce menos, a efectos de prestigio.

La pérdida de valor de los títulos, consecuencia lógica del aumento de personas tituladas, redundó en una obsesión por acumular títulos que dio lugar a que cada vez más personas tuvieran más de un título, lo que a la larga provocó mayor devaluación en la apreciación laboral e intelectual de los mismos.

Hoy día, la titulitis convive con una tendencia opuesta, que se adapta a la realidad; tal y como expresa la definición del DRAE, los títulos y certificados de estudios no garantizan el conocimiento: indican que una persona ha estudiado, pero no aseguran que cumpla con el perfil que se espera de una persona que "sabe" realmente. Por ello, se valora en España, por encima de la cualificación académica, la experiencia y valía personales: según se ha probado científicamente, el 98% de la población tiene capacidad para adquirir un título universitario, por lo que diplomas y certificados no significan validez de la persona, sino otras circunstancias, tales como medios económicos o entorno familiar adecuado para acceder a la universidad.

Por ello, un título universitario determinado puede exigirse como requisito previo para una actividad profesional, pero para conseguir el trabajo hay que demostrar otros valores: aptitud, motivación, capacidad personal, experiencia concreta o aplicable, etc.

ANEXO 4: El círculo vicioso de la experiencia laboral

Otro factor en conflicto es el hecho de que, al valorarse tanto la experiencia previa, muchos jóvenes no encuentran trabajo al carecer de experiencia: sin experiencia, no hay trabajo; pero sin trabajo, no hay experiencia; este círculo vicioso lleva a muchos jóvenes a realizar más estudios, en un intento por suplir la falta de experiencia y presentar un currículum más atractivo en el plano académico, ya que está vacío en el plano profesional. Realizar más estudios, por otra parte, agrava el fenómeno de la titulitis.

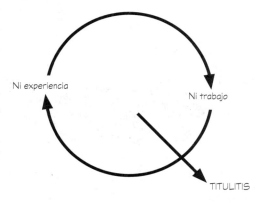

Ni experiencia

Ni trabajo

TITULITIS

1. Mira las siguientes viñetas de Forges y analiza su contenido:

Forges

'Forges' es el nombre artístico de Antonio Fraguas de Pablo, un famoso humorista gráfico español. Actualmente publica en el periódico *El País*, pero tiene una larga trayectoria en el mundo editorial y de la prensa española.

UNIDAD 15
Pautas de comportamiento

导　读

　　东西方文化的差异常常体现在平常的生活习惯之中，比如：西班牙人收到礼物时，会立即打开包装，给大家展示礼物，同时向送礼人表示感谢；而中国人则会在客人离开之后才拆礼物，否则会被认为是一种没有教养的行为。这样的习惯差异不胜枚举，让我们插上想象的翅膀，过一天西班牙人的生活，看看和中国人有多少不同呢？

　　早晨八点，伴着闹钟的铃声我醒来，冲凉、化妆、喷上香水之后，出门乘坐地铁。8点50分走进办公室楼下的小酒吧，来一杯咖啡配一块吐司面包当作早餐。9点05分进入办公室开始工作。早上我要接待两位客户。这是我们第一次见面，我们相互握了握手，并交换名片，就今后合作谈了初步的意向。大家的意见非常一致，会面很融洽。我想，下次见面的时候就不会有这次的拘谨，我们会以贴面礼来问候对方。送走客户后，已经是11点了，和同事们前往附近的咖啡店。我只要了杯咖啡，而莎拉点了巧克力蝴蝶酥和鲜榨橙汁，因为她早餐只喝了咖啡。半个小时后，我们又回到了办公室继续工作。我开始向老板汇报与客户见面的情况。与上司、长辈谈话的时候，必须看着对方的眼睛，不然是非常不礼貌的。3点开始午休。如果我现在还住在小镇的话，吃过午饭肯定会美美地睡个午觉，但是在城市里没法做到了。即使再困，也只能在午餐后再来上一杯咖啡，因为在办公室睡觉或者吃东西也是不礼貌的行为。然后和同事们在餐馆聊聊天、休息一下驱散睡意，5点准时回办公室。8点完成手头的工作下班，老板和员工都不喜欢加班。我赶忙搭地铁返回住处，换掉上班的套装，略微梳洗一下，10点前往好友的家中聚餐。今天是周五晚上，西班牙人都会选择去朋友或者父母家中吃饭，所以此时主干道上挤满了车，无法动弹。我依然选择地铁。去朋友家一共要经过十多站，为了打发时间，我从包里取出口袋书，继续昨日中断的情节。进入朋友家之前，我顺道买了一瓶他喜欢的红酒。一般地，我们从不空手去朋友家里，但是送的礼物也不必十分贵重，一瓶酒、一束鲜花或一份亲手做的甜点就可以了。不管是家中，还是饭店里，我们每餐都是头道冷菜、主菜和甜点。吃饱喝足后，凌晨，我们一起前往附近的酒吧，在第一家，我们喝了点餐后甜酒，在第二家，我们跳了舞，在第三家，我们点了饮料后便坐下聊天，一直到凌晨六点。大家一起吃了热巧克力加油条，各自回家睡觉。这就是西班牙人一个完整的周五。

1 - Saludos y tratamientos

En situaciones formales, el <u>saludo</u> más acertado es un sencillo apretón de manos [1]. A pesar de definirlo como "sencillo", en España el apretón de manos obedece a una serie de detalles fundamentales que hay que cuidar:

- Mirar siempre a los ojos del interlocutor durante el apretón de manos. Mirar hacia abajo es una muestra de temor o debilidad; mirar hacia otra persona es una muestra de desinterés, al igual que mirar hacia otro lado. Una vez que se separen las manos, se puede apartar la vista, pero nunca mientras estén en contacto.

- La duración del apretón no debe ser demasiado breve, lo que indica desinterés, ni demasiado larga, lo que indica intrusión. Dos segundos (equivalen a dos sacudidas de la mano) es lo prudente.

- Firmeza de la mano: una mano blanda o excesivamente relajada crea la impresión de tener un carácter pusilánime, mientras que una mano que aprieta con demasiada fuerza representa afán de dominio; tampoco es correcto dejar la muñeca floja ni ofrecer sólo los dedos. Los dedos y la muñeca han de hacer línea recta con el brazo, los pulgares de ambos interlocutores han de encajar de modo que ambas palmas estén en contacto, y ambas manos han de ejercer presión sin llegar a causarse molestia una a otra.

- La mano, obviamente, debe estar libre de obstáculos: no portar objetos ni hallarse cubierta por guante o manga.

La importancia del apretón de manos estriba en el fenómeno de la primera impresión: la valoración que se hace sobre una persona depende con demasiada frecuencia de la primera impresión que dicha persona causa en los demás; y en la primera impresión, cuando dos personas se conocen por primera vez, casi siempre interviene el apretón de manos.

Entre mujeres, se acepta como saludo formal el besarse en las mejillas [2], aunque en ambiente laboral prevalece el apretón de manos. Fuera del ambiente laboral, se aceptan los <u>besos</u> como saludo formal entre hombre y mujer; generalmente es ella quien inicia el movimiento, según lo que ella considere más apropiado.

Hay que tener en cuenta que los dos besos también tienen su procedimiento correcto que conviene seguir:

- Comenzar siempre por la mejilla derecha. Ambas cabezas se aproximan hasta quedar las mejillas derechas a la misma altura y se separan con un movimiento circular para aproximarse de nuevo hasta que queden a la misma altura las mejillas izquierdas, y se vuelven a separar.

- Los labios nunca tocan la mejilla de la otra persona; quedan mirando hacia adelante, y el beso se lanza al aire.

- En situaciones informales, las mejillas suelen chocar suavemente la una contra la otra; en situaciones formales, y en cualquier caso en el que alguna de las personas lleve maquillaje, las mejillas no deben llegar a chocar.

En situaciones informales, dependiendo de la confianza y la diferencia de edad, el apretón de manos puede sustituirse por palmadas en el hombro, abrazos, choque de palmas, o cualquier saludo que admita la moda del momento. Entre familiares y amigos de confianza, es normal que se den besos en los que los labios sí contacten con la mejilla.

Ante personas de mayor edad o con las que no se disfrute de estrecha confianza, es preferible mantener las normas de saludo formal aunque se trate de situaciones informales.

Es muy importante estrechar la mano correctamente, ni muy fuerte ni muy suave. Mirar a la cara de la otra persona y que no dure mucho tiempo. Los apretones largos implican confianza.

En un ambiente de mucha confianza el abrazo es un recurso frecuente.

2 – Horarios

Tradicionalmente, los horarios de las comidas determinaban los de otras actividades, y mantenían un carácter estricto que no debía violarse salvo en casos de emergencia; el modelo económico y laboral de hoy día ha suavizado muchos aspectos del horario, pero se siguen respetando ciertos pilares fundamentales.

Las horas de comida giran en torno a las tradicionales: desayuno al despertar (si se despierta uno después del mediodía, normalmente hace un desayuno-almuerzo), almuerzo entre dos y tres, y cena a partir de las nueve. Por motivos obvios, muchas per-

Rincón de lengua

Saludo – Los antiguos romanos, al cruzarse, tenían la costumbre de desearse salud a través del imperativo *salve*; a partir de ahí formaron el verbo *salutare* que se corresponde con el castellano actual 'saludar'.

Beso – Del latín *basium*, tomado por los romanos desde el lenguaje de los celtas; se cree que su raíz es onomatopéyica, es decir, que imita el sonido, pero el verbo latino *basiare* tenía un sentido de "tocar con los labios".

La migdiada de Ramón Martí.
Uno de los motivos por los que el fenómeno de la siesta es cada vez menos frecuente es porque sólo se admite dormir dentro del hogar, y debido a los horarios laborales mucha gente no puede acudir a comer a su casa.

sonas alteran estos horarios porque coinciden con otras actividades, pero siguen siendo la referencia en el ámbito social. Por ejemplo, invitar a un amigo a cenar a las seis y media es un auténtico disparate que escapa a la lógica social española; esa hora, sin embargo, es apropiada para citarse a tomar café o para ir al cine.

Es muy importante tener en cuenta estos parámetros también en el ámbito comercial, laboral y diplomático: si, por ejemplo, se convoca un almuerzo de negocios a las doce, los convocados pensarán que se trata de una broma.

Las horas de comida indican también privacidad y se consideran muy negativamente las irrupciones en esas horas a menos que haya una causa muy justificada. Por ejemplo, no se telefonea a nadie por la mañana temprano si no se trata de confirmar una cita esa misma mañana, o algún asunto urgente del trabajo.

Aunque la <u>siesta</u> es un hábito en peligro de extinción ante el ritmo de vida actual y cada vez menos españoles la pueden dormir, se sigue considerando una hora sagrada a la que no se visita ni se telefonea a nadie. Igualmente, durante la cena y a partir de ella no se puede irrumpir en la privacidad de nadie, a menos que se trate de familiares o de asuntos extraordinariamente urgentes. Podemos aprovechar la utilidad de las nuevas tecnologías y enviar mensajes de texto o correos electrónicos, o usar chats, pero no llamar ni presentarnos en el hogar.

Si conocemos el horario de trabajo de una persona, no debemos contactar telefónicamente con ella a menos que se trate de asuntos laborales pertinentes; si no se trata de una emergencia y hallamos a la persona en sus horas de trabajo, debemos disculparnos y acordar una hora posterior para entablar contacto.

Otro aspecto relevante es el de la puntualidad. Existe tolerancia ante imprevistos y retrasos breves que no superen los diez minutos; en cualquier caso, se debe avisar siempre que se cuente con medios para hacerlo, y evitar que suceda a menudo, dado que la impuntualidad merma la confianza de las otras personas. Y puesto que la confianza entra en juego, es mejor no llegar nunca tarde al trabajo ni a citas de negocios o profesionales.

Igualmente, llegar con demasiada antelación (más de cinco minutos) causa impresión negativa, dado que muestra que la persona que se anticipa no tiene otras ocupaciones, o tiene un carácter ansioso.

3 – Interacción en espacios públicos

Se comprende que una persona vencida por el sueño cabecee durante el trayecto en medios de transporte, pero en general da muy mala impresión dormir en público, lo que además expone al riesgo de atraer a delincuentes.

No se concibe que una persona duerma en su lugar de trabajo, donde su misión, a ojos de los españoles, es exactamente lo contrario a dormir; y está especialmente mal visto dormir en el aula, porque se interpreta como falta de respeto.

Ciertos actos de <u>higiene</u> personal están en España vinculados a la intimidad absoluta: cortarse las uñas, limpiarse los oídos, expectorar y hurgarse la nariz o los dientes son actividades reservadas a la soledad y en el cuarto de baño; fuera de él, son interpretados como descortesía y falta de educación.

En espacios cerrados, está prohibido fumar, además de muy mal considerado, así como expulsar ventosidades. Fumar en presencia de niños o de mujeres embarazadas es inapropiado.

No se admite que se arrojen envoltorios, ni cáscaras, ni colillas, ni objetos que ya no sirven al suelo, tanto en espacios cerrados como al aire libre; escupir queda censurado de la misma manera, y de hecho la ley castiga con multas elevadas por escupir y arrojar desperdicios.

Se tiene como falta de respeto interrumpir el paso de otras personas o chocar con ellas, por lo que se enseña a no detenerse en puertas o zonas de paso obligado, y a estar atento a la trayectoria de otros viandantes. Cuando por cualquier motivo alguien obstruye el paso, no está permitido tocarle ni empujarle; es preciso llamar su atención diciendo "¡disculpe!" o "¿me permite?" y, cuando se aparte, "gracias".

Existe un concepto de "espacio personal", un abanico de 40 o 50 centímetros frente a cada persona, que no se puede violar. Hay que tener cuidado al gesticular, y al alargar el brazo, de no cruzar el espacio personal de otros, porque se considera una agresión.

Dormir en un espacio público está socialmente muy mal visto, ya que se va a pensar que el individuo es un vagabundo.

Señal que parece en todas las papeleras públicas españolas y en muchos de los envases desechables.

Rincón de lengua

Siesta – Evolución fonética del numeral ordinal latino *sexta*: los monjes medievales organizaban el día en periodos de tres horas, entre los que *sexta* se correspondía con las horas siguientes al almuerzo; dado que tenían sesiones de oración a medianoche y al amanecer, compensaban la falta de descanso nocturno retirándose a dormir durante la hora *sexta*.

Higiene – Del griego *Igienía*, que en su mitología era la diosa de la curación de los enfermos.

Señalar directamente a una persona, especialmente a la cara, se considera una falta de educación muy grave.

Jóvenes haciendo cola en una estación de autobuses

Asimismo, señalar con el brazo extendido se interpreta como falta de educación.

No respetar las colas se considera una ofensa y es motivo de conflicto; el respeto a semáforos, pasos de peatones y normas viales, además de estrictamente regulado por la ley, constituye un pilar de convivencia social. Facilitar el paso a los minusválidos es un deber inexcusable. En cuanto a la circulación, se sigue el criterio de que el más fuerte cuida del más débil: el vehículo de mayor tamaño o potencia respeta al menor, y el peatón merece siempre la máxima consideración. A su vez, el peatón debe siempre guiarse por el sentido común y la responsabilidad vial.

Jamás se toca a desconocidos, a menos que sea la única manera de llamar su atención en ocasiones que lo justifiquen; en dichos casos, lo prudente es presionar ligeramente con la punta de los dedos sobre su hombro.

Se acepta que las parejas se besen en público mientras que no lo hagan de manera obscena. Dado que la línea que separa lo obsceno de lo cándido es frágil y depende de interpretaciones individuales, es preferible reprimir muestras físicas de amor en presencia de cualquier persona susceptible de sentir molestias por ellas.

Cantar por la calle puede ser interpretado como efecto de intoxicación etílica. Si se hace en grupo, queda aceptado como expresión de ánimo contento; si se hace a solas, puede causar sospechas sobre la salud mental.

4 – Interacción en espacios privados

Los españoles basan la convivencia en su concepto de la consideración: respeto y atención que merece cada persona, en medida igual para todos; si hay que compartir espacio y tiempo con otras personas, es obligación individual esforzarse por no crearles molestia ni desagrado.

Lógicamente, cada persona tiene sus propios niveles y nociones de lo que entiende por molesto o desagradable, y sólo la convivencia prolongada y el conocimiento íntimo permitirán conocer los parámetros personales de cada uno. Pero existen unos parámetros colectivos que se han adoptado como norma convencional, basados en ruido, olor y trato:

Los olores corporales se perciben en España como muy desagradables, especialmente los de axilas, pie, ingles, ventosidades y aliento. Es costumbre ducharse a diario, usar desodorantes y lavarse los dientes después de cada comida; si se va a dar la ocasión de tener que hablar a distancias cortas en espacios cerrados, se evita el consumo de alimentos o bebidas que dejen un aliento penetrante, como el ajo o el aguardiente. Si por cualquier circunstancia personal se tiende a desarrollar más olor que otras personas en alguna parte del cuerpo, se recurre a la amplia oferta de productos que hay en el mercado cosmético para cubrir tales diferencias.

Se valora el silencio en ámbitos de estudio, trabajo y descanso, o que los sonidos que tengan lugar en tales espacios sean acordes a tales actividades. Alzar la voz innecesariamente, dar golpecitos nerviosos en superficies u objetos, reproducir música que no guste a los demás, mantener el volumen de televisores, radios o cualquier otro aparato más alto de lo necesario... violan la armonía auditiva y son causas de conflicto.

En compañía de otras personas, especialmente si se trata de una sola persona, se exigen unas pautas básicas de consideración:

- Mantener una actitud comunicativa: <u>conversar</u> o, al menos, intentarlo. Evitar la comunicación se interpreta como desinterés, falta de respeto o falta de educación.

- No excluir a nuestros acompañantes en conversaciones con terceros: si nos encontramos con otras personas mientras estamos en compañía, debemos presentarlos en caso de que no se conozcan, y jamás entablar con aquéllas conversación en la que no puedan participar nuestros acompañantes; si no hubiera más remedio, por tratarse de algo especialmente importante, siempre pediremos disculpas y explicaremos la urgencia de la situación a nuestros acompañantes antes de iniciar tal

¿Sabías que...

...en España es normal y correcto usar regularmente colonia o perfume en la vida cotidiana? Además, existe un amplio mercado de perfumería masculina ya que los hombres usan siempre desodorante y en muchísimos casos también colonia.

Los artículos de perfumería son, de hecho, un regalo muy utilizado entre amigos en ocasiones como cumpleaños. No sólo colonias sino también jabones perfumados, cremas, aceites para el baño, etc...

Rincón de lengua

Conversar – Formado a partir del prefijo *con-* y el *verbo* latino versare, "rodear" o "girar alrededor". Como centro de la conversación ha de existir, por tanto, un tema, sobre el que cada interlocutor pueda aportar diferentes perspectivas. Si no, la conversación es imposible; y en España se aprecia una buena conversación.

Se considera muy mal educado estar más pendiente del teléfono móvil que de las personas presentes. No sólo en la mesa sino en todos los ámbitos.

conversación.

- Siguiendo el mismo principio del párrafo anterior, cuando recibamos una llamada telefónica, pediremos disculpas a nuestros acompañantes antes de contestar; no hacerlo se considera descortesía y falta de educación.

- Mientras estemos realizando una actividad social en común con nuestros acompañantes (tomar un café, comer, pasear, etc.) debemos centrar nuestra atención en ellos: no se concibe que desempeñemos en estas ocasiones actividades individuales tales como leer, jugar con el teléfono o cualquier otro aparato, o escuchar música con auriculares. Sí se admiten estas actividades individuales entre acompañantes durante trayectos largos en medios de transporte.

En cualquier caso, la norma social en España consiste en esforzarse por mostrar atención e importancia a los acompañantes: se valora como cualidad personal primordial ser una compañía agradable, lo cual no es fácil y requiere dedicación. Por otro lado, ser catalogado como "compañía desagradable" constituye un grave obstáculo social.

5 – En la mesa

Un fenómeno común a todas las culturas del planeta es el haber dado al acto de comer la categoría de acto social, con una dimensión de especial relevancia. Sin embargo, cada cultura presenta unas normas distintas acerca de lo que se puede hacer o no en la mesa. En España son las siguientes:

- Esperar a que todos los comensales estén servidos y empezar a comer todos a la vez; comenzar antes que los demás se considera acto maleducado.

- Pedir disculpas antes de levantarse para ir al lavabo o cualquier otro lugar.

- Mantener la espalda erguida, la cara hacia el plato pero lo más alejada que permita la longitud de espalda y cuello. Se interpreta como rudeza inclinar la cabeza hacia la comida, por lo que siempre hay que llevar el cubierto hasta la boca sin descender la cabeza.

- Masticar con la boca cerrada y sin que se oiga, en la medida de lo posible, la trituración de la comida entre los dientes ni su posterior deglución. El ruido al masticar o tragar se considera desagradable y molesto.

- No sorber los líquidos, como por ejemplo la sopa; al igual que en el caso anterior, se considera desagradable.

- Usar siempre el propio plato, jamás tomar directamente nada del plato de otro comensal.

- La comida suele estar en recipientes de mayor tamaño en el centro de la mesa: nunca usar los propios cubiertos para dicho recipiente, sino el cubierto que habrá destinado para servir del recipiente al plato. Si no lo hubiera, hemos de pedirlo.

- Nunca estirar el brazo por delante de otro comensal; si necesitamos algo que no está a nuestro alcance inmediato, hemos de pedir que nos lo pasen.

- Cantar mientras los demás comen se considera de mala educación. Cuando ya se ha terminado de comer, es normal cantar cuando se trata de un ambiente festivo.

- Nunca introducirse los dedos en la boca; ante la necesidad de sacarse algo con los dedos, hay que ir al lavabo y hacerlo allí.

- Nunca expulsar ventosidades, ni sonarse ruidosamente la nariz; para cualquier eventualidad de este tipo, hay que acudir al lavabo.

- Nunca contestar al teléfono en la mesa. Si se tratase de una llamada urgente que verdaderamente hemos de contestar, hay que pedir disculpas, levantarse y alejarse de la mesa.

- Huesos, espinas de pescado, etc. se expulsan sin ruido sobre el tenedor y se colocan sobre un borde del propio plato.

La comida de una fuente central siempre tiene que pasar primero por nuestro plato antes de poder comerla. No se puede pasar directamente la comida de la fuente a nuestra boca.

6 – Aspecto e indumentaria

Pese a las libertades características de la moda y la personalidad individual, existe entre los españoles un concepto bastante delimitado de lo que juzgan por "aspecto cuidado" y dan por socialmente aceptable.

Aparte de la higiene básica para evitar olores corporales, es necesario tener en cuenta elementos como:

Rincón de lengua

Aspecto – Al igual que 'espectáculo', la raíz de esta palabra es *spek*, "observar". El prefijo latino *a(d)-* indica asociación; de ahí que el aspecto es lo que los demás ven y asocian a nosotros, o la idea que se asocia a nuestra imagen.

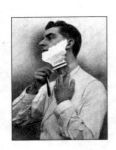

El afeitado es importante dentro del ámbito laboral de empresa. En el caso de no afeitarse es imprescindible llevar la barba o perilla bien arreglada.

- El pelo ha de verse limpio y sin caspa ni grasa. Lo habitual en España es lavarlo día sí, día no. En caso de usar tinte, cuidar de que al crecer el pelo no se vea la diferencia de colores; esto se considera falta de cuidado personal.

- Las uñas han de tener todas el mismo tamaño; se considera que los hombres no llevan uñas largas. Si se tienen pintadas, hay que cuidar que no asome la parte de abajo al crecer las uñas, y no se pueden mostrar desconchadas.

- Depilación: las mujeres suelen eliminar vello corporal (especialmente, el de axilas y piernas) y facial (entrecejo y bigote, en caso de que éste sea visible). Cada vez es más común ver hombres con entrecejo depilado.

- Afeitado: se admiten el bigote, la barba y la perilla, bien crecidos y cuidados; existe tolerancia al vello facial masculino de días o pocas semanas sin afeitar, pero en ciertos ambientes está mal visto, según el tipo de trabajo que se desempeñe.

Con respecto a la vestimenta, se observan las siguientes pautas elementales:

- Usar ropa limpia, sin manchas de comida o uso. La ropa interior se lava después de un día de uso, para evitar los olores corporales.

- Concordancia y complementariedad: no usar ropa de deporte con calzado formal, ni viceversa; combinar los colores o los tejidos sin provocar contrastes indiscretos; no usar mochila con traje de chaqueta, etc.

- Evitar el uso de calcetines blancos con calzado oscuro.

- Tener siempre presente la funcionalidad de la ropa, y usarla consecuentemente: ropa de deporte para hacer deporte, pero no para ir a un restaurante; ropa elegante para acudir a una boda, pero no para pintar una pared; ropa de casa para estar en casa.

- Maquillaje: el uso depende de la ocasión, la edad y la ropa que se lleva. Generalmente, una mujer joven en su vida cotidiana no utiliza, o se limita a una base para dar algo de color al rostro (mucho cuidado: que nunca contraste con el color de la piel del cuello) y un pintalabios discreto. Para ocasiones más formales, utilizando un vestido, se añade rímel y sombra de ojos. Por supuesto hay que evitar el exceso: se critica que la cara parezca cubierta de pintura.

NOTAS

① El apretón de manos

　　关于握手礼节的起源，有两种主要的说法。第一种认为，它最早出现在"刀耕火种"的年代。当时的人们经常手拿着石块或木棍等武器，以便随时能狩猎或战斗。如果两个素不相识的人相遇，为了表示友好，双方都会放下手中的物品，摊开手掌，让对方抚摸，来确认自己没有藏匿武器。这种习惯逐渐演变成今天的握手。第二种说法则认为，战争时期的骑士们相遇时，因为全身都包裹在盔甲中，只能脱去相对比较方便的右手护甲，伸出右手，以示友好。因此，现在当我们与他人握手时，一定先要脱去手套，以示礼貌。

② Besarse en las mejillas

　　贴面礼是西方十分常见的问候方式。关于它的起源，流传最广的说法是源自古罗马时期。当时妇女被禁止饮酒，因此，丈夫外出回家后，常常要检查一下妻子是否偷喝过酒，便凑到她的嘴边闻一闻是否有酒气。随着时间的推移，妇女禁酒令早已废除，但是夫妻把嘴和脸凑近的习惯逐渐成为夫妻见面的礼节。这个礼节随后又被推而广之，亲人、女性或异性朋友之间也会进行贴面礼，但是男性朋友之间更多地使用握手、互拍肩膀或击掌作为问候的方式。

　　在西班牙，行使贴面礼的双方先相互轻碰右边脸颊，再换至左边，同时，口中模拟发出轻轻的接吻的声音。不同国家的碰面次数也略有不同。拉美国家，比如秘鲁、阿根廷、哥伦比亚等，往往只碰右边面颊；法国部分乡村地区需要碰三次，才算完成一次贴面礼仪。

VOCABULARIO

palatino, na *adj.*	宫廷的，宫廷官吏的	
intrusión *f.*	非法闯入，干预	
pusilánime *adj.*	胆怯的，懦弱的	
mermar *tr. intr.*	缩小，减少	
ventosidad *f.*	肠胃气；屁	
colilla *f.*	烟头；（电影）预告片	
viandante *adj.-s.*	步行的（人）	
pudoroso, sa *adj.*	正经的，难为情的	
deglución *f.*	吞，咽	
caspa *f.*	头皮屑	

1. Después de leer el tema ¿cuáles crees que son las principales diferencias en cada uno de los ámbitos entre España y China?

Saludos y tratamientos:

Horarios:

Interacción en espacios públicos:

Interacción en espacios privados:

En la mesa:

Aspecto e indumentaria:

----

2. Lee las siguientes frases y especifica si son verdaderas o falsas, después corrige las falsas para que sean todas correctas:

a) Hay que dar prioridad al teléfono móvil antes que a las personas presentes. (Verdadero / ~~Falso~~)

----

b) En la mesa, hay que esperar que todos los comensales estén servidos antes de empezar a comer. (Verdadero / Falso) _____

c) Los calcetines blancos son de uso muy común en España. (Verdadero / Falso)

----

d) Se considera de mala educación comer directamente de la fuente central. (Verdadero / Falso) _____

e) La puntualidad es importante, aunque se admite un margen de retraso de media hora. (Verdadero / Falso) _____

f) Los hombres a menudo usan desodorante pero nunca perfume. (Verdadero / Falso)

----

g) Durante una encajada de manos, al saludar a alguien es importante no dejar la muñeca muy suelta. (Verdadero / Falso) _____

h) Cuando se dan los dos besos los labios tocan la mejilla, excepto en los casos que se lleve maquillaje. (Verdadero / Falso) _____

i) En la mesa, si nos queremos levantar para ir al baño hay que pedir permiso. (Verdadero / Falso) _____

j) Es normal tocar a los desconocidos. (Verdadero / Falso) _____

k) Es muy raro que los españoles se acostumbren a cantar por la calle o en lugares públicos. (Verdadero / Falso) _____

l) La hora de la siesta es un mal momento para llamar por teléfono a la gente. (Verdadero / Falso) _____

m) Cuando se termina de comer es correcto eructar para demostrar que se está muy satisfecho de la comida. (Verdadero / Falso) _____

n) No se puede salir a la calle en pijama. (Verdadero / Falso)

----

o) Cuando se prevé estar a distancias cortas con otras personas hay que tener en cuenta los olores corporales. (Verdadero / Falso) _____

p) Cuando se encuentran un hombre y una mujer, es el hombre quien decide si hay que dar la mano o dar dos besos. (Verdadero / Falso) _____

REFERENCIAS Y ENLACES DE INTERÉS:

- Protocolo

www.protocolo.org

En esta página podemos encontrar toda la información sobre el protocolo formal, informal e incluso de Estado. Es especialmente interesante la sección de vídeos desde el que se pueden retransmitir diferentes programas de RTVE sobre protocolo.

- Manual de protocolo social y empresarial

http://www.diazdesantos.es/wwwdat/pdf/SP0410003976.pdf

Útil y conveniente manual en PDF de María del Carmen Martínez Guillén sobre el protocolo social y empresarial, con especial énfasis al entorno burocrático.

- Modales

http://modales.co/

Ésta es una página de urbanidad y normas de cortesía para vivir en sociedad. Nos ofrece un acercamiento mucho más coloquial y cotidiano a las diferentes situaciones en las que hay que seguir un protocolo social.

- Comunicación no verbal

http://www.comunicacionnoverbal.com/

Interesante página web que nos ofrece un amplio abanico de recursos (vídeos, artículos, imágenes,...) sobre la comunicación no verbal en el actual mundo globalizado.

- La comunicación no verbal

http://www.marcoele.com/descargas/china/g.sanchez_comunicacionnoverbal.pdf

Estudio académico sobre la dificultad y los principales problemas en el ámbito de la gestualidad y de las onomatopeyas en los estudiantes chinos de español.

- Todo Abanicos

http://www.todoabanicos.com

Página centrada en la historia, fabricación y función de los abanicos. En el apartado de 'Curiosidades' podemos encontrar información detallada sobre los códigos no verbales relacionados con el lenguaje de los abanicos.

- Onomatopeyas

http://www.xtec.cat/~dsanz4/materiales/onomatopeyas.pdf

Breve listado en línea de las onomatopeyas (o transcripción de sonidos) más comunes del español. Recopiladas por un profesor de lengua de Bachillerato.

ANEXO 1: Elementos de la comunicación no verbal en España

Las posturas corporales varían según la situación, pero un exceso de rigidez en espalda, cuello y cara durante un acto de comunicación se interpreta como altanería, que se considera mal; un exceso de relajación, por el contrario, resulta inapropiado en ambientes oficiales, laborales, y académicos. En todo tipo de situación formal, al estar sentado se mantienen los pies juntos y las rodillas próximas, y el cuerpo ligeramente inclinado hacia adelante, y se considera de mala educación apoyar los codos sobre la mesa; en situaciones informales existe libertad de postura, teniendo en cuenta siempre la actitud que muestren los demás.

Tener las manos en los bolsillos se considera actitud informal; en situaciones formales han de mantenerse siempre a la vista del interlocutor, y mantenerlas en los bolsillos se interpreta como ofensiva falta de respeto.

No se consumen chicles y caramelos, ni cualquier otro artículo que requiera masticar o chupar, en ocasiones formales; en situaciones informales, en caso de tener que hablar, se dejan apartados a un lado de la boca, de manera que no afecten a la dicción, porque lo contrario se considera irrespetuoso.

Complementos como gafas de sol, sombreros y gorros se han de quitar al entrar en edificios; en el exterior, han de quitarse igualmente al hablar a una persona mayor o desconocida, como señal de cortesía.

ANEXO 2: Contrastes llamativos entre China y España en aspectos cotidianos

Temperatura de algunas bebidas: los refrescos en lata o embotellados (colas, zumos, etc.) y la cerveza se beben siempre frías en España, y los españoles consideran que una cerveza o refresco a temperatura ambiente no se puede beber; se toma como falta de respeto o de educación ofrecer a alguien un refresco o cerveza que no estén fríos.

Teléfono: es habitual en China, cuando se tiene una cita en un lugar con alguien, llamar o enviar un sms a la persona citada para avisar que ya se ha llegado; en España, esto sería interpretado como que la persona que ha llegado está metiendo prisa a la que no ha llegado aún, lo que implica descortesía.

Gestos: se mira a los ojos de la persona que habla; si se está realizando otra actividad al mismo tiempo que impide mantener la mirada constante, se hace intermitentemente; no mirar a los ojos se considera falta de atención.

Sinceridad: los españoles nunca expresan su verdadera percepción sobre la edad o el aspecto físico de su interlocutor, y decirle "eres mayor / viejo" o "estás gordo" se considera ofensivo; por el contrario, se le dice "pareces más joven" o "estás estupendo" aunque sea mentira.

Sin embargo, se dice la verdad, por ofensiva o dolorosa que sea, si con ello se evitan posteriores molestias o malentendidos, contrariamente a lo que en China se considera "perder la cara": si se le han creado falsas expectativas a alguien, es correcto y apropiado comunicarle la verdad, y esto no daña a la imagen de quien se sincera sino que, por el contrario, la mejora. Los españoles consideran la sinceridad en estos casos una muestra de valentía.

Paraguas: los españoles sólo lo utilizan para la lluvia; les resulta muy extraño ver a quien lo use para protegerse del sol, y les llamará mucho la atención e incluso es probable que hagan bromas.

Señalar: al señalarse a uno mismo o a otra persona, en España se dirige el dedo hacia el pecho, nunca hacia la cara; señalar a la cara de otra persona se interpreta como agresión o acusación de algo malo.

ANEXO 3: Tabúes y temas delicados entre los españoles

Hablar de política: si el ambiente es relajado, los españoles opinan sobre política pero de manera tópica, rara vez expresan vinculación con algún partido. Dado que se trata de un tema susceptible de provocar discusiones, es mejor no preguntar a qué partido se vota ni a qué líder político se prefiere; los españoles critican abiertamente a los gobernantes y a los candidatos, pero guardan sus verdaderas ideas en un nivel de intimidad absoluta.

Hablar de dinero: la ostentación está mal considerada entre los españoles, y el empleo de artículos de lujo obedece más a gusto personal que a capacidad económica; independientemente de la apariencia, los españoles muestran humildad en cuanto a su situación financiera personal, y de hecho tienden a fingir tener menos dinero del que tengan en realidad. No se pregunta por el sueldo, que se considera información íntima del individuo.

Hablar de religión: como componente cultural e histórico, la religión está muy presente en el día a día de los españoles, pero las creencias personales suelen quedar en el ámbito privado; en público se expresa sin problema la afinidad o no hacia tal religión o cual creencia, pero sin entrar en detalles, porque la espiritualidad de cada persona está vinculada con su vida íntima y no es asunto de los demás.

1. Analiza los gestos que se hacen en España en las situaciones indicadas (subrayadas) y escribe en la columna de la derecha qué gesto se haría en China:

En España...

... nos apretamos el estómago con una mano para indicar que tenemos hambre, y damos palmas sobre el estómago con una mano para indicar que estamos llenos después de comer.

... nos pasamos una mano por la frente para indicar que estamos muy cansados o que algo es muy trabajoso o difícil.

... abrimos mucho los ojos y señalamos la sien, haciendo círculos con el dedo, para indicar que algo es absurdo o que alguien está loco.

... nos encogemos de hombros para indicar que no es nuestra culpa o nuestra responsabilidad, o que no podemos hacer nada por cambiarlo.

... nos frotamos los ojos para indicar sorpresa o incredulidad.

... curvamos los labios con las puntas hacia abajo para expresar disgusto o tristeza.

... nos miramos de reojo, alzando una ceja, para indicar complicidad.

... colocamos la mano ante el pecho con la palma hacia afuera para indicar rechazo.

... apretamos las cejas y las curvamos para indicar extrañeza o duda.

... arrugamos la frente y levantamos las manos con las palmas hacia arriba para expresar que no hemos entendido nada.

En China...

UNIDAD 16
Medios de comunicación

导　读

　　西班牙的传媒业十分发达，主要有三大载体：报刊、广播和电视。

　　西班牙全国共有155家报纸，其中发行量排名前几位的分别是《国家报》（近50万）、《世界报》（38万）、《阿贝塞报》（32.5万）、《先锋报》（23万）、《邮报》（13.5万）。这些报纸按其内容可以分为综合类、评论类、体育娱乐类、经济类等；按照其政治主张，可以分成两大阵营：支持PSOE和支持PP，及一些政治倾向模糊的报纸；按照区域，可以分成全国性报纸和地区性报纸。大部分报纸创刊于上世纪初，它们在共和国时期和内战时期蓬勃发展，为公众提供了重要的舆论导向。在佛朗哥独裁时期，整个传媒业受到了严格的监控，它们不存在政治倾向，全部都以佛朗哥的意志为准绳。当民主政体重回西班牙后，媒体又获得了自由报道的权利，报刊发展环境得到了明显的改善，逐步形成了西班牙的特色。随着时代的进步，电子产业对传统出版业的冲击愈加明显。在此形势下，从本世纪初开始，各家报纸陆续开发电子版本，用来弥补纸质报刊销量的下滑。

　　西班牙广播和电视频道的情况比较相似，总共有200多家，其中有国营的西班牙电视台，也有私营的，如第五频道等。一般地，可以免费收看四或五个电视频道，主要以新闻播送为主，每天五点和晚上会播放本国的肥皂剧，或者少量美国电视剧。如果购买了付费频道，那么选择就比较多了，有社会热门话题辩论、体育专题、音乐专题、纪录片、热门影视剧等等。随着数字电视、高清电视服务的推出，经常会有销售人员根据登记的电话号码致电家中，推销新的电视服务套餐。

　　西班牙人从上世纪60年代起就有收看电视的习惯，所以与网络相比，电视更受青睐，尤其是中老年人。他们热衷于轻松搞笑的节目和怀旧老片，而电台电视台为增加收入，常常在热门节目中插播大量的广告。这也构成了众多西班牙人对媒体不满的主要原因。尽管许多电台和电视台都可以在线收听收看，但这些都不能吸引现在的青年人，他们更多利用网络来聊天，如facebook、twitter等等。即使收听广播，也仅限于音乐类节目。为了避免观众流失，西班牙积极同其他国家合作，推出了电视与网络捆绑销售的模式，借助强大的网络优势来维护广播和电视的发展。

Pantallazo de las portadas digitales de los periódicos: *El País y El Mundo*

1 – Prensa: principales periódicos y revistas
El País

Diario fundado en 1976, en plena tormenta ideológica de la Transición, con vocación progresista y democrática, pro-europeísta, y en contra de toda forma de violencia. Fue el primero entre todos los medios de comunicación en tomar posición clara a favor del Parlamento y la Constitución durante el Golpe de Estado comandado por Tejero (el 23-F) en 1981, lo que le valió el respaldo popular frente a otras publicaciones más antiguas, sospechosas de ambigüedad en aquel momento delicado. Tras las elecciones del año siguiente, se mostró a favor del gobierno de Felipe González y desde entonces se ha vinculado a este <u>periódico</u> con el PSOE.

Con una tirada diaria cercana al medio millón de ejemplares, es el periódico más vendido de España. Cada día de la semana saca un suplemento, dedicado a temas concretos (salud, educación, entretenimiento...) o a públicos concretos (cinéfilos, amantes de la literatura...)

Desde 1996 tiene <u>edición</u> electrónica en internet.
El Mundo

Periódico fundado en 1989 con afán <u>investigador</u> y controvertido, dando especial cobertura a los casos de corrupción y de terrorismo de estado que marcaron los últimos años de gobierno de Felipe González. Pese a mostrar ciertas reservas y actitud crítica, se mostró favorable al gobierno de Aznar, por lo que se lo vincula ideológicamente con el PP.

A partir de 2004 se mostró acorde a las medidas del gobierno de Zapatero pero al mismo tiempo mantuvo líneas de investigación que desmentían la versión oficial acerca de los atentados terroristas del 11-M.

Con una tirada en torno a 380.000 ejemplares, es el segundo diario más vendido de España, disputándose con el *ABC* a los lectores de posición política de centro-derecha y derecha. Tiene edición electrónica en línea.

Cada año elabora un listado de colegios y otro de universidades españoles, ordenándolos según criterios de demanda, recursos humanos y materiales, planes de estudios y resultados académicos; aunque no existe en España un listado a nivel oficial, se toma la clasificación de *El Mundo* como referencia.

ABC

Periódico fundado en 1903 como publicación semanal, a partir de 1905 se transformó en diario. Desde principios de la década de 1930 ofreció dos ediciones de formato común pero diferencias en el contenido: el *ABC de Madrid* y el *ABC de Sevilla*; durante la Guerra Civil, la edición madrileña quedó bajo influencia republicana y la sevillana bajo influencia nacional. Durante la Dictadura de Franco quedó en un segundo plano, recuperando protagonismo durante la Transición.

Se lo vincula con la ideología conservadora y monárquica, dado que su público obedece a tal perfil, a pesar de que tanto en la actualidad como en el pasado ha contado con colaboradores poco sospechosos de conservadurismo: Valle-Inclán, Julián Marías, Marcelino Camacho o Carlos Herrera [1], entre otros.

Hoy es el tercer periódico más vendido en España, con una tirada en torno a los 325.000 ejemplares. También dispone de edición electrónica en la red.

Rincón de lengua

Periódico – Las voces griegas *peri* ("alrededor") y *odos* ("camino") dieron lugar a 'periodo' en su sentido original de "tiempo que se tarda en llegar", que más tarde se amplió a "duración temporal" y acabó por definir a ciclos repetitivos de tiempo: de ahí el adjetivo 'periódico' como "que se repite", y su aplicación a publicaciones que, con mismo nombre y formato, se publican con una frecuencia determinada.

Edición – Sustantivo formado a partir del verbo latino *edere*, formado por el prefijo ex- ("afuera") y la raíz del verbo 'dar'.

Investigar – El sustantivo latino *vestigium* designaba a las huellas y rastros que quedaban en la tierra tras el paso de animales o personas. El verbo *investigare* implicaba la observación de huellas para averiguar el camino que habían seguido tales personas o animales y poder seguirlos.

Portada digital del *Marca* y en papel de *La Vanguardia* y de la revista *Muy Interesante*

La Vanguardia

Fundado en Barcelona en 1881, es el periódico catalán con mayor presencia en el resto del país, con una tirada superior a 230.000 ejemplares. De ideología centrista, catalanista y monárquica, su situación fue delicada durante la Guerra Civil y la Dictadura de Franco; en la década de 1980, su propietario renovó sus estructuras tecnológicas, convirtiéndolo en referente de la modernización; tiene edición electrónica y, a partir de 2011, ofrece una nueva edición en papel en catalán.

El Correo

Periódico vasco fundado en 1910, también atravesó dificultades durante la Guerra Civil y la posterior dictadura, tras la cual ha sufrido acciones terroristas de ETA, que en 1977 y 2001 asesinó a los respectivos directores de este periódico. Con una tirada en torno a los 135.000 ejemplares, es el más leído en las provincias de Álava y Vizcaya. Su versión electrónica se llama *El Correo Digital*.

La Voz de Galicia

El periódico gallego de mayor tirada (en torno a 85.000 ejemplares), fundado en 1882 con espíritu republicano. A lo largo de su extensa historia, ha contado con colaboradores de gran talla intelectual a nivel tanto de Galicia como de España (Manuel Murguía, Gregorio Marañón, Álvaro Cunqueiro... [2]). Hoy día, también cuenta con edición digital.

Marca y As

Diarios de contenido exclusivamente deportivo, su difusión supera a la de los periódicos de noticias y actualidad (entre ambos superan el medio millón de ejemplares). Aparte de mantener al día a sus lectores en cuanto a actualidad deportiva, desarrollan actividades de promoción deportiva, tales como premios y campeonatos.

Muy Interesante

Revista mensual de divulgación científica fundada en 1981, con una tirada en torno a los 350.000 ejemplares. Abarca todo tipo de contenidos, aunque predominan la historia y antropología, las ciencias de la naturaleza y a medicina. Desde sus inicios ha contado con colaboradores de gran renombre nacional e internacional: Isaac Asimov, Carl Sagan [3], Antonio Muñoz Molina...

XLSemanal

Revista que acompaña, como suplemento semanal, a la mayoría de diarios locales de España. Trata actualidad, moda, cultura, y divulgación en general; su mayor aliciente es la colaboración de columnistas muy seguidos por los lectores españoles, como Arturo Pérez-Reverte o Carlos Herrera.

Cinco Días y Expansión

Diarios de contenido meramente económico fundados en la década de 1980; constituyen la referencia nacional en cuanto a situación y política económica, así como el pilar informativo acerca de las principales empresas de cada sector.

2 – Radio: principales cadenas y programas

Cadena SER

La Sociedad Española de Radiodifusión tiene sus orígenes en Radio Barcelona (fundada en 1924), aunque no se llamó SER hasta 1940. Ganó fama durante la Dictadura de Franco, con la emisión de radionovelas (seriales dramáticos y cómicos diseñados para ser emitidos por radio). En la actualidad es la emisora con más oyentes (superando la cifra de cuatro millones y medio), teniendo especial repercusión sus programas deportivos (*El larguero*, *Carrusel deportivo*),

¿Sabías que...

...el dibujante y humorista Mingote era uno de los colaboradores más destacados del *XLSemanal*? Sus viñetas son reconocidas y publicadas nacional e internacionalmente.

Fragmento de un dibujo de Mingote en la estación de Metro de Retiro, en Madrid

---

Rincón de lengua

Revista – Observa que esta palabra está estrechamente relacionada con 'revisión' y 'revisar'. Las primeras revistas se empezaron a publicar en el siglo XVII, dedicadas a la investigación de temas concretos. Aún en nuestros días, la mayoría de las revistas pertenecen al mundo académico, y constituyen una revisión y actualización constantes del conocimiento existente en cada campo de la ciencia.

Divulgación – Observa que la raíz de esta palabra es 'vulgo', "pueblo". El prefijo di- (a veces aparece *dia-*) denota extensión, por lo que 'divulgar' es "extender entre el público".

Radio – El latín *radius* designaba al rayo de sol y también a las varas de la rueda; se dio el mismo nombre, a partir de su invención, a los aparatos que emiten y reciben ondas de sonido bajo la forma de rayos eléctricos.

Logotipo de la COPE

Julia Otero en su programa de Onda Cero: *Julia en la onda*

de entretenimiento (*Matinal SER*, *A vivir que son dos días*), y de noticias (*Hora 14*, *Hora 25*). Desde 2004, durante los días posteriores a los atentados del 11-M, se mostró duramente crítico con el gobierno saliente de Aznar y, tras las elecciones, favorable al gobierno de Zapatero, por lo que se vincula ideológicamente a esta cadena con el PSOE.

COPE

Emisora creada a partir de la fusión de pequeñas cadenas, todas afiliadas a la Iglesia Católica, a principios de la década de 1960. Durante las décadas de 1980 y 1990 adquirió gran relevancia nacional, gracias a la labor de periodistas de talento y renombre, tales como Luis del Olmo, Encarna Sánchez, Antonio Herrero, José María García... y sus muchos colaboradores.

A finales de los 90 y a lo largo de la década de 2000, la COPE perdió a sus principales estrellas y tuvo conflictos con algunos gobiernos autonómicos. En 2009, dos de sus mejores presentadores del momento abandonaron la cadena, llevándose con ellos gran cantidad de oyentes.

Onda Cero

La segunda del país hoy día en número de oyentes, surgió en 1990 como fusión de varias emisoras, con intención de dar cabida a opiniones variadas y distintas, fomentando la pluralidad de pensamiento.

Cuenta con la presencia de dos presentadores de gran peso y brillante carrera en la radiodifusión española: Carlos Herrera en el programa principal de la mañana (*Herrera en la onda*) y Julia Otero en el de la tarde (*Julia en la onda*).

Dado que ha presentado fuertes críticas al gobierno de Zapatero, se le presupone vinculación ideológica al PP, aunque no se han producido manifestaciones claras al respecto por parte de la emisora.

esRadio

Cadena fundada en 2009 por Federico Jiménez Losantos y César Vidal tras su salida de la COPE. Roza el millón de oyentes diarios y ofrece cierta variedad dentro de un espíritu controvertido. Losantos presenta el programa *Es la mañana de Federico*, marcado por la crítica exaltada al PSOE y a ciertos sectores del PP; Vidal presenta *Es la noche de César*, que ofrece un ambiente más sereno pero igualmente crítico.

RNE

Radio Nacional de España ofrece diferentes canales, según el interés de los oyentes: Radio Nacional trata diversos temas de actualidad y entretenimiento; Radio Clásica ofrece música clásica por medio de programas temáticos, retransmisión de conciertos, y difusión de conocimiento musical; Radio 3 alberga muy variados estilos musicales alternativos al circuito comercial, desde folklore inter-

nacional hasta música experimental; *Ràdio 4* emite, exclusivamente en catalán, contenidos variados de actualidad, noticias y entretenimiento; y Radio 5 dedica las veinticuatro horas del día a noticias y al análisis de actualidad nacional, internacional y económica.

40 Principales

Emisora dedicada a la difusión de música comercial. Cada semana elabora una lista de cuarenta favoritos según datos relativos a la venta de discos en España.

3 – Televisión: principales canales y programas. Tendencias representativas

TVE y La 2

Canales públicos pertenecientes a RTVE (Radiotelevisión española, organismo responsable también de RNE).

TVE (también llamada La Primera) es la cadena más antigua de España, en funcionamiento desde 1956; en 1973 empezó a emitir en color. Su programación es variada: noticias, entretenimiento, películas, deportes, música, eventos de interés público... En los últimos años ha recibido críticas múltiples, debido a su afán de ofrecer programación comercial que le permitiese aumentar sus ingresos publicitarios; al tratarse de una televisión mantenida con dinero público, muchos ciudadanos exigen que ofrezca calidad de contenidos y que no se preocupe tanto por el rendimiento comercial de sus emisiones. Por otra parte, al constituir el canal oficial del Estado, con demasiada frecuencia los par-

Rincón de lengua

Calidad – La raíz de esta palabra es el interrogativo latino *qualis* ("cuál" en castellano) derivado como *qualitas*: esencia de las cosas, en el sentido de "cuál" es la cosa. Se suele oponer el concepto esencial de 'calidad' al concepto numérico de 'cantidad', dando más importancia a lo esencial o cualitativo que a lo meramente cuantitativo.

tidos políticos que se hallan en el gobierno abusan de su existencia y manipulan los contenidos, especialmente las noticias, según su propio interés propagandístico.

Resulta imposible enumerar aquí sus programas, pero los más representativos son *el Telediario* (noticias), *Informe Semanal* (divulgación periodística), *Cuéntame cómo pasó* (teleserie)...

En 1966 se inauguró TVE2, segunda cadena (conocida popularmente como La 2), que se ha caracterizado por una programación más dedicada a cultura, cine y deporte. Famosa por la emisión diaria de documentales, algunos de sus programas representativos son *Saber y ganar* (concurso cultural), *Jara y Sedal* (caza y pesca), *Al filo de lo imposible* (deportes de riesgo)...

Desde la implantación de la TDT (Televisión Digital Terrestre) en 2004, TVE ofrece programación en siete canales: los ya nombrados y 24h (dedicado a noticias), Teledeporte, Clan (programación infantil), TVE Internacional y TVE HD (alta definición).

Antena 3

En funcionamiento desde 1989, a partir de la Ley de Televisión Privada del gobierno español que permitió la aparición de canales privados. Desde entonces ha tenido diferentes etapas características, respectivas a sus diferentes propietarios; en la actualidad, cuenta con un promedio de audiencia superior al 10% de la cuota total de telespectadores y emite una programación meramente comercial, centrada en el entretenimiento y la información, con gran presencia de series de producción propia.

Telecinco

En funcionamiento desde 1990, esta cadena privada siempre ha estado caracterizada por una programación controvertida, redundante en su búsqueda por ganar audiencia, y criticada por fomentar la telebasura. Su promedio de audiencia ronda el 15%.

Canal Plus

En televisión desde 1990, se diferenciaba de Antena 3 y Telecinco por ser un canal de pago al que los espectadores habían de suscribirse para verlo, lo que le permitía reducir el tiempo dedicado a publicidad. Sus puntos fuertes fueron la emisión de películas de estreno reciente sin cortes publicitarios, la retransmisión en directo de eventos deportivos de relevancia nacional y mundial (especialmente fútbol, boxeo y golf), su presencia en todo tipo de festivales de cine y su oferta de series de culto extranjeras. Desde la implantación de la TDT ofrece una plataforma de numerosos canales y servicios.

En 2004, la TDT comenzó a reemplazar en España a la televisión analógica en lo que se ha llamado "transición hacia el apagón analógico [4]", que culminó en 2010. La plataforma digital ha permitido la ampliación de canales, algunos de los cuales han adquirido especial relevancia entre los telespectadores españoles, como Cuatro, La Sexta, e Intereconomía.

Es preciso tener en cuenta que, aparte de las cadenas a nivel nacional, cada Comunidad Autónoma dispone de sus propios canales.

Además de los telediarios y eventos deportivos, los tipos de programa más consumidos en televisión por el público español son:

- Concursos: tengan por motivo habilidades personales, canto o baile, conocimientos o cualquier otra característica, los concursos televisivos han sido una fórmula de éxito. En los últimos años, se ha experimentado la mezcla de concursos y telebasura a través de los *reality-shows*, basados en la exposición de la intimidad de sus concursantes.

- *Talkshows*: programas de entretenimiento basados en los testimonios de personas que hablan al público sobre sus asuntos familiares o privados; estos programas, que basan su éxito en la sordidez y el morbo, son considerados telebasura.

- *Late-nite shows*: programas de entretenimiento y humor emitidos a partir de la media noche. Dado que el público de esa franja horaria prefiere este tipo de programas, tienen especial interés para las cadenas en cuanto a recaudación de publicidad. Cabe señalar a dos presentadores que han protagonizado la evolución del *late-nite* español en los últimos quince años: Xavier Sardà, que derivó hacia la telebasura más lamentable, y Andreu Buenafuente, que ha sabido devolver a este género su prestigio original.

- Telecomedias: series cómicas basadas en situa-

Los programas 'del corazón'

Se usa el término 'del corazón' para esos programas que hablan básicamente de la vida privada de los famosos españoles. A éstos se incluyen desde actores, cantantes, músicos y toreros hasta miembros de la nobleza.

Presentadores de "Aquí hay tomate", programa 'del corazón' que hacía mofa pública de sus protagonistas

Equipo del *late-nite show* 'Buenafuente', uno de los más exitosos de la televisión española

Rincón de lengua

Telebasura – El Diccionario de la Real Academia (DRAE) define esta palabra como "conjunto de programas televisivos de contenidos zafios y vulgares".

ciones de enredo con toques románticos y crítica social. Se comenzó por exportar series extranjeras, pero pronto se inició la producción nacional de teleseries que han llegado a formar parte de la cultura popular.

4 – Grupos mediáticos

Existen en España conglomerados empresariales que han desarrollado o adquirido medios de comunicación. Esto ha dado lugar a que la mayoría de publicaciones, emisoras y canales estén en manos de grupos empresariales, lo que se ha traducido en un aumento del contenido comercial en los medios y en el sometimiento de los profesionales de la comunicación a criterios e intereses mercantiles.

Algunos de estos grupos empresariales además están vinculados a algún partido político, lo que influye igualmente en la perspectiva y libertad de los contenidos mediáticos. A continuación enumeramos los grupos más representativos:

PRISA

Grupo creado por el magnate Jesús Polanco, fallecido en 2007. Con un beneficio neto anual en torno a los 290 millones de euros, es propietario de *El País*, *As*, *Cinco Días*, Cadena SER, 40 Principales, Canal Plus, Telecinco y Cuatro; aparte de múltiples editoriales. Se suele vincular a este grupo con el PSOE, dado el trato favorable, sospechoso de propagandístico, que da a este partido en sus medios.

VOCENTO

Grupo propietario de: *ABC*, *El Correo*, *XLSemanal*, y el canal televisivo Intereconomía. Se lo vincula ideológicamente con el PP, especialmente por el tono favorable hacia este partido en *ABC* e Intereconomía.

MEDIAPRO

Grupo presidido por Jaume Roures, periodista y productor de cine, nacionalista catalán. Posee el canal televisivo La Sexta y además produce los contenidos de buena parte de las cadenas autonómicas.

ZETA

Grupo fundado en 1976 por Antonio Asensio, fallecido en 2001. Posee numerosos periódicos regionales y locales, múltiples revistas y varias editoriales.

UNIDAD EDITORIAL

Grupo presidido por la historiadora y Académica de la RAE Carmen Iglesias, propietario de *El Mundo*, *Marca*, y esRadio, además de algunos canales de TDT y de la plataforma *on-line* de noticias y opinión *Libertad Digital*.

5 – Internet

La "red de redes" es un territorio amplio que aún está por explorar y explotar. Prácticamente todas las publicaciones de prensa, todas las emisoras de radio y todos los canales de televisión españoles tienen su portal en internet desde el que intentan abrirse paso en el mercado cibernáutico.

Mención aparte merecen medios de comunicación íntegramente desarrollados en internet, como es el caso de *Libertad Digital*, mencionado arriba, que desde el año 2000 opera en la red con espíritu liberal y especialmente crítico con el PSOE y los gobiernos de José Luis Rodríguez Zapatero, así como con Mariano Rajoy y ciertos sectores del PP. En 2006 creó la plataforma en TDT Libertad Digital TV, que básicamente es la retransmisión televisiva de programas y tertulias de la emisora esRadio.

Resulta especialmente llamativo el caso de *El Mundo Today*, un periódico digital dedicado desde 2009 a la difusión de noticias completamente falsas y cargadas de humor, presentadas con una apariencia tan convencionalmente periodística que engañan a los lectores desprevenidos. El éxito logrado por sus creadores, Kike García y Xavi Puig, se ha traducido en la creación de un programa humorístico basado en sus noticias en la Cadena SER y la publicación de un libro con sus mejores noticias falsas hasta 2011.

Las redes sociales

El concepto de Red Social aplicado al mundo de la informática se refiere a las comunidades virtuales que se generan en páginas web concretas. Las más populares en España son: en primer lugar, Facebook; seguido de cerca por Twitter, y Google+. Otras plataformas muy usadas son MySpace o LinkedIn, esta última orientada al ámbito laboral.

La información que se introduce en los perfiles de estas redes sociales debe ser controlada con atención ya que son mucho más accesibles de lo que aparentan y, a menudo, puede llegar información a oídos no deseados como ladrones, amigos indeseados o, incluso, el jefe.

NOTAS:

① Valle-Inclán, Julián Marías, Marcelino Camacho, Carlos Herrera

　　巴列–因克兰（1866–1936）西班牙"九八"年代小说家、剧作家和诗人，被认为是20世纪西班牙最重要的作家之一。胡利安·马里亚斯（1914–2005）西班牙散文家，马德里大学哲学专业博士，曾在美国多所大学任教，1964年被选为西班牙皇家学院院士。马塞利诺·卡马乔（1918–2010）西班牙杰出的政治家，曾担任工人委员会的第一任秘书长。卡洛斯·埃雷拉（1957– ）西班牙记者，从事专栏写作，但主要在广播电台工作。

② Manuel Murguía, Gregorio Marañón, Álvaro Cunqueiro

　　马努埃尔·穆尔基亚（1833–1923）西班牙历史学家和作家，曾是"加利西亚文化振兴"运动的主要推动人，还创办了加利西亚皇家学院。格雷格里奥·马拉尼翁（1887–1960）西班牙思想家、作家、历史学家、科学家和内分泌学家，西班牙皇家学院院士之一。阿尔瓦洛·昆凯罗（1911–1981）西班牙小说家、诗人、剧作家、记者和美食家，被认为是加利西亚最伟大的人物之一。

③ Isaac Asimov, Carl Sagan

　　艾萨克·阿西莫夫（1920–1992）出生于俄罗斯的美国犹太人作家和生物化学家，以撰写科幻和科普小说而闻名，是美国科幻小说黄金时代的代表人物之一。卡尔·萨根（1934–1996）美国天文学家、天体化学家、科幻作家和科普作家，创办了行星学会。

④ El apagón analógico

　　"关电视"，指电视从模拟信号转换为数字信号的项目。欧委会规定从2005年起欧洲各国逐步停止模拟信号播送而改用数字信号播放电视节目，这一过程最终的节点是2012年。卢森堡是第一个采用数字信号的欧洲国家；西班牙从2010年开始从小城镇开始逐步暂停模拟信号。

VOCABULARIO

tirada f.	印刷，印次
cinéfilo, la adj.-s.	热爱电影的，影迷
aliciente m.	激励，魅力
viñeta f.	插图，徽章
mofa f.	嘲笑，愚弄
morbo m.	疾病，病态心理
conglomerado m.	混合体，引申为财团
desprevenido, da adj.	缺乏的，无准备的

EJERCICIOS

1. Relaciona cada uno de los medios de comunicación con su soporte y su temática:

	SOPORTE	TEMÁTICA
Expansión	*Periódico*	*Economía*
El País		
COPE		
El Mundo		
La Voz de Galicia		
RNE		
Telecinco		
TVE		
ABC		
Marca		
esRadio		
La Vanguardia		
XLSemanal		
Canal Plus		
40 Principales		
As		
Muy Interesante		
Cinco Días		
El Correo		
Cadena SER		
OndaCero		
La 2		
Antena 3		

REFERENCIAS Y ENLACES DE INTERÉS:

Periódicos:
- **El País**

http://www.elpais.es

- **El Mundo**

http://www.elmundo.es

- **ABC**

http://www.abc.es

- **La Vanguardia**

http://www.lavanguardia.es

Radio y televisión:
- **Radiotelevisión española**

http://www.rtve.es

En esta página puedes encontrar toda la información y acceso a todos los materiales emitidos en las diferentes cadenas de TVE y en las emisoras de RNE. Es destacable su sección de programas 'a la carta', donde se pueden ver incluso programas de archivo.

- **Cadena SER**

http://www.cadenaser.es

- **COPE**

http://www.cope.es

- **esRadio**

http://www.esradio.fm

- **40 Principales**

http://www.los40.com

- **Antena 3**

http://www.antena3.es

- **Telecinco**

http://www.telecinco.es

A continuación encontrarás cinco noticias acerca del mismo asunto, cada una de ellas reflejando la realidad según la "óptica" ideológica del periódico al que corresponde.

Hacen referencia a las elecciones generales celebradas el 20 de noviembre en España en las que el partido de Maricno Rajoy, el PP, consiguió la mayoría absoluta frente al gran fracaso del PSOE. Los artículos que se presentan aquí son de unos días después de los comicios, cuando los diferentes periódicos se planteaban cuál sería la estrategia del nuevo presidente del gobierno, especialmente en referencia a la grave crisis económica y a las presiones de la UE.

Hay que tener en cuenta, en España, siempre que se empieza a leer un artículo de prensa, qué periódico es el que ha publicado la noticia ya que el punto de vista y la afiliación política de los grupos mediáticos modifican la exposición.

Rajoy se reúne con los banqueros para preparar sus primeras medidas

El País, 24/11/2011

La agenda pública de Mariano Rajoy está totalmente despejada. Pero eso no quiere decir que no esté trabajando. El líder del PP ha decidido desaparecer para los ciudadanos, que no han escuchado su voz desde la noche del domingo, pero no para las personas más poderosas del país. En sus primeros días como vencedor absoluto de las elecciones, Rajoy ha decidido llamar a su despacho al menos a tres de los principales ejecutivos de banca del país, con los que mantiene hace tiempo una estrecha relación: Rodrigo Rato (Bankia), Francisco González (BBVA) e Isidre Fainé (La Caixa). Es posible que haya más, porque el secretismo es total y el PP no informa oficialmente de estas reuniones, que se conocen por indiscreciones o porque los periodistas ven salir a los banqueros por la puerta de Génova.

Pese a que las reuniones se producen en un momento delicadísimo de la economía española, Rajoy las trata como si fueran un asunto privado. Algunos dirigentes señalan que el líder, que ya habló mucho antes de la campaña electoral con estos y otros banqueros — mantiene una relación estrecha con Ángel Ron, del Popular, gallego como él y como González, mientras que sus contactos con Emilio Botín, más unido a Zapatero, son escasos — está especialmente preocupado por la situación de los bancos (…)

Aznar asegura que el 20-N le dijo a Rajoy: 'Haz lo que tengas que hacer'

El Mundo, 24/11/2011

José María Aznar considera que la mayoría absoluta obtenida por el PP en las elecciones generales del pasado domingo significa que los españoles le han dado un mandato muy concreto al decir a esta formación que haga "lo que tenga que hacer" para sacar al país de la crisis económica.

"Haz lo que tengas que hacer. Luego los españoles tendrán que respetar ese mandato", ha subrayado el ex presidente del Gobierno en una entrevista realizada por la periodista Cristina López Schlichting en 13 TV.

Aznar, ante posibles recortes por parte del Gobierno de Mariano Rajoy, ha afirmado que "la mayor pérdida de derechos es no tener trabajo" y que "un país con el 45 por ciento de paro juvenil es un país sin futuro".

A su juicio, a España le va a "costar salir de ésta" y es necesario "volver a la disciplina económica y la estabilidad presupuestaria" porque, para Aznar, nuestro país "no tiene buena imagen en el exterior" en lo que a solvencia se refiere (…)

Rajoy rompe su silencio a través de Twitter

La Vanguardia, 24/11/2011

Barcelona. (Redacción).- El futuro presidente del Gobierno, Mariano Rajoy, ha roto este jueves una semana de silencio mediático y ha elegido como instrumento la red social Twitter. En un tweet escrito por él mismo, dado que lleva la firma MR, el líder del PP se ha limitado a lanzar un mensaje de agradecimiento a los militantes y votantes, y ha explicado que se encuentra trabajando para luchar contra la crisis y el paro.

Cuatro días después de su victoria, Rajoy ha reiterado las dos ideas que ya lanzó en la noche electoral. "Agradezco vuestras felicitaciones y muestras de apoyo. Ahora (estoy) trabajando intensamente en nuestro objetivo: crear empleo y luchar contra la crisis. MR", indica el tweet.

Desde el 20-N, el líder popular está guardando un prudente silencio y fuentes del PP aseguran que se encuentra cerrado en su despacho estudiando toda la documentación necesaria para afrontar la grave situación económica del país (...)

Rajoy cumplirá el compromiso de déficit

ABC, 24/11/2011

La secretaria general del PP, Mª Dolores de Cospedal, ha informado esta mañana que Mariano Rajoy está en constante comunicación con los líderes europeos desde que resultara vencedor en las urnas. Según Cospedal, Rajoy les ha trasladado que cumplirá con el compromiso de déficit fijado para 2012 y 2013. La dirigente 'popular' ha señalado que es un momento crucial para Europa y que sus instituciones deberían premiar a quien cumpla y exigir responsabilidades al que no lo haga (...)

Rajoy no asumirá la presidencia hasta que acabe de leer "El código Da Vinci"

El Mundo Today, 30/11/2011

Soraya Sáenz de Santamaría, encargada de comandar el traspaso de poderes tras las elecciones del pasado 20 de noviembre, ha anunciado esta mañana que el nuevo presidente del Gobierno, Mariano Rajoy, asumirá su cargo "cuando haya cerrado compromisos adquiridos con anterioridad a su designación". Al ser interrogada por los periodistas, la portavoz popular ha aclarado que la tarea pendiente que se trae entre manos Mariano Rajoy es la lectura de "El código Da Vinci", célebre novela de misterio cuya extensión alcanza, según ha precisado Sáenz de Santamaría, "la friolera de 557 páginas en su edición española".

El líder popular es consciente de la necesidad de asumir cuanto antes el poder en un contexto de crisis e incertidumbre "pero también es una persona que termina lo que empieza aunque le lleve tiempo, como ha demostrado en su carrera política hacia la presidencia", ha precisado Sáenz de Santamaría.

Fuentes cercanas al Partido Popular han revelado que Rajoy ha leído ya las primeras 253 páginas de la novela, a un ritmo de siete horas diarias de intensa lectura. "Dicen que leyó mucho en el cara a cara con Rubalcaba y es verdad. Pudo adelantar 30 páginas de la obra mientras el otro candidato le sermoneaba", reconocen los populares (...)

EJERCICIOS COMPLEMENTARIOS

1. Observa los distintos enfoques de la información de los artículos del Anexo, según el interés concreto de cada publicación respecto a la opinión que se formarán sus lectores. ¿Qué rasgos te llaman más la atención? ¿Sabrías determinar a qué aspectos de la noticia da más importancia o menos cada periódico, y por qué?

El País:

El Mundo:

La Vanguardia:

ABC:

El Mundo Today:

Fotografías

Unidad 1 pág. 5 Ría de Pravia (Cantabria)/Monmor; pág. 8 Museo Gugenheim de Bilbao/ Georges Jansoone; pág. 10 Gibraltar/Hans Lohninger; pág. 18 A/Lourdes Cardenal, B/ L.M. Bugallo Sánchez, C/J. Woodard Maderazo; **Unidad 2** pág. 22 Terracota del s.III en las Islas Baleares/Zaqarbal; pág. 36 Acueducto de Segovia (Castilla y León)/Gerard Bregnon; **Unidad 3** pág. 41 Escudo de armas de los Habsburgo/Oren Neu Dag, Escudo de armas de los Borbones/Sodacan; **Unidad 4** pág. 62 Himmler y Franco/Bundesarchiv Bild 183-L153; pág. 64 Felipe González/ESADE Press Room; **Unidad 5** pág. 77 Fachada del Congreso de los Diputados/Luis Javier Modino Martínez; pág. 80 Miembros sindicales de UGT y CCOO manifestándose durante la Huelga General del 29-S del 2010/Fermín R.F.; pág. 81 José Luis Rodríguez Zapatero/Luis Jáspez; pág. 88 /Otrasislas; págs. 90 /EFE, Mr. Benq, Sergio Calleja, Comunism in Romania Photo Collection, 20 minutos, Nemo; **Unidad 6** pág. 96 Pompeu Fabra/ Carles Varela i Burch; pág. 98 Logo de CiU/Espinosa. david; pág. 105 Etarras anunciando un alto al fuego en 2010 por televisión/www.ukberri.net; pág. 107 Catedral de Santiago de Compostela/Luis Miguel Bugallo Sánchez; **Unidad 7** pág. 112 Navarra tinto/Mike Stephenson; pág. 115 Mercado de *La Boqueria* en Barcelona/böhringer friedrich, El Corte Inglés/FDV; pág. 116 La gastronomía española/jlastras, IBERIA/Iberia Airlines, AVE/Benjamí Villoslada i Gil; pág. 117 Banco de España/Zaqarbal; pág. 124 Grafiti en la pared/EbOla; pág. 125 Campo de molinos eólicos/Tomasz Sienicki; **Unidad 9** pág. 149 Arcos mozárabes/Lourdes Cardenal; pág. 151 Fachada de la Universidad de Salamanca/Jentges; pág. 153 *Martirio de San Sebastián* de Alonso Berruguete/Locutus Borg; pág. 155 Parte de la *Basílica de la Sagrada Familia* de Gaudí, en Barcelona/Montrealais; pág. 157 Estación de tren de Luik-Guillemins de Calatrava/ Paul Hermans, Escultura de hierro/Jsanchezes; **Unidad 10** pág. 166 Arturo Pérez-Reverte/ Penarc; pág. 167 Juan Eslava Galán/Miguel A. Monjas; pág. 168 Pedro Almodóvar y Penélope Cruz/Jlmaral; pág. 169 Santiago Segura/20 minutos, Jaume Balagueró/Beao; pág. 170 Julio Médem/MariResendiz, Javier Bardem/Siebbi; pág. 171 Joaquín Sabina/Adán Martín Ascanio; pág. 172 Actor en escena/cf cultura, Pepe Rubianes/20 minutos; pág. 173 Antonio Gades/ Luferom; pág. 174 Representación de un dúo en una zarzuela/Goiena.net; **Unidad 11** pág. 184 Bailando muiñeira/FCBP, Un gaitero asturiano/juantiagues, Aurreskulari/kezka; pág. 186 Pan/Jeremy Keith, *Pa amb tomàquet*/German Rocca; pág. 187 Ensalada de atún/Tamorlan; pág. 189 Bocadillo de jamón ibérico/Tamorlan, Bocadillo de tortilla de patatas/Tamorlan; pág. 190 Ambiente en un bar musical nocturno/Chmee2; pág. 192 Perico Delgado/Eric HOUDAS, Rafael Nadal/Alex Lee; pág. 198 Raimundo Amador/Llapissera; pág. 200 A/Bill Mitchell, B/ Bs1126, C/Rapsodin, D/Iberia Airlines, E y F/Carlos Tomás Beltrán Castillón; **Unidad 12** pág. 205 Toro/Manuel González Olaechea y Franco, Torero/MarcusObal, Monumental de Las Ventas/ Montrealais; pág. 206 Encierro/Baltasar Garía, Ambiente por las calles/SanchoPanzaXXI; pág. 207 Ninots/Superchilum, Candidatas a Fallera Mayor/J>Ro; pág. 208 Feria de Abril de Sevilla/ EdTarwinski, Cuevas/Manuel González Olaechea y Franco; pág. 210 Romera de camino